시 대 에 듀

독학사 4단계

― 컴퓨터공학과 ―

통합프로그래밍

SD에듀
(주)시대고시기획

머리말

학위를 얻는 데 시간과 장소는 더 이상 제약이 되지 않습니다. 대입 전형을 거치지 않아도 '학점은행제'를 통해 학사학위를 취득할 수 있기 때문입니다. 그중 독학학위제도는 고등학교 졸업자이거나 이와 동등 이상의 학력을 가지고 있는 사람들에게 효율적인 학점 인정 및 학사학위 취득의 기회를 줍니다.

학습을 통한 개인의 자아실현 도구이자 자신의 실력을 인정받을 수 있는 스펙으로서의 독학사는 짧은 기간 안에 학사학위를 취득할 수 있는 가장 빠른 지름길로 많은 수험생들의 선택을 받고 있습니다.

독학학위취득시험은 1단계 교양과정 인정시험, 2단계 전공기초과정 인정시험, 3단계 전공심화과정 인정시험, 4단계 학위취득 종합시험의 1~4단계까지의 시험으로 이루어집니다. 4단계까지의 과정을 통과한 자에 한해 학사학위취득이 가능하고, 이는 대학에서 취득한 학위와 동등한 지위를 갖습니다.

이 책은 독학사 시험에 응시하는 수험생들이 단기간에 효과적인 학습을 할 수 있도록 다음과 같이 구성하였습니다.

01 **단원 개요**
핵심이론을 학습하기에 앞서 각 단원에서 파악해야 할 중점과 학습목표를 수록하였습니다.

02 **핵심이론**
다년간 출제된 독학학위제 평가영역을 철저히 분석하여 시험에 꼭 출제되는 내용을 '핵심이론'으로 선별하여 수록하였으며, 중요도 체크 및 이론 안의 '더 알아두기'를 통해 심화 학습과 학습 내용 정리를 효율적으로 할 수 있게 하였습니다.

03 **실제예상문제**
해당 출제영역에 맞는 핵심포인트를 분석하여 풍부한 '실제예상문제'를 수록하였습니다.

04 **최종모의고사**
최신 출제유형을 반영한 최종모의고사를 통해 자신의 실력을 점검해 볼 수 있으며, 실제 시험에 임하듯이 시간을 재고 풀어보면 시험장에서 실수를 줄일 수 있을 것입니다.

편저자 드림

BDES

독학학위제 소개

독학학위제란?

「독학에 의한 학위취득에 관한 법률」에 의거하여 국가에서 시행하는 시험에 합격한 사람에게 학사학위를 수여하는 제도

- ✓ 고등학교 졸업 이상의 학력을 가진 사람이면 누구나 응시 가능
- ✓ 대학교를 다니지 않아도 스스로 공부해서 학위취득 가능
- ✓ 일과 학습의 병행이 가능하여 시간과 비용 최소화
- ✓ 언제, 어디서나 학습이 가능한 평생학습시대의 자아실현을 위한 제도
- ✓ 학위취득시험은 4개의 과정(교양, 전공기초, 전공심화, 학위취득 종합시험)으로 이루어져 있으며 각 과정별 시험을 모두 거쳐 학위취득 종합시험에 합격하면 학사학위 취득

독학학위제 전공 분야 (11개 전공)

국어 국문학
영어 영문학
심리학
경영학
법학
행정학
컴퓨터 공학
가정학
유아 교육학
정보 통신학
간호학

※ 유아교육학 및 정보통신학 전공 : 3, 4과정만 개설
※ 간호학 전공 : 4과정만 개설
※ 중어중문학, 수학, 농학 전공 : 폐지 전공으로 기존에 해당 전공 학적 보유자에 한하여 응시 가능

※ SD에듀는 현재 4개 학과(심리학과, 경영학과, 컴퓨터공학과, 간호학과) 개설 완료
※ 추가로 2개 학과(국어국문학과, 영어영문학과) 개설 진행 중

독학학위제 시험안내

과정별 응시자격

단계	과정	응시자격	과정(과목) 시험 면제 요건
1	교양	고등학교 졸업 이상 학력 소지자	• 대학(교)에서 각 학년 수료 및 일정 학점 취득 • 학점은행제 일정 학점 인정 • 국가기술자격법에 따른 자격 취득 • 교육부령에 따른 각종 시험 합격 • 면제지정기관 이수 등
2	전공기초		
3	전공심화		

4	학위취득	• 1~3과정 합격 및 면제
		• 대학에서 동일 전공으로 3년 이상 수료
		  (3년제의 경우 졸업) 또는 105학점 이상 취득
		• 학점은행제 동일 전공 105학점 이상 인정
		  (전공 28학점 포함) → 22.1.1. 시행
		• 외국에서 15년 이상의 학교교육과정 수료
			없음(반드시 응시)

응시 방법 및 응시료

• 접수 방법 : 온라인으로만 가능
• 제출 서류 : 응시자격 증빙 서류 등 자세한 내용은 홈페이지 참조
• 응시료 : 20,400원

독학학위제 시험 범위

• 시험과목별 평가 영역 범위에서 대학 전공자에게 요구되는 수준으로 출제
• 시험 범위 및 예시문항은 독학학위제 홈페이지(bdes.nile.or.kr) – 학습정보 – 과목별 평가영역에서 확인

문항 수 및 배점

과정	일반 과목			예외 과목		
	객관식	주관식	합계	객관식	주관식	합계
교양, 전공기초 (1~2과정)	40문항×2.5점 =100점	–	40문항 100점	25문항×4점 =100점	–	25문항 100점
전공심화, 학위취득 (3~4과정)	24문항×2.5점 =60점	4문항×10점 =40점	28문항 100점	15문항×4점 =60점	5문항×8점 =40점	20문항 100점

※ 2017년도부터 교양과정 인정시험 및 전공기초과정 인정시험은 객관식 문항으로만 출제

합격 기준

• 1~3과정(교양, 전공기초, 전공심화) 시험

단계	과정	합격 기준	유의 사항
1	교양	매 과목 60점 이상 득점을 합격으로 하고, 과목 합격 인정(합격 여부만 결정)	5과목 합격
2	전공기초		6과목 이상 합격
3	전공심화		

• 4과정(학위취득) 시험 : 총점 합격제 또는 과목별 합격제 선택

구분	합격 기준	유의 사항
총점 합격제	• 총점(600점)의 60% 이상 득점(360점) • 과목 낙제 없음	• 6과목 모두 신규 응시 • 기존 합격 과목 불인정
과목별 합격제	• 매 과목 100점 만점으로 하여 전 과목(교양 2, 전공 4) 60점 이상 득점	• 기존 합격 과목 재응시 불가 • 1과목이라도 60점 미만 득점하면 불합격

시험 일정

1단계	2단계	3단계	4단계
2~3월 중	5월 중	8월 중	10월 중

• 컴퓨터공학과 4단계 시험 과목 및 시험 시간표

구분(교시별)	시간	시험 과목명
1교시	09:00~10:40 (100분)	국어, 국사, 외국어 중 택2과목 (외국어를 선택할 경우 실용영어, 실용독일어, 실용프랑스어, 실용중국어, 실용일본어 중 택1과목)
2교시	11:10~12:50 (100분)	알고리즘 통합컴퓨터시스템
중식	12:50~13:40 (50분)	
3교시	14:00~15:40 (100분)	통합프로그래밍 데이터베이스

※ 시험 일정 및 시험 시간표는 반드시 독학학위제 홈페이지(bdes.nile.or.kr)를 통해 확인하시기 바랍니다.

※ SD에듀에서 개설되었거나 개설 예정인 과목은 빨간색으로 표시했습니다.

독학학위제 과정

대학의 교양과정을 이수한
사람이 일반적으로 갖추어야 할
학력 수준 평가

1단계
교양과정 01

2단계
02 **전공기초**

각 전공영역의 학문을 연구하기
위하여 각 학문 계열에서 공통적
으로 필요한 지식과 기술 평가

3단계
전공심화 03

각 전공영역에서의 보다
심화된 전문 지식과 기술 평가

4단계
04 **학위취득**

학위를 취득한 사람이 일반적으로
갖추어야 할 소양 및 전문 지식과
기술을 종합적으로 평가

GUIDE

독학학위제 출제방향

국가평생교육진흥원에서 고시한 과목별 평가영역에 준거하여 출제하되, 특정한 영역이나 분야가 지나치게 중시되거나 경시되지 않도록 한다.

교양과정 인정시험 및 전공기초과정 인정시험의 시험방법은 객관식(4지택1형)으로 한다.

단편적 지식의 암기로 풀 수 있는 문항의 출제는 지양하고, 이해력·적용력·분석력 등 폭넓고 고차원적인 능력을 측정하는 문항을 위주로 한다.

독학자들의 취업 비율이 높은 점을 감안하여, 과목의 특성상 가능한 경우에는 학문적이고 이론적인 문항분만 아니라 실무적인 문항도 출제한다.

교양과정 인정시험(1과정)은 대학 교양교재에서 공통적으로 다루고 있는 기본적이고 핵심적인 내용을 출제하되, 교양과정 범위를 넘는 전문적이거나 지엽적인 내용의 출제는 지양한다.

이설(異說)이 많은 내용의 출제는 지양하고 보편적이고 정설화된 내용에 근거하여 출제하며, 그럴 수 없는 경우에는 해당 학자의 성명이나 학파를 명시한다.

전공기초과정 인정시험(2과정)은 각 전공영역의 학문을 연구하기 위하여 각 학문 계열에서 공통적으로 필요한 지식과 기술을 평가한다.

전공심화과정 인정시험(3과정)은 각 전공영역에 관하여 보다 심화된 전문적인 지식과 기술을 평가한다.

학위취득 종합시험(4과정)은 시험의 최종 과정으로서 학위를 취득한 자가 일반적으로 갖추어야 할 소양 및 전문지식과 기술을 종합적으로 평가한다.

전공심화과정 인정시험 및 학위취득 종합시험의 시험방법은 객관식(4지택1형)과 주관식(80자 내외의 서술형)으로 하되, 과목의 특성에 따라 다소 융통성 있게 출제한다.

독학학위제 단계별 학습법

1 단계

평가영역에 기반을 둔 이론 공부!

독학학위제에서 발표한 평가영역에 기반을 두어 효율적으로 이론 공부를 해야 합니다. 각 장별로 정리된 '핵심이론'을 통해 핵심적인 개념을 파악합니다. 모든 내용을 다 암기하는 것이 아니라, 포괄적으로 이해한 후 핵심내용을 파악하여 이 부분을 확실히 알고 넘어가야 합니다.

2 단계

시험 경향 및 문제 유형 파악!

독학사 시험 문제는 지금까지 출제된 유형에서 크게 벗어나지 않는 범위에서 비슷한 유형으로 줄곧 출제되고 있습니다. 본서에 수록된 이론을 충실히 학습한 후 '실제예상문제'를 풀어 보면서 문제의 유형과 출제의도를 파악하는 데 집중하도록 합니다. 교재에 수록된 문제는 시험 유형의 가장 핵심적인 부분이 반영된 문항들이므로 실제 시험에서 어떠한 유형이 출제되는지에 대한 감을 잡을 수 있을 것입니다.

3 단계

'실제예상문제'를 통한 효과적인 대비!

독학사 시험 문제는 비슷한 유형들이 반복되어 출제되므로 다양한 문제를 풀어 보는 것이 필수적입니다. 각 단원 끝에 수록된 '실제예상문제' 및 '주관식 문제'를 통해 단원별 내용을 제대로 학습했는지 꼼꼼하게 체크합니다. 이때 부족한 부분은 따로 체크해 두고 복습할 때 중점적으로 공부하는 것도 좋은 학습 전략입니다.

4 단계

복습을 통한 학습 마무리!

이론 공부를 하면서, 혹은 문제를 풀어 보면서 헷갈리고 이해하기 어려운 부분은 따로 체크해 두는 것이 좋습니다. 중요 개념은 반복학습을 통해 놓치지 않고 확실하게 익히고 넘어가야 합니다. 마무리 단계에서는 '최종모의고사'를 통해 실전연습을 할 수 있도록 합니다.

COMMENT

합격수기

> 저는 학사편입 제도를 이용하기 위해 2~4단계를 순차로 응시했고 한 번에 합격했습니다.
> 아슬아슬한 점수라서 부끄럽지만 독학사는 자료가 부족해서 부족하나마 후기를 쓰는 것이 도움이 될까 하여
> 제 합격전략을 정리하여 알려 드립니다.

#1. 교재와 전공서적을 가까이에!

학사학위취득은 본래 4년을 기본으로 합니다. 독학사는 이를 1년으로 단축하는 것을 목표로 하는 시험이라 실제 시험도 변별력을 높이는 몇 문제를 제외한다면 기본이 되는 중요한 이론 위주로 출제됩니다. SD에듀의 독학사 시리즈 역시 이에 맞추어 중요한 내용이 일목요연하게 압축·정리되어 있습니다. 빠르게 훑어보기 좋지만 내가 목표로 한 전공에 대해 자세히 알고 싶다면 전공서적과 함께 공부하는 것이 좋습니다. 교재와 전공서적을 함께 보면서 교재에 전공서적 내용을 정리하여 단권화하면 시험이 임박했을 때 교재 한 권으로도 자신 있게 시험을 치를 수 있습니다.

#2. 아리송한 용어들에 주의!

진법 변환, 부울대수, 컴퓨터 명령어, 기억장치, C프로그래밍 언어 등 공부를 하다 보면 여러 생소한 용어들을 접할 수 있습니다. 익숙하지 않은 기본 개념들을 반복해서 보면서 숙지하고 점차 이해도를 높여나가는 학습이 합격에 도움이 된다고 생각합니다.

#3. 시간확인은 필수!

쉬운 문제는 금방 넘어가지만 지문이 길거나 어렵고 헷갈리는 문제도 있고, OMR 카드에 마킹도 해야 하니 실제로 주어진 시간은 더 짧습니다. 1번에 어려운 문제가 있다고 해서 1번에서 5분을 허비하면 쉽게 풀 수 있는 마지막 문제들을 놓칠 수 있습니다. 문제 푸는 속도도 느려지니 집중력도 떨어집니다. 그래서 어차피 배점은 같으니 아는 문제를 최대한 많이 맞히는 것을 목표로 했습니다.
① 어려운 문제는 빠르게 넘기면서 문제를 끝까지 다 풀고 ② 확실한 답부터 우선 마킹하고 ③ 다시 시험지로 돌아가 건너뛴 문제들을 다시 풀었습니다. 확실히 시간을 재고 문제를 많이 풀어봐야 실전에 도움이 되는 것 같습니다.

#4. 문제풀이의 반복!

어떠한 시험도 그렇듯이 문제는 많이 풀어볼수록 좋습니다. 이론을 공부한 후 실제예상문제를 풀다 보니 부족한 부분이 어딘지 확인할 수 있었고, 공부한 이론이 시험에 어떤 식으로 출제될지 예상할 수 있었습니다. 그렇게 부족한 부분을 보충해가며 문제유형을 파악하면 이론을 복습할 때도 어떤 부분을 중점적으로 암기해야 할지 알 수 있습니다. 이론 공부가 어느 정도 마무리되었을 때 시계를 준비하고 최종모의고사를 풀었습니다. 실제 시험시간을 생각하면서 예행연습을 하니 시험 당일에는 덜 긴장할 수 있었습니다.

> 학위취득을 위해 오늘도 열심히 학습하시는 동지 여러분에게도 합격의 영광이 있으시길 기원하면서 이만 줄입니다.

이 책의 구성과 특징

01

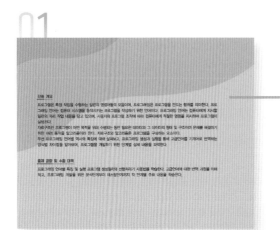

단원개요

핵심이론을 학습하기에 앞서
각 단원에서 파악해야 할 중점과
학습목표를 수록하였습니다.

핵심이론

독학사 시험의 출제 경향에 맞춰
시행처의 평가영역을 바탕으로
과년도 출제문제와 이론을
빅데이터 방식에 맞게 선별하여
가장 최신의 이론과 문제를
시험에 출제되는 영역 위주로 정리하였습니다.

02

제 1 장 프로그래밍 언어의 역사와 특징

다양한 하드웨어의 실행 목적과 속도에 따라 프로그래밍 언어도 시간에 따라 개발되며 없어지기도 한다. 프로그래밍 언어는 기계어 중심 언어에서 출발해서 현재는 인공지능에 사용되는 언어까지 새로운 언어가 출시되고 있다. 여기서는 여전히 여러 분야에서 가장 많이 사용되는 C 언어와 C++ 및 자바 언어에 대한 역사와 특징을 살펴본다.

제 1 절 C 언어의 역사와 특징

C 언어가 탄생한 지 40여 년이 되었지만 여전히 OS 커널 및 미션 크리티컬한 하드웨어 제어 분야에서 가장 많이 사용되고 있는 C 언어는 B 언어의 다음 언어라는 의미로 붙여진 이름이다.

1 C 언어의 역사

03

제 1 편 실제예상문제

01 다음 중 컴퓨터가 직접 이해할 수 있는 언어는?

① 어셈블리어
② 기계어
③ C 언어
④ C++

02 다음 중 C 언어의 특징에 대한 설명으로 옳지 않은 것은?

① C 언어로 작성된 프로그램은 다양한 운영체제에서 쉽게 이식될 수 있다.

01 기계어는 CPU가 직접 제독하고 실행할 수 있는 비트 단위로 쓰인 컴퓨터 언어를 통틀어 일컫는다. 기계어는 프로그램을 나타내는 가장 낮은 단계의 개념이다.

02 가비지 콜렉터가 자동적으로 메모리를 관리하는 언어는 자바이다.

실제예상문제

독학사 시험의 경향에 맞춰
전 영역의 문제를 새롭게 구성하고
지극히 지엽적인 문제나 쉬운 문제를 배제하여
학습자가 해당 교과정에서 필수로
알아야 할 내용을 문제로 정리하였습니다.
풍부한 해설을 통해 이해를 쉽게 하고
문제를 통해 이론의 학습내용을 반추하여
실제시험에 대비할 수 있도록 구성하였습니다.

04

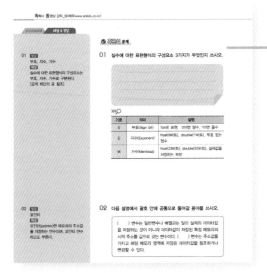

주관식 문제

다년간 각종 시험에 출제된 기출문제 중
주관식으로 출제될 만한 문제들을 엄선하여
가공 변형 후 수록하였으며,
배점이 큰 '주관식 문제'에 충분히
대응할 수 있도록 구성하였습니다.

최종모의고사

'핵심이론'을 공부하고,
'실제예상문제'를 풀어보았다면 이제
남은 것은 실전 감각 기르기와 최종 점검입니다.
'최종모의고사'를 실제 시험처럼
시간을 두고 풀어보고,
정답과 해설을 통해 복습한다면
좋은 결과가 있을 것입니다.

05

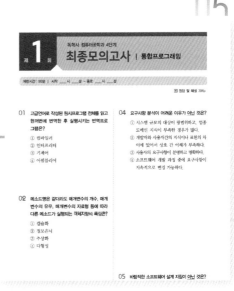

CONTENTS
목차

제1편

프로그래밍 언어 개요

단원 개요

프로그램은 특정 작업을 수행하는 일련의 명령어들의 모음이며, 프로그래밍은 프로그램을 만드는 행위를 의미한다. 프로그래밍 언어는 컴퓨터 시스템을 동작시키는 프로그램을 작성하기 위한 언어이다. 프로그래밍 언어는 컴퓨터에게 지시할 일련의 처리 작업 내용을 담고 있으며, 사용자의 프로그램 조작에 따라 컴퓨터에게 적절한 명령을 지시하여 프로그램이 실행된다.

자료구조란 프로그램이 어떤 목적을 위해 수행되는 동안 필요한 데이터와 그 데이터의 형태 및 구조이며 문제를 해결하기 위한 여러 동작을 알고리즘이라 한다. 자료구조와 알고리즘은 프로그램을 구성하는 요소이다.

우선 프로그래밍 언어별 역사와 특징에 대해 살펴보고, 프로그래밍 생성과 실행을 통해 고급언어를 기계어로 번역하는 방식별 차이점을 알아보며, 프로그램을 개발하기 위한 단계별 상세 내용을 파악한다.

출제 경향 및 수험 대책

프로그래밍 언어별 특징 및 실행 프로그램 생성절차와 선행처리기 사용법을 학습한다. 고급언어에 대한 번역 과정을 이해하고, 프로그래밍 개발을 위한 분석단계부터 테스팅단계까지 각 단계별 주요 내용을 학습한다.

혼자 공부하기 힘드시다면 방법이 있습니다.
SD에듀의 동영상강의를 이용하시면 됩니다.
www.sdedu.co.kr ➔ 회원가입(로그인) ➔ 강의 살펴보기

제 1 장 프로그래밍 언어의 역사와 특징

다양한 하드웨어의 실행 목적과 속도에 따라 프로그래밍 언어도 시간에 따라 개발되며 없어지기도 한다. 프로그래밍 언어는 기계어 중심 언어에서 출발해서 현재는 인공지능에 사용되는 언어까지 새로운 언어가 출시되고 있다. 여기서는 여전히 여러 분야에서 가장 많이 사용되는 C 언어와 C++ 및 자바 언어에 대한 역사와 특징을 살펴본다.

제 1 절 C 언어의 역사와 특징

C 언어가 탄생한 지 40여 년이 되었지만 여전히 OS 커널 및 미션 크리티컬한 하드웨어 제어 분야에서 가장 많이 사용되고 있는 C 언어는 B 언어의 다음 언어라는 의미로 붙여진 이름이다.

1 C 언어의 역사

C 언어는 1970년 초 현대 컴퓨터의 선구자이자 미국의 저명한 전산학자인 벨 연구소의 데니스 리치(Dennis Ritchie)에 의해서 개발되었다. UNIX 운영체제를 제작하려고 하는데 기존에 있던 프로그래밍 언어들은 성능은 좋지만 하드웨어에 종속적이고 이식성이 떨어졌다. 그래서 새로운 언어를 개발하게 되었는데 이것이 바로 C 언어이다. C 언어는 고급언어임에도 불구하고 기계언어의 빠른 속도와 높은 이식성을 갖고 있다. 표준화된 C 언어는 미국의 표준화 기구인 ANSI에 의해 1980년대 초반에 시작되었으며, 이후 국제표준화기구인 ISO에 의해 C90이 발표되었고, 현재는 2011년에 발표된 최신표준인 C11이 사용되고 있다.

2 C 언어의 특징 중요 ★

(1) 뛰어난 이식성

C 언어로 작성된 프로그램은 다양한 운영체제에서 쉽게 이식될 수 있고 다른 CPU를 가지는 하드웨어로 이식될 수도 있다. 윈도우뿐만 아니라 유닉스나 리눅스 운영체제에서도 사용될 수 있다. 따라서 윈도우에서 개발된 C 언어 소스코드는 유닉스나 리눅스에 복사해서 해당 환경에 맞는 실행프로그램으로 만들 수 있다.

(2) 절차지향

C 언어는 프로그램 순서대로(Top-Down) 순차적으로 수행한다. 즉, 정해진 순서에 따른 순차적인 처리가 중요시되며 프로그램 전체가 유기적으로 연결된다.

(3) 모듈화

C 언어는 함수로 구성되어 있는 함수(Function)형 언어로서 코드를 간결하게 작성하는 것이 가능하다. C 언어가 나오기 전에 프로그램은 그 크기와 관계없이 하나의 파일에 모든 소스코드를 작성했다. 소스코드가 점차 크기가 커지면 관리가 어려운데, C 언어는 기능별로 모듈화하여 관리가 용이하다.

(4) 직관적인 하드웨어 제어

기계언어(어셈블리어) 수준으로 시스템 자원을 제어하는 것이 가능하다. 기계어와 어셈블리어로 가능한 하드웨어 제어를 C 언어를 이용하여 프로그래밍하는 것이 가능하다.

제 2 절 C++ 언어의 역사와 특징

C++은 C 언어의 확장판으로, 문법은 그대로 유지하면서 객체지향적 언어 기능을 추가한 것이다. C++의 이름은 C와 ++(증감연산자)에서 가져왔다.

1 C++ 언어의 역사

1980년대 후반 소프트웨어 위기가 대두되면서 해결책으로 객체지향 프로그램이 제시되었고, 이는 1990년부터 대형 프로젝트에서 본격적으로 사용되었다. 구조적 프로그램은 재사용과 유지보수가 어려웠으나, 객체지향 프로그램은 기존에 작성한 코드를 재사용하여 코딩시간을 줄일 수 있었기에 많이 사용되었다. C 언어 표준안을 기반으로 ISO 14882인 C++ 표준안이 1998년도에 발표되었고, 이후 상호적으로 영향을 미치면서 발전하고 있다.

2 C++ 언어의 특징 중요 ★

(1) C 언어와의 호환성

C 언어로 작성된 프로그램을 그대로 사용할 수 있도록 C 언어의 문법적 체계를 그대로 계승하여 호환성을 유지하고, C 언어로 작성되어 컴파일된 목적파일과 라이브러리를 C++ 프로그램에서 링크하여 사용하는 것이 가능하다.

(2) 객체지향

소프트웨어의 재사용을 통해 소프트웨어 생산성을 높일 수 있는 객체지향 개념을 도입했다.

(3) 타입 체크

타입 체크를 엄격히 함으로써, 실행시간 오류의 가능성을 줄이고 디버깅하는 것에 도움을 준다.

(4) 효율성 저하 최소화

멤버 함수에 인라인 함수를 도입하는 등 함수 호출로 인한 시간을 단축시킨다.

제 3 절 JAVA 언어의 역사와 특징

자바는 썬 마이크로시스템즈에서 개발한 객체지향 프로그램 언어로 꾸준히 성능을 개선하여 새로운 버전을 발표하고 있다.

1 JAVA 언어의 역사

자바는 썬 엔지어니들에 의해서 고안된 오크(Oak)라는 언어에서부터 시작되었다. 가전제품에 탑재될 소프트웨어를 만들기 위해 C++ 언어를 사용하려 했지만 그들의 목적을 이루기에는 부족했다. 그래서 C++의 장점을 도입하고 단점을 보완한 새로운 언어를 개발했다. Oak는 처음에는 가전제품, PDA 등 소형기기에 사용될 목적이었으나 운영체제에 독립적인 Oak를 인터넷에 적합하도록 개발 방향을 바꾸면서 이름을 자바로 변경했고 자비의 정식 버전을 1996년도에 정식 발표했다.

2 JAVA 언어의 특징 [중요] ★

(1) 운영체제 독립

운영체제나 하드웨어에 관계없이 실행 가능하며, 한 번 작성하면 어디서나 실행(Write once, run anywhere)할 수 있다.

(2) 객체지향

소프트웨어의 재사용을 통해 소프트웨어 생산성을 높이기 위하여 객체지향 개념을 도입하면서 상속, 캡슐화, 다양성 등의 특징을 갖고 있다.

(3) 자동 메모리 관리

가비지 콜렉터가 자동적으로 메모리를 관리해주기 때문에 프로그래머는 메모리를 따로 관리하지 않아도 된다.

(4) 멀티스레드 프로그래밍 가능

멀티스레드란 하나의 프로그램에서 여러 개의 스레드가 동시에 실행될 수 있는 기능으로 시스템과 관련 없이 구현이 가능하다.

제 2 장 프로그램 생성과 실행

제 1 절 실행프로그램 생성 절차 중요 ★★★

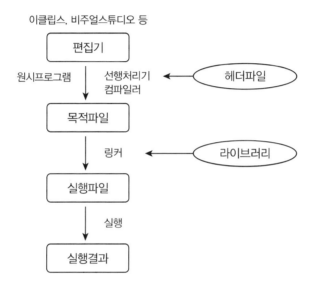

▶ 실행프로그램을 구현하기 위해 가장 먼저 편집기를 통해 문제 해결 또는 요구에 맞는 기능 작성 필요

1 1단계 : 원시파일 작성

편집기로 작성된 프로그램을 원시프로그램(Source Program)이라 하며, 원시프로그램이 저장된 파일을 원시파일(Source File)이라고 한다. 편집기로는 이클립스, 비주얼스튜디오 등 에디터 툴을 이용하여 작성하며, C 언어는 확장자를 *.c, C++은 *.cpp, JAVA는 *.java로 저장해야 한다. 특정 동작을 실행하기 위해 작성된 원시파일은 그 자체로 실행되지는 않는다.

2 2단계 : 목적파일 생성

원시프로그램 내부에는 # 기호(자바 : import)로 시작하는 특별한 지시어를 포함하고 있고, 컴파일러가 정상적으로 수행할 수 있는 선행처리기(preprocessor)가 먼저 수행되어야 하며 C 언어의 경우는 #include, #define과 같은 헤더파일을 원시파일에 포함시켜야 한다. 그래서 컴파일러는 선행처리기가 포함된 확장된 원시파일을 컴파일하여 기계어(이진코드)로 번역된 목적파일을 생성한다.

3 3단계 : 실행파일 생성

실행 가능한 파일은 링크 과정을 거쳐서 만들어지고, 확장자는 *.exe가 된다. 링크는 다양한 목적파일을 연결하여 실행 가능한 파일을 생성한다.

4 4단계 : 실행파일의 실행

특정 운영체제에서 동작하도록 실행파일을 실행한다. C와 C++은 특정 운영체제에서 실행되도록 환경을 설정해야 하고, 자바는 운영체제와 관계없이 가상머신에서 실행된다.

제 2 절   선행처리기(in C & C++)

1 선행처리기 개요

C와 C++ 언어에서는 이미 만들어진 함수를 호출하여 사용할 수 있는데, 이미 만들어진 함수를 호출하는 명령줄을 선행처리라고 한다. 선행처리기는 컴퓨터가 소스코드의 main() 함수를 읽기 전에 먼저 읽는다. 선행처리기는 공동으로 프로그래밍하거나 대규모 프로그램을 만들 때 유용하게 사용되는 기능으로, C 언어에서 처음 도입되었으며, 가장 많이 사용하는 '#include'는 다른 파일의 내용을 호출하여 메모리에 기록한 후 새로운 소스코드에서 호출한 파일의 내용을 사용할 수 있다.

2 선행처리기 사용 형식 중요 ★★

[#include 지시어의 사용 형식]

#include 〈파일명〉	미리 정의된 [include 폴더]에서 파일을 찾음
#include "파일명"	현재의 소스코드가 저장되어 있는 폴더를 먼저 찾고, 파일이 없다면 미리 정의된 [include 폴더]에서 파일을 찾음

3 #include 지시어 사용 예시

#include 〈stdio.h〉는 stdio.h라는 파일의 내용을 메모리에 기억해서 원시 프로그램에 포함시켜서 처리하라고 컴파일러에게 지시한다.

언어	선행처리기	설명
C 언어	#include 〈stdio.h〉	표준 디렉토리에서 표준 헤더 파일 적용
C++	#include 〈iostream.h〉	표준 디렉토리에서 표준 헤더 파일 적용
기타	#include "mypjt.h"	사용자가 작성한 헤더 파일 적용
	#include "/user/mypjt.h"	user 폴더 내 헤더 파일 적용

4 C++ 선행처리기 추가 설명

[namespace의 사용 형식]

#include 〈iostream〉 using namespace std;	iostream 헤더파일 안에 std라는 namespace에 표준 출력 스트림 cout이 저장되어 있어 using이라는 예약어를 사용하여 namespace std에 접근할 수 있게 한다.

C++ 컴파일러는 C 언어의 표준함수를 모두 포함하고 있으며, C 언어의 헤더파일명 앞에 c를 추가하고 확장자 .h를 생략하는 새로운 스타일을 정의할 수 있다.

[헤더파일 이름 생성 규칙]

#include 〈iostream〉	헤더파일들을 읽기 위해 확장자 .h 생략
#include 〈iostream〉 using namespace std;	표준 입출력 iostream 헤더파일을 읽어들일 때 다음 행에 namespace 기술
#include 〈ctime〉	기존 C 언어에서 제공하던 헤더파일들을 C++ 프로그램에서 사용하기 위해 파일명 앞에 c를 추가하고 .h를 생략
cout 〈〈 출력 〈〈 출력	표준 출력 스트림으로 실행 결과나 문자를 표준 출력 장치인 화면에 출력할 때 사용

제 **3** 절   인터프리터 방식과 컴파일 방식

1 인터프리터 방식

[인터프리터 실행 개념도]

소스코드의 한 라인을 읽어서 기계코드(이진코드)로 번역하기 때문에 번역시간은 빠르지만, 번역할 때 실행 파일이 생성되지 않으므로 소스 실행을 위해서는 인터프리터가 필요하다. 소스코드의 첫 번째 라인부터 한 라인씩 실행되므로 프로그램의 실행속도가 컴파일러에 비해 현저히 느리다.

2 컴파일 방식

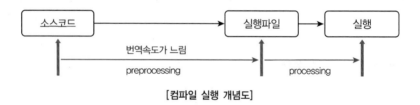

[컴파일 실행 개념도]

소스코드를 컴퓨터의 CPU가 이해할 수 있는 기계코드(이진코드)로 변환해 주는 번역기이다. 소스코드를 한 번에 번역하기 때문에 번역속도가 느리지만 실행파일이 생성되며, 다음에 실행할 때에는 기존에 생성되었 던 실행파일을 실행하기 때문에 인터프리터 방식에 비해 실행시간이 빠르다.

3 인터프리터와 컴파일 방식 비교 <u>중요</u> ★★

구분	인터프리터	컴파일러
번역단위	라인 단위	프로그램 전체
목적프로그램	생성하지 않음	생성
번역속도	빠름	느림
실행속도	느림	빠름
부분번역	지원	미지원
적용언어	Python, JavaScript, HTML 등	C, C++, JAVA 등

컴파일러는 플랫폼(하드웨어)에 종속적이지만, 인터프리터는 플랫폼에 종속적이지 않다.

제 3 장

프로그램 개발단계

요구사항 분석

요구사항 분석이란 문제 해결 또는 목적 달성을 위해 사용자에 의해 요구되거나, 표준이나 명세 등을 만족하기 위해 시스템이 가져야 하는 명시적·묵시적 제약사항을 기술하는 단계이다. 사용자의 문제나 요구사항을 분석하여 수행 주체를 설정하고 시스템의 환경을 고려하여 소프트웨어에 대한 정의를 기술하는 단계이다. 요구사항 분석이 중요한 이유는 다음과 같다.

이유	설명
도메인 이해 부족	시스템 규모의 대상이 광범위하고, 업종 도메인 지식이 부족한 경우가 많다.
참여자 간 이해 부족	개발자와 사용자 간에 지식이나 표현의 차이가 있어서 상호 간 이해가 부족하다.
의사소통 부족	사용자와 개발자 간 업무지식이나 용어의 불일치로 인해 의사소통이 곤란하다.
지속적인 변경 요구	사용자의 요구사항이 모호하고 부정확한 상태에서 지속적인 변경이 요구된다.

요구사항 분석 기법이란 개발 대상에 대한 사용자의 요구사항 중 명확하지 않거나 모호한 부분을 걸러내기 위한 방법이다. 또한 시스템 개발, 변경의 목적(What)을 식별하기 위해 이해관계자들의 요구를 이해 및 조정하여 체계적으로 수집·분석·명세화·검증하는 활동으로서 고객의 요구에 대해 문제(What)를 이해하는 작업이며, 다음과 같은 기법이 있다.

기법	설명
요구사항 도출 기법	• 커뮤니케이션 기반 : 인터뷰, 브레인스토밍, 핵심그룹, 집단의사결정, 설문조사 • 업무분석 기반 : 관찰(Job Shadowing), 프로토타입 • 문서 기반 : RFI, RFP, 제안서
요구사항 분석 기법	• 쌍대 분석(AHP), 페르소나, VOP, 전문가 판단, UseCase 분석 등 • 정적분석/동적분석 분류
요구사항 명세 기법	• 비정형 명세 기법, 정형 명세 기법(Z 명세, Petri-net) • 요구사항 추적 메트릭스 구성, 시스템 정의서, 요구사항 명세서
요구사항 검증 기법	V&V, Peer Review(Review, Inspection, Walkthrough)
요구사항 관리	요구사항 협상, 기준선, 변경관리, 확인, 요구사항 추적, 추적 메트릭 등 요구사항 모든 절차 주요 이슈 관리
요구사항 분석 산출물	자료흐름도(DFD, Data Flow Diagram), 자료사전(DD, Data Dictionary), 소단위명세서, 개체관계도, 상태전이도

요구사항 분석은 식별된 기능·비기능 요구사항에 대하여 중요도에 따라 우선순위를 부여하고 선별하는 일련의 과정이다.

제 2 절 설계

요구조건을 수행할 수 있도록 작업의 정의 기술과 원리를 명세화하는 단계이다. 요구사항 분석 단계에서 작성된 요구사항 분석 명세서의 기능이 실현되도록 알고리즘과 처리될 자료구조를 문서화하며, 소프트웨어 개발에 가장 핵심이 되는 기술로 SW 품질 평가를 위한 지침이 되는 단계이다. 설계 단계의 활동은 다음과 같다.

구분	주요활동	설명
상위 설계	아키텍처 설계	시스템 상호작용 관점에서 전체적인 구조를 나타냄
	데이터 설계	시스템에 필요한 정보를 자료구조와 데이터베이스 설계 반영
	시스템 분할	전체 시스템을 여러 개의 서브시스템으로 분할
	인터페이스 설계	시스템의 구조와 서브시스템들 사이의 인터페이스를 명확히 정의
	사용자 인터페이스 설계	사용자가 익숙하고 편리하게 사용하도록 인터페이스 설계
하위 설계	모듈 설계	각 모듈의 실제적인 내부를 알고리즘 형태로 표현
	자료구조 설계	자료구조, 변수 등에 대한 상세한 정보 작성

설계 활동은 전체 공정에서 가장 중요하며, 다양한 산출물이 작성된다.

소프트웨어 설계는 다음과 같은 기본원리를 가진다. 설계 시 추상화를 통한 설계방법을 결정하고, 분할과 정복을 통해 모듈의 크기를 결정하며, 모듈화를 통해 응집도 및 결합도를 결정하는 효율적인 설계 방법을 제공한다.

설계 기본원리	설명
추상화(공통화)	설계 방법 결정, 특정 목적과 관련된 필수 정보만 추출하여 강조하고 관련없는 사항을 생략함으로써 세분화하여 구체화하는 방법
분할과 정복	모듈 크기 결정, 여러 개의 서브시스템으로 나누고 서브시스템을 아주 작은 시스템이나 모듈로 나누어 개발하여 하나씩 병합하면서 완성시키는 방법
단계적 분해	기능을 점점 작은 단위로 점차적으로 구체화하는 방법으로 하향식 설계에 사용
모듈화	• 응집도 및 결합도 결정 • 실제 개발할 수 있는 작은 단위로 나누는 것으로 모듈은 규모가 큰 것을 여러 개로 나눈 조각으로 SW 구조를 이루는 기본 단위

효율적인 프로그램 구성을 지원하는 모듈하는 SW 개발에 있어 기능을 분할하고 추상화하여 소프트웨어의 성능을 향상시키고 유지보수를 효과적으로 하기 위한 SW 설계 및 구현 기법이다. 모듈화는 프로그램을 효율적으로 관리할 수 있도록 하는 SW 특성으로, 시스템을 분해하고, 추상화를 통하여 SW 제품의 성능을 향상시키거나 시스템의 디버깅 시험, 통합 및 수정을 용이하게 하는 설계 기법이다.
설계 단계에서 가장 중요한 기본원리 중 모듈화의 주요 특성인 응집도와 결합도에 대해 상세히 알아보자.

1 소프트웨어 응집도 중요 ★★★

정보은닉 개념의 확장개념으로 하나의 모듈은 하나의 기능을 수행하는 집적성을 지칭한다. 하나의 모듈이 하나의 기능을 온전히 순도 높게 담당하고 있는 정도이다. 응집도는 높을수록 좋으며, 응집의 정도는 기능적 응집도가 가장 높고 우연적 응집도가 가장 낮다.

응집도	설명	사례
우연적	아무 관련성 없는 작업을 한 모듈에서 모음	
논리적	• 유사한 성격의 작업들을 모음, 유사하나 밀접한 관계는 없음 • 논리적으로 유사기능을 수행하나 밀접한 관련은 없음	Switch(1) Case : 1 Case : 2 Case : 3
시간적	• 같은 시간대에 처리되어야 하는 것들을 모음 • 변수 초기화처럼 1회 실행되는 요소	Init() Memset()
절차적	모듈 진행 요소들이 서로 관련이 있으며, 순서대로 진행	Init() Listen() Request()
통신적	• 동일한 입/출력 자료를 이용하여 서로 다른 기능 수행 • 모듈 내 요소들이 동일한 자료를 이용하여 서로 다른 기능 수행	DB에 저장된 name Print(name); Select(name)
순차적	• 작업의 결과가 다른 모듈의 입력 자료로 사용됨 • 모듈 내의 동일한 요소에 값을 출력하고 다시 입력 값으로 사용	A = update(); Delete(A)
기능적	하나의 모듈이 하나의 기능만 수행	

2 소프트웨어 결합도 중요 ★★★

소프트웨어 구조에서 모듈 간의 관련성을 측정하는 척도이다. 모듈들 간의 서로 다른 책임이 얽혀 있어서 상호 의존도가 높은 정도를 의미하며, 결합도는 낮을수록 좋다. 결합의 정도는 자료 결합도가 가장 낮고 내용 결합도가 가장 높다.

결합도	단계	예시

자료	• 두 모듈 간 필요한 자료만을 매개변수로 전달하여 참조하는 경우
	• 가장 낮은 모듈 결합도 지원 가능
		void main() {
		Local (int x, int y);
		}

스탬프	• 두 모듈이 동일한 복합 자료구조(예 배열, 레코드, 구조체 등)를 매개변수로 전달하여 참조하는 경우
	• 배열, 레코드, 구조체 중에 관련 없는 내용 포함 가능
		Struct 좌표(int x, int y ;);
		void main() {
		  Local(좌표 xy) ;
		}

제어	한 모듈이 다른 모듈의 내부에서 작용하는 논리적 흐름을 제어하기 위하여 제어 플래그나 정보를 매개변수로 전달하는 경우	void main() {
		  Local(1)
		}
		void local(int isExec) {
		  If(isExec) {}
		  Else {}
		}

외부	• 모듈들이 외부환경(예 특수 H/W, 통신 프로토콜, OS, 컴파일러 등)과 연관되어 있는 경우
	• 음성적 정보교환 방법
		void main() {
		#include config.dat
		}
		void local() {
		#include config.dat
		}

공통	• 두 모듈이 동일한 자료영역(예 전역변수)을 공통으로 조회하는 경우
	• 동일한 자료영역 내의 오류발생 시 타 모듈로 오류 전파 가능성이 큼
		Static int A;
		void main() {
		  A=1;
		}
		void local() {
		  A=2;
		}

내용	• 한 모듈이 다른 모듈의 내부기능 및 자료를 직접 참조하는 경우
	• 한 모듈의 제어가 다른 모듈 내부로 분기하는 경우로서, 모듈이라는 개념 무시
		void main() {
		GO TO LOCAL;
		}
		void local(int x, int y) {
		LOCAL…
		}

좋은 소프트웨어의 설계 조건은 모듈 간 결합도는 낮게, 응집도는 높게 설계하여 모듈의 독립성을 높이는 것이다.

제 3 절 코딩

코딩 단계에서는 설계 단계에서 생성된 결과를 실제로 사용할 수 있도록 프로그래밍한다. 즉, 코딩이란 설계
단계에서 작성한 산출물을 토대로 실제 사용할 수 있도록 변환하는 과정이다. 코딩을 위한 언어는 프로젝트
성격, 서비스 대상, 대상 업무, 개발자 경험을 토대로 선정하며 자바, C, C++ 등 프로그래밍 언어 중에
하나를 선택해서 코딩한다. 코딩과 프로그래밍, 소프트웨어 개발에 대한 정의는 다음과 같다.

코딩	프로그램 언어의 명령으로 변환하여 작성하는 과정
프로그래밍	실행 가능한 기계 또는 응용 프로그램을 개발하는 과정
소프트웨어 개발	시장 목표나 사용자의 요구를 소프트웨어 제품으로 만드는 과정

좋은 소프트웨어를 개발하기 위해선 개발 가이드를 통해 개발팀에게 먼저 교육이 진행되어야 하고, 공통기능
과 템플릿을 통해서 개발표준을 정하는 것이 필요하다. 그리고 설계된 명세서에 따라 실행 가능한 소스코드를
작성하고 인스펙션을 수행하며 단위테스트를 통해 품질향상 및 완전성을 검증한다.

코딩 단계에서 고려해야 할 사항은 코딩 작업 시 명명규칙, 주석표준, 에러메시지표준 등의 개발표준을 작성
하여 이를 준수하도록 하며, 형상관리 툴을 이용하여 버전관리 및 백업관리를 하는 것이다. 또한 코드 인스펙
션 툴을 개발자 PC에 설치하여 개발자가 자체적으로 상시 코드 점검을 할 수 있는 환경을 구성하고 전체
소스코드를 통합하여 배포함으로써 기능 완성도를 수시로 체크해야 한다.

제 4 절 디버깅 및 테스팅

디버깅이란 프로그램의 오류를 발견하고 그 원인을 밝히는 작업 과정이며, 테스팅이란 노출되지 않은 숨은
결함을 찾기 위해 프로그램을 실행하여 품질을 평가하는 과정이다. 디버깅 및 테스팅 유형은 다음과 같다.

구분	유형	설명
디버깅 유형	테이블 디버깅	프로그래머가 직접 손으로 체크해서 눈으로 확인하는 방법
	컴퓨터 디버깅	디버깅 소프트웨어를 이용하는 방식
테스팅 유형	단위테스트	모듈 단위로 적절한 기능을 가지고 있는지 확인하는 테스트로서 코딩이 이루어진 후 모듈에 초점을 맞추어 검사하는 테스트
	통합테스트	모듈이 통합되었을 때 잘 작동되는지를 검사하는 것으로, 모듈 단위로 단계적으로 통합하면서 검사하는 테스트

디버깅이 오류에 대한 수정 작업이라면 테스팅은 결함을 발견하는 작업이다. 디버깅과 테스팅은 다음과 같은 차이점이 있다.

차이점	디버깅	테스팅
기본	결함의 원인을 찾기 위한 코드 검사 수행	결함의 원인을 제외한 결함을 확인
수행자	개발팀	테스트팀
코드 수정	수행	구현되지 않음
목적	탐지된 결함을 제거	가능한 많은 결함을 찾기 위함
테스트 케이스	디버깅용으로 설계된 테스트 케이스는 없음	요구사항 및 디자인을 기반으로 정의
커버	긍정적인 경우만 다루어짐	긍정적인 경우와 부정적인 경우 모두 포함
종류	유형으로 분류되지 않음	단위, 통합, 시스템 테스트 등과 같은 다양한 유형이 존재함
디자인 지식	필요하지 않음	필수
오토메이션	디버깅은 자동화되지 않음	테스트를 자동화할 수 있음

디버깅은 컴퓨터 소프트웨어 또는 시스템의 올바른 작동을 방해하는 컴퓨터 프로그램 내의 결함 또는 문제점을 찾아 해결하는 것이고, 테스트는 실제 결과가 소프트웨어의 예상 결과와 일치하는지 여부를 확인하고 결함이 없는지 확인하는 활동이다. 보통 개발자가 개발한 이후 디버깅을 하기 때문에 대부분 프로젝트에서는 공정상 테스트가 더 중요한 절차이다.

테스팅은 기존 조건 및 필요 조건(즉, 결함/에러/버그) 사이의 차이점을 발견하기 위하여 소프트웨어 항목을 분석하고, 분석된 항목의 특성을 평가하는 프로세스로 IEEE-829에 규정되어 있다. 소프트웨어의 숨겨진 결함 식별을 위한 소프트웨어 테스트는 개발된 소프트웨어의 숨겨진 결함과 문제를 식별하고 품질을 평가하며 품질을 개선하기 위한 일련의 활동으로, 소프트웨어 테스트의 원리는 다음과 같다.

원리	설명
테스팅은 결함이 존재함을 밝히는 활동	테스팅은 소프트웨어에 잠재적으로 존재하는 결함을 줄일 수는 있지만, 결함이 전혀 발견되지 않는 경우라도 해당 소프트웨어에 결함이 없다고 증명할 수는 없음
완벽한 테스트(Exhaustive Testing)는 불가능	• 완벽한 테스팅이 불가능한 이유 : 무한 경로, 무한 입력 값, 무한 타이밍 • 테스트 대상의 리스크 분석을 토대로 테스트 활동 노력 차별화 필요
테스팅은 개발 초기에 시작	개발의 시작과 동시에 테스트를 계획하고 전략적으로 접근하는 것을 고려하는 것은 물론, 요구사항 분석서와 설계서 등의 개발산출물을 분석하여 테스트 케이스를 도출하는 과정을 통해 결함을 발견
결함 집중(Defect Clustering)	출시 전 대다수의 결함들은 소수의 특정 모듈에 집중되어 발생하는 경향을 보임
살충제 패러독스(Pesticide Paradox)	• 동일한 테스트 케이스로 동일한 테스트를 반복적으로 수행하면, 테스트 내성으로 인해 더 이상 새로운 결함을 찾아내지 못함 • 테스트 케이스를 정기적으로 리뷰하고 개선해야 함
테스팅은 정황(Context)에 의존	정황과 비즈니스 도메인(분야)에 따라 다르게 테스트를 수행하여야 함
오류-부재의 궤변	사용자 또는 비즈니스의 요구사항을 충족시키지 못한다면, 설사 결함을 모두 발견하여 제거하였다고 하더라도 품질이 높다고 볼 수 없음

테스팅은 요구사항을 확인해야 하며, 완벽한 테스팅은 불가능하다. 리스크 기반으로 결함이 집중적으로 예상되는 곳에서 개발 초기에 테스팅을 수행해야 품질비용을 줄일 수 있다. 따라서 제품 특성과 테스트 요구사항을 고려하여 테스트를 설계하는 것이 필요하다.

실제예상문제

01 다음 중 컴퓨터가 직접 이해할 수 있는 언어는?

① 어셈블리어
② 기계어
③ C 언어
④ C++

01 기계어는 CPU가 직접 해독하고 실행할 수 있는 비트 단위로 쓰인 컴퓨터 언어를 통틀어 일컫는다. 기계어는 프로그램을 나타내는 가장 낮은 단계의 개념이다.

02 다음 중 C 언어의 특징에 대한 설명으로 옳지 <u>않은</u> 것은?

① C 언어로 작성된 프로그램은 다양한 운영체제에서 쉽게 이식 될 수 있다.
② 프로그램 순서대로(Top-Down) 순차적으로 수행한다.
③ 함수로 구성되어 있는 함수(Function)형 언어로 코드를 간결 하게 작성하는 것이 가능하다.
④ 가비지 콜렉터가 자동적으로 메모리를 관리해주기 때문에 프로그래머는 메모리를 따로 관리하지 않아도 된다.

02 가비지 콜렉터가 자동적으로 메모리를 관리하는 언어는 자바이다.

03 다음 중 C++ 언어의 특징에 대한 설명으로 옳지 <u>않은</u> 것은?

① C++은 C의 기본 개념에 객체지향을 추가한 언어이다.
② C++은 C의 특성들과 호환되지 않는다.
③ C++은 방대한 코드를 다수의 프로그래머가 동시에 개발할 수 있게 한다.
④ C++은 데이터 함수를 논리적이며 융통성 있게 관리한다.

03 C++은 C 언어의 확장판으로 문법은 그대로 유지하면서 객체지향적 언어 기능을 추가했고 C++의 이름은 C와 ++(증감연산자)에서 가져왔다.

정답 01② 02④ 03②

04 기계언어(어셈블리어) 수준으로 시스템 자원의 제어가 가능한 언어는 C 언어에 해당된다.

04 다음 중 JAVA 언어의 특징에 대한 설명으로 옳지 <u>않은</u> 것은?

① 운영체제와 하드웨어에 관계없이 실행 가능하며 한 번 작성하면 어디서나 실행이 가능하다.
② 소프트웨어의 재사용을 통해 소프트웨어 생산성을 높이기 위한 객체지향 개념을 도입하면서 상속, 캡슐화, 다양성 등의 특징을 가진다.
③ 하나의 프로그램에서 여러 개의 스레드가 동시에 실행할 수 있는 기능으로 시스템과 관련 없이 구현이 가능하다.
④ 기계언어(어셈블리어) 수준으로 시스템 자원의 제어가 가능하다.

05 프로그램 실행 과정에서는 선행처리 이후 컴파일이 된다. 실행파일은 링커에 의해서 최종적으로 만들어진 파일이다. 실행파일 안에서 컴퓨터에게 일을 시키기 위한 명령어가 있다. 실행파일이 메모리에 올라간 뒤에 CPU에 의해 실행된다.

05 다음 중 프로그램 실행 과정을 순서대로 묶은 것은?

① 링크 – 선행처리 – 컴파일러 – 실행
② 컴파일 – 선행처리 – 링크 – 실행
③ 선행처리 – 컴파일 – 링크 – 실행
④ 선행처리 – 링크 – 컴파일러 – 실행

06 C 언어 소스코드는 컴파일러에 의해 어셈블리어 코드로 번역된다. 어셈블리어 코드는 컴퓨터에 의해 실행되기에 앞서 바이너리 코드로 번역되어야 한다.

06 다음 중 C 언어 프로그램을 실행시키기 위해 필요한 것은?

① 컴파일러
② 인터프리터
③ 기계어
④ 어셈블리어

정답 04 ④ 05 ③ 06 ①

07 다음 중 선행처리기에 의해 처리되는 지시어를 나타내는 기호는?

① *
② @
③ #
④ $

07 선행처리기 지시자들은 '#' 부호로 시작하며, 선행처리기 지시자들은 각각 하나의 라인에 존재해야 한다.

08 인터프리터와 컴파일 방식에 대한 설명으로 <u>틀린</u> 것은?

① 인터프리터는 라인 단위, 컴파일러는 프로그램 전체를 번역한다.
② 인터프리터는 목적프로그램을 생성하지 않고, 컴파일러는 생성한다.
③ 인터프리터는 실행속도가 빠르고, 컴파일러는 느리다.
④ 인터프리터는 번역속도가 빠르고, 컴파일러는 느리다.

08 인터프리터는 실행속도가 느리고, 컴파일러는 빠르다.

09 다음의 요구사항 도출 기법 중 그 분류가 <u>다른</u> 것은?

① 인터뷰
② 프로토타입
③ 브레인스토밍
④ 설문조사

09 요구사항 분석 기법에서 커뮤니케이션 유형으로는 인터뷰, 브레인스토밍, 설문조사가 있고, 업무분석 유형으로 프로토타입이 있다.

정답 07 ③ 08 ③ 09 ②

10 소프트웨어 설계 기본원리에 다양화는 해당되지 않는다.

11 디버깅은 개발팀에서, 테스팅은 테스트팀에서 수행한다.

01 【정답】
헤더파일
【해설】
헤더파일은 표준 라이브러리 함수 printf(), scanf() 등의 동작을 따로 정의해 놓은 파일을 의미한다. 헤더파일의 확장자는 *.h이다.

10 다음 중 소프트웨어 설계의 기본원리에 해당되지 <u>않는</u> 것은?

① 추상화
② 분할과 정복
③ 모듈화
④ 다양화

11 디버깅과 테스팅에 대한 설명으로 옳지 <u>않은</u> 것은?

① 디버깅이란 프로그램의 오류를 발견하고 그 원인을 밝히는 작업 과정이다.
② 테스팅이란 노출되지 않은 숨은 결함을 찾기 위해 프로그램을 실행하여 품질을 평가하는 과정이다.
③ 디버깅이 오류에 대한 수정의 작업이라면 테스팅은 결함에 대한 발견의 작업이다.
④ 디버깅은 테스트팀이 수행하고, 테스팅은 개발팀이 수행한다.

◆ **주관식 문제**

01 다음 설명에서 괄호 안에 들어갈 용어를 쓰시오.

> 선행처리기 지시어 #include는 컴파일러에서 제공하는 INCLUDE라는 디렉토리에 저장된 (   )을/를 읽어들여 원시파일에 포함시키라는 의미이다.

【정답】 10 ④ 11 ④

02 다음 설명에서 괄호 안에 들어갈 용어를 쓰시오.

> 고급언어로 작성된 원시프로그램 전체를 읽고 한꺼번에 번역한 후 실행시키는 번역프로그램을 (   )(이)라고 한다.

02 정답
컴파일러

해설
컴파일러는 번역기로, 어떤 언어의 코드 전체를 다른 언어(컴퓨터 언어)로 바꿔주는 과정을 자동으로 수행하는 소프트웨어이다.

03 다음 설명에서 괄호 안에 들어갈 용어를 순서대로 쓰시오.

> 소프트웨어 구조에서 모듈 간의 관련성을 측정하는 척도이다. 좋은 소프트웨어의 설계 조건은 모듈 간의 (㉠)은/는 낮게, (㉡)은/는 높게 설계하여 모듈의 독립성을 높여야 한다.

03 정답
㉠ 결합도, ㉡ 응집도

해설
좋은 소프트웨어의 설계 조건은 모듈 간 결합도는 낮게, 응집도는 높게 설계하여 모듈의 독립성을 높여야 한다.

04 정답

통신적

해설

소프트웨어 응집도에는 우연적, 논리적, 시간적, 절차적, 통신적, 순차적, 기능적 응집도가 있다.

04 다음 설명에서 괄호 안에 들어갈 용어를 쓰시오.

> 소프트웨어 응집도에는 우연적, 논리적, 시간적, 절차적, ( ), 순차적, 기능적 응집도가 있으며, 응집의 정도는 기능적 응집도가 가장 높고, 우연적 응집도가 가장 낮다.

05 정답

㉠ 자료, ㉡ 내용

해설

결합의 정도는 자료 결합도가 가장 낮고 내용 결합도가 가장 높다.

05 다음 설명에서 괄호 안에 들어갈 용어를 순서대로 쓰시오.

> 결합도는 모듈들 간에 서로 다른 책임이 얽혀 있어서 상호의존도가 높은 정도를 의미하며, 결합도는 낮을수록 좋다. 결합의 정도는 (㉠) 결합도가 가장 낮고 (㉡) 결합도가 가장 높다.

06 C, C++ 언어에서 이미 만들어진 함수를 호출하여 사용할 수 있고 이미 만들어진 함수를 호출하는 명령줄을 무엇이라 하는지 쓰시오.

06 **정답**
선행처리기
해설
선행처리기란 프로그래머와 컴파일러 사이에서 매개 역할을 수행하며, C 언어에서 프로그램을 컴파일하기 전에 프로그래머가 작성한 원시 프로그램에 특정하게 정의된 각종 내용을 삽입시키는 기능을 하며, #include 를 사용한다.

07 컴퓨터 소프트웨어나 시스템의 올바른 작동을 방해하는 컴퓨터 프로그램 내의 결함 또는 문제점을 해결하는 활동을 무엇이라 하는지 쓰시오.

07 **정답**
디버깅
해설
개발자가 결함의 원인을 찾기 위해 소스코드 검사를 수행한다.

더 많은 정보와 지식을

여기서 멈출 거예요? 근지가 바로 눈앞에 있어요.
마지막 한 걸음까지 SD에듀가 함께할게요!

제2편

절차지향과 객체지향

단원 개요

절차지향(Procedural-Oriented)이란 물이 위에서 아래로 흐르는 것처럼 순차적인 처리를 중요시하며, 프로그램 전체가 유기적으로 연결되도록 만드는 프로그래밍 기법이다. 객체지향(Object-Oriented)은 데이터와 절차를 하나의 덩어리로 묶어서 처리하는 프로그래밍 기법이다. 프로그래밍 언어 종류에 따라 절차지향과 객체지향으로 구분되는데, 절차지향과 객체지향에 대한 특징과 개념을 알아본다.

출제 경향 및 수험 대책

절차지향의 특징인 Top-Down, 함수 호출, 데이터와 함수 분리를 알아보고, 객체지향 특징인 캡슐화, 정보은닉, 상속, 다형성에 대해 학습한다. 객체지향이 가지는 클래스, 객체, 메시지, 메소드에 대해 학습한다.

제 1 장 절차지향의 개념과 특징

제 1 장

제 1 절 절차지향의 개념

시스템을 기능에 따라 분할하여 개발하고, 이를 통합하는 분할과 정복 개념을 이용하여 프로시저 호출 개념을 기반으로 프로그램 전체가 유기적으로 연결된 것이 절차지향이다. 단순히 순서대로 명령을 수행하는 것을 의미하는 것이 아닌, 프로시저 호출의 개념을 바탕으로 하는 구조적 프로그래밍의 일종으로 프로그램의 어디에서나 프로시저를 호출할 수 있는데, 다른 프로시저에서도 호출이 가능하고 자기 자신에서도 호출이 가능하다.

절차지향(Procedural Oriented)에서 절차는 함수로 해석이 가능하며 포트란, 베이직, C 언어 등이 대표적인 절차지향 프로그래밍 언어에 속한다. 절차지향은 유지보수가 어렵고, 순서가 엄격하게 정해져 있어 이런 단점을 보완하기 위해 객체지향 개념이 등장했다.

제 2 절 절차지향의 특징

절차지향은 Top-Down, 함수 호출 등의 특징을 가지며, 실행순서 또는 절차에 더 중점을 둔다.

특징	설명
Top-Down	하나의 큰 기능을 처리하기 위해 작은 단위의 기능들로 나누어 처리하는 방식
함수 호출	비교적 작은 규모의 작업을 수행하는 함수(function)를 생성하여 인수(parameter)와 반환값(value)으로 명령을 전달하고 수행
데이터와 함수 분리	데이터와 함수를 별개로 구분하여 특정 기능을 수행하려면 그 일을 해주는 함수를 직접 호출해야 함

제 3 절 절차지향과 객체지향 비교 중요 ★★★

구분	절차지향	객체지향
설계방식	• 프로그램 순서와 흐름을 먼저 계획하고 자료구조와 함수를 설계하는 방식 • 기능을 호출하여 데이터에 접근하고 업무를 처리	• 실제 서비스를 이루는 메소드와 데이터를 중심으로 설계하는 방식 • 기능과 데이터로 묶어 캡슐화시킨 후 메시지를 전달하여 업무를 처리
개념화	기능과 데이터의 불일치	기능과 데이터 캡슐화

제 2 장

객체지향의 개념과 특징

객체지향에서는 현실세계의 개체(Entity)를 속성(Attribute)과 메소드(Method)가 결합된 형태의 객체(Object)로 표현한다. 현실세계에 존재하는 실체 및 개념들을 객체(Object)라는 독립된 단위로 구성하고 이 객체들이 메시지 교환을 통해 상호작용함으로써 전체 시스템이 운용되는 개념이다. 객체지향이 등장한 이유는 전통적인 개발 방법론의 문제점인 저품질 및 개발 생산성의 저하가 발생함으로 인해 재사용 및 확장성 증대가 필요했기 때문이다.

등장배경	내용
소프트웨어 위기 극복	• 낮은 생산성 • 납기 지연과 경영 환경의 변화
규칙의 혼선 발생	• 사용자 요구사항 조사 시 사용자가 명확한 요구사항을 제시하는 것이 미흡 • 사용자는 시스템 개발 시 짧은 개발주기와 더 많은 융통성을 원함 • 사용자의 초기 요구사항에 대한 반영이 빈약
위험 관리 실패 가능성의 증가	• 전통적인 Waterfall 방법은 문제 발견이 늦어질 수 있음 • 시스템은 생명주기 최종단계가 끝나기 전에는 수행할 수 없음
소프트웨어 복잡성 증가	• 규모가 커지면서 시스템 전체를 이해하는 것이 불가능해짐 • 소프트웨어는 계속 진화하면서 확장됨

SW 위기를 극복하기 위해 객체지향이 사용되면서 재사용, 유지보수성을 높여 공정을 단축하고 고품질 제품을 개발하기 위해 많이 사용한다.

제 1 절 객체지향의 특징 중요 ★

1 캡슐화(Encapsulation)

데이터 및 클래스를 하나로 묶어, 객체 내부에서 필요로 하는 정보를 외부로부터 은닉시키고, 메소드를 통해 접근하여 한 번에 관리할 수 있게 해준다.

2 정보은닉(Information Hiding)

캡슐화에서 가장 중요한 개념으로, 다른 객체에게 자신의 정보를 숨기고 자신의 연산만을 통하여 접근을 허용한다.

3 추상화(Abstraction)

외부 인터페이스만 제공하고, 객체 내부를 숨겨서 어떻게 일을 하는지 몰라도 원하는 결과를 얻을 수 있다.

4 다형성(Polimorphism)

메소드명은 같더라도 매개변수의 개수, 매개변수의 유무, 매개변수의 자료형 등에 따라 다른 메소드가 실행된다.

5 상속(Inheritance)

상위 클래스에서 정의되어 있는 기능을 하위 클래스에서 물려받아 사용할 수 있다.

제 2 절 클래스와 객체 중요 ★★★

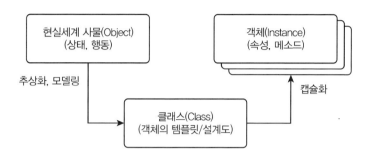

클래스	현실세계의 객체 집합에서 공통된 속성과 행동을 추출하여 모델링한 논리적 집합체로, 객체를 정의하고 생성하기 위한 템플릿
객체	현실 객체를 모델로 하여 소프트웨어적으로 구현된 객체지향 언어의 기본 단위로, 현실 객체를 추상화하여 도메인 관심 영역의 속성과 메소드를 캡슐화함

1 클래스와 객체의 용도

(1) 클래스

클래스란 객체를 정의해 놓은 것으로 객체의 설계도라고 하기도 하며, 객체를 생성하는 데 사용한다. 특정 객체를 생성하기 위해 변수와 메소드를 정의하는 일종의 틀이다. 객체를 정의하기 위한 멤버변수와 메소드로 구성된다.

(2) 객체

객체란 실제로 존재하는 사물로, 객체가 가지고 있는 기능과 속성에 따라 다르다. 클래스로 규정된 인스턴스로 변수 대신 실제 값을 가진다. 현실세계의 실체 및 개념을 반영하는 멤버변수와 메소드를 정의한 데이터의 집합이다.

클래스	객체
자동차 설계도	자동차
TV 설계도	TV
수학공식 설계도	수학공식

클래스를 정의하고 클래스를 통해 객체를 생성하는 것은 설계도를 통해서 제품을 만드는 과정과 동일하다고 볼 수 있다.

2 **클래스의 구조와 관계**

(1) 클래스의 구조 중요 ★★

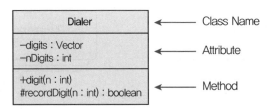

▶ 클래스 표기는 박스를 세 부분으로 나누어 첫 번째 부분에는 클래스 이름이 위치하며, 두 번째 부분은 속성, 세 번째 부분은 연산을 기술

구성요소	Name	클래스 Name 표시, 이탤릭체는 Interface를 의미
	Attribute	클래스의 Property에 이를 대표하는 짧은 명사나 명사구로 이름을 붙인 것
	Operation(Method)	객체 행동에 영향을 주기 위해 특정 class의 객체로부터 요청할 수 있는 서비스를 표현(Class 인터페이스의 일부)
표기법	접근성 표기법	• − : Private(해당 클래스 내에서만 접근 가능) • # : Protection(동일 패키지 내에서만 접근 가능) • + : Public(어디서든 접근 가능)
	명칭 표기법	• Attribute : 의미있는 명사형으로 표시 　예 +variableName : byte • Operation : 의미있는 동사형으로 표시 　예 +createMethodName(int pram) : int

클래스는 속성(Attribute)과 연산(Operation)으로 구성된다.

(2) 클래스간 관계

유형	설명	표기법
일반화 관계 (Generalization)	상위와 하위의 관계를 의미. 하위는 상위의 공통점을 상속받아 가짐	A ◁── B
	class A {} class B extends A {}	
연관 관계 (Association)	한쪽에서 다른 쪽을 사용하거나 참조할 수 있음	Circle ──▷ Point

	public class Point {}
	public class Circle {
	　　private Point[] pointOSP;
	}	

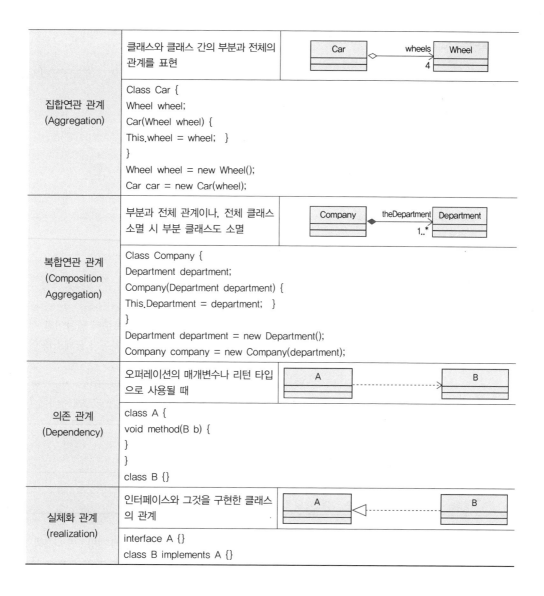

집합연관 관계 (Aggregation)	클래스와 클래스 간의 부분과 전체의 관계를 표현	

	Class Car {
	Wheel wheel;
	Car(Wheel wheel) {
	This.wheel = wheel; }
	}
	Wheel wheel = new Wheel();
	Car car = new Car(wheel);	

복합연관 관계 (Composition Aggregation)	부분과 전체 관계이나, 전체 클래스 소멸 시 부분 클래스도 소멸	

	Class Company {
	Department department;
	Company(Department department) {
	This.Department = department; }
	}
	Department department = new Department();
	Company company = new Company(department);	

의존 관계 (Dependency)	오퍼레이션의 매개변수나 리턴 타입으로 사용될 때	

	class A {
	void method(B b) {
	}
	}
	class B {}	

실체화 관계 (realization)	인터페이스와 그것을 구현한 클래스의 관계	
	interface A {} class B implements A {}	

3 클래스 선언 방법

> 🗂 **클래스 선언**
>
> ```
> public class {
>     private String speed;              //변수 선언
>     private boolean power;             //변수 선언
>     public int run() { speed = speed * 100; return speed; }    //메소드 선언
>     public int start() { power = power +100; return power; }  //메소드 선언
> }
> ```

4 객체 구성

클래스로부터 객체를 만드는 과정을 클래스의 인스턴스화라고 하며, 어떤 클래스로부터 만들어진 객체를 그 클래스의 인스턴스라고 한다. 예를 들면, 자동차 클래스로부터 만들어진 객체를 자동차 클래스의 인스턴스라고 한다.

클래스	인스턴스화	인스턴스(객체)
	→	

객체는 속성과 기능으로 이루어져 있고 이를 멤버변수와 메소드라고 부른다.

속성	멤버변수, 속성, 필드, 상태(예 속도, 자동차색, 크기, 길이 등)
기능	메소드, 함수, 행위(예 달리기, 켜기, 끄기, 속도 높이기 등)

클래스에서 정의된 속성과 기능을 가진 객체가 만들어진다. 자동차 클래스를 객체에 맞게 설명하면 다음과 같다.

			public class {
속성	속도, 파워	변수 선언	private String speed; private boolean power;

기능	달리기, 시동	메소드	public int run() {
			  speed = speed * 100;
			   return speed;
			}
			public int start() {
			   power = power +100;
			   return power;
			}

			}

멤버변수와 메소드를 선언하는 데 순서는 관계없지만, 일반적으로 멤버변수를 먼저 선언한다.

제 3 절   변수와 메소드 종요 ★★

변수란 데이터를 저장하기 위해 프로그램에 의해 이름을 할당받은 메모리 공간이다. 변수의 종류를 결정하는 중요한 요소는 변수가 선언된 위치와 관련이 있다.

메소드란 특정 기능을 수행하는 코드들의 집합이다. 어떤 값을 입력하면 해당 값을 기반으로 작업을 수행하여 원하는 결과 값을 반환한다.

클래스 이름(Name)
클래스 영역
 	
int 인스턴스변수;
static int 클래스변수;
 	
int add(int num1, int nu2) {
　int 지역변수 = num1 + num2;
　return 지역변수;
　　　　　메소드 영역
}
	변수	인스턴스변수

		클래스변수

변수	인스턴스변수	인스턴스 생성될 때 독립적인 저장공간을 가짐
	클래스변수	모든 인스턴스가 공통된 저장공간을 공유
	지역변수	메소드 내에 선언되어 메소드 내에서만 공유
메소드	인스턴스 메소드	인스턴스가 반드시 존재해야만 사용
	클래스 메소드	모든 인스턴스에 공통으로 사용하는 함수에 사용

제 4 절   캡슐화와 정보은닉

1 캡슐화와 정보은닉의 개요

캡슐화는 관련된 기능을 가진 변수와 메소드를 묶어서 관리하기 쉽게 해주는 기법이다.

정보은닉은 복잡하거나 변경 가능한 부분을 캡슐 내부에 감추고, 외부에는 추상화되고 변경 가능성이 낮은 인터페이스만 제공하는 객체지향 핵심원리이다.

구분	캡슐화	정보은닉
개념	속성과 메소드, 데이터와 기능의 집합	인터페이스를 통해서만 접속을 허용하는 특성
개념도	클래스 객체 속성 메소드	클래스 속성 Private 변수　메소드 public ← 값 입력 메소드 public → 값 출력

목적	관계있는 데이터나 함수를 하나로 모음	캡슐화된 코드의 보호
기법	class	public, private, protected
장점	• 코드의 재사용성 향상 • 유지보수 용이 • 객체 간 종속성 최소화	• 소스코드 및 데이터의 무결성 향상 • 개발 생산성 향상

소스코드	```public class Car {```
	  ```private int speed;```
	  ```public void setSpeed(int speed) {```
	    ```//캡슐화로 speed 값이 얼마가 들어가는지 감춰줌```
	    ```this.speed = speed*3;```
	  ```}```
	  ```public int getSpeed() {```
	   ```return speed;```
	  ```}```
	```}```
		```public class Car {```
		  ```private void init() {}```
		  ```private void process() {}```
		  ```private void release() {}```
		  ```public void work() {```
		    ```init();```
		    ```process();```
		    ```release();```
		  ```}```
		```}```

정보은닉 시 클래스 혹은 메소드는 private, protected, public으로 지정이 가능하다.

2 접근 지정자별 기본 클래스 접근범위

접근 지정자는 private, protected, public으로 구분된다.
private은 파생 클래스에 상속되지 않기 때문에, 기본 클래스의 멤버함수만 참조가 가능하다. protected는 파생 클래스에 보호 멤버로 상속되고 클래스 외부에서 참조는 불가하다. public은 파생 클래스에 상속되기 때문에 파생 클래스에서 참조가 가능하다.

기본 클래스의 멤버 유형	접근 지정자별 기본 클래스 접근 범위		
	private	protected	public
private	접근불가	접근불가	접근불가
protected	private	protected	protected
public	private	protected	public

제 5 절 상속과 다형성

상속(Inheritance)이란 하위 클래스가 상위 클래스의 속성과 메소드를 재정의하지 않고 그대로 사용 가능하게 하는 속성이다. 즉, 부모 클래스의 메소드와 속성을 물려받아서 자식 클래스에서 동일하게 사용하는 것이 가능하다.

다형성(Polymorphism)이란 서로 다른 객체가 동일한 메시지에 대해 고유한 방법으로 응답할 수 있는 속성이다. 다른 클래스이나 같은 이름의 메소드를 가지게 되는 경우 동일한 이름의 메소드라도 그 메소드에 일어나는 클래스에 따라 각기 다른 행동을 수행한다.

구분	상속	다형성
특징	컴파일 시 정적으로 바인딩	런타임 시 동적으로 바인딩
장점	확장성 및 재사용성 제고	개발생산성, 유지보수성, 재사용성, 확장성, 유연성이 좋음
단점	과도한 상속은 결합도 상승의 원인	• 가독성 저하로 디버깅이 어려움 • 중복 코드 개발 가능성이 높음
기법	class	public, private, protected
유형	단일상속, 다중상속이 있음	오버라이딩, 오버로딩

소스코드	```//추상 클래스 : extends 통한 단일상속
	//메소드 선언만 하고 정의 없음
	abstract class Shape {
	public abstract void draw();
	
	class Circle extends Shape {
	public void draw() {...구현...}
	}
	//인터페이스 : implements 통한 다중상속
	//static final 상수와 추상 메소드만 보유
	public interface Picture
	public static final int PLAIN = 1;
	public abstract void draw(int x, int y);
	}
	class Circle extends Shape
	implements Picture
	public void draw(int x, int y) {...구현...}
	}```
		``//다형성 : overloading
		//파라미터 개수와 형식에 따라
		//같은 이름 다른 처리 가능
		class Car {
		public void run(int data1) {
		//100km
		}
		public void run(int data1, int data2) {
		//1000km
		}
		}
		
		//다형성 : overriding
		//subclass가 superclass 메소드 재정의
		interface Car {
		void run(); //Car 추상화;
		}
		class 스포츠카 implements Car {
		public void run(..200km..) { //200km };
		}
		class 트럭 implements Car {
		public void run(..50km..) { //50km };
		}```

1 상속과 다형성 적용 시 선택사항

상속과 다형성을 적용하기 위해서는 현재 설계구조와 모델링을 고려하여 어떤 방식이 더 타당한지 확인 후
적용한다.

선택사항	설명
상속 적용 시 선택사항	• is-a 관계일 경우 상속을 사용하고 has-a 관계일 경우에는 위임을 사용할 때 적용 • 같은 클래스의 다른 구현이 존재하거나 복수의 슈퍼 클래스 존재 시 상속보다 위임을 사용
다형성 적용 시 선택사항	• Type Casting : 하위 클래스를 상위 클래스로 강제 형변환 • Genericity : 클래스 자체를 파라미터화 • Operator Overloading : 연산자 오버로딩, 연산자도 하나의 함수라는 개념을 사용하여 중복 정의

2 상속 상세설명

기존의 클래스를 재사용하여 새로운 클래스를 작성하는 것으로, 상속을 통해 클래스를 작성하면 코드를 공통
적으로 관리하는 것이 가능하여 신규 소스 추가 및 변경이 유용하다.

(1) 상속 표현방법

클래스 이름이 Child이고, 상속받고자 하는 기존 클래스가 Parent라고 하면 다음과 같이 표현할 수 있다.

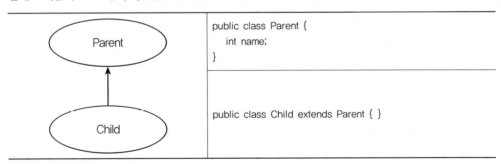

Parent에서 name이라는 멤버변수를 추가할 경우, Child 클래스는 Parent 클래스 멤버를 상속받기 때문
에, Child 클래스에는 자동적으로 name이라는 멤버변수가 추가된다.

(2) 다중상속

다중상속이란 하위 클래스가 2개 이상의 부모 클래스로부터 상속을 받는 것으로 C++에서만 지원한다.
자바에서는 다중상속을 지원하지 않고 인터페이스만 허용하기 때문에 프로그래밍 언어에 따라 적용방식
이 다르다.

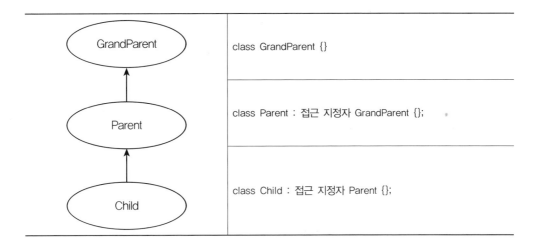

	class GrandParent {}
	class Parent : 접근 지정자 GrandParent {};
	class Child : 접근 지정자 Parent {};

다중상속 시 두 부모에게 중복되는 멤버변수가 있을 때는 부모를 명시하는 것이 필요하다.

3 다형성 상세설명

다형성을 통해 추상화된 클래스의 속성 및 기능을 상속받아 재정의하여 동일한 인터페이스를 갖지만 행위는 다양하게 구현하는 것이 가능하다. 런타임에서 인터페이스가 일치하는 다른 객체로 대체되어 런타임 객체에 따라서 연산 수행 결과가 달라지게 된다.

(1) 다형성 특징 및 동작 원리
① **확장성** : 하나의 인터페이스에 메소드를 type 및 개수를 변경하여 재정의
② **유연성** : 하나의 인터페이스를 일관성 있게 사용자 중심으로 제공
③ **재사용성** : Overloading, Overriding을 이용하여 재사용성 높임
④ 디자인 패턴에 Prototype을 이용하면 효과적으로 코딩 가능

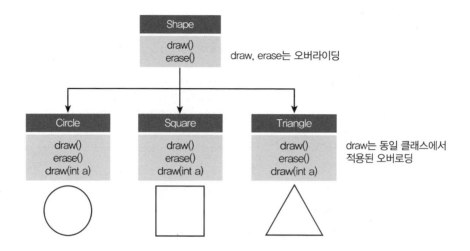

오버라이딩, 오버로딩을 통해 기능을 재정의하여 사용한다. draw(), erase()라는 메소드를 오버라이딩한다. 실행 클래스에서 상위 클래스를 세 가지의 다른 기능의 클래스로 사용하는 것이 가능하다. Shape 클래스 타입에 하위 클래스를 모두 선언하는 것이 가능하고, 실행 시 Shape 클래스로 사용이 가능하다.

(2) 다형성 유형

다형성에는 하나의 클래스 내에 비슷한 일을 하는 메소드를 같은 이름의 메소드로 여러 개 정의하여 사용하는 오버로딩(Overloading)과, 상속 관계에 있는 두 클래스 중 하위 클래스에서 상위 클래스의 메소드를 재정의하여 사용하는 오버라이딩(Overriding)이 있다.

유형	구분	설명
Overloading	정의	하나의 이름으로 여러 메소드를 생성(파라미터 상이)하고 클래스 내의 반환형과 매개변수(인수)의 개수 및 타입이 다른 동일한 이름의 메소드를 정의하는 것이다.
	내용	동일한 클래스에 같은 이름을 가진 두 개 이상의 오퍼레이션을 정의하는 경우이다. 이 경우 이름은 같더라도 파라미터의 개수와 형식은 달라야 한다. 다른 방식의 프로그래밍 언어와는 달리 객체지향 프로그래밍 언어에서는 파라미터의 개수와 형식만 다르면 얼마든지 같은 이름의 메소드를 정의할 수 있다.
	예제	integer Sum (integer X , integer Y) float Sum (float X , float Y)
		위와 같이 두 가지 같은 이름을 가진 메소드를 동일 클래스 내에서 정의할 수 있다.
		account integer Sum (interger X, integer Y) float Sum (float X, float Y)

	정의	상위 클래스에서 정의된 메소드를 하위 클래스에서 재정의하고, 상위 클래스에서 상속받은 반환형과 매개변수(인수)가 동일한 메소드를 재정의하는 것이다.
Overriding	내용	부모에게 상속받은 오퍼레이션을 자식 클래스가 같은 이름으로 재정의하는 것을 의미하며, 이 경우 동일한 오퍼레이션이 여러 개 정의되는 것과 마찬가지의 효과를 가진다. 부모의 오퍼레이션을 실행시킬 경우 부모 클래스의 이름을 지정해서 메소드를 호출해야 한다.
	예제	point / Draw() ← Line / Draw()
		그림과 같이 부모 클래스인 point에서 정의된 오퍼레이션인 Draw를 자식 클래스인 Line에서 중복해서 정의한다.

오버라이딩 혹은 오버로딩을 통해 어떻게 적용하는 것이 더 효율적인지 확인 후 적용한다. 다음의 코딩 비교를 통해 확인해보자.

(3) Overloading과 Overriding의 코딩 비교

[Overloading과 Overriding 소스 비교]

Overloading	Overriding
```\nclass Car {\npublic static void main(String [] args) {\n Car car = new Car();\n car.test(1L);\n car.test(1);\n}\n void test(int i) {\n System.out.println("1");\n }\n void test(double i) {\n System.out.println("2");\n }\n}\n```	```\npublic class Test {\n public static void main(String[] args) {\n First s = new Second();\n System.out.println(s.var);\n System.out.println(s.method());\n }\n}\nclass First {\n int var = 1;\n int method() {\n return var;\n }\n}\nclass Second extends First {\n int var = 2;\n int method() {\n return var;\n }\n}\n```
프로그램의 실행 결과는 2와 1이 출력된다.	프로그램의 실행 결과는 1과 2가 출력된다.

Overloading은 클래스 내에서 함수 호출 인자가 다르고, Overriding은 상위 클래스 함수 호출인자를 재정의한다.

(4) Overloading과 Overriding의 상세 비교 중요 ★

[Overloading과 Overriding 상세 비교]

구분	오버로딩(다중정의)	오버라이딩(재정의)
메소드명	특정 클래스 내 동일	상속관계 내 동일
매개변수 개수, 타입	상관없음	반드시 동일
리턴타입	상관없음	기본적으로 동일
접근제한	상관없음	범위가 같거나 넓어야 함 예 protected → public (O) public → protected (×)
클래스 다이어그램	class 오버로딩 CalClass + Calc(int, int) : int + Calc(int, int, int) : int + Calc(float, float) : float	class 오버라이딩 SuperClass + print() : void △ SubClass + print() : void

샘플코드	`public class Calc {`
	`  int calc(int a, int b) {`
	`    return a+b;`
	`  }`
	`  int calc(int a, int b, int c) {`
	`    return a+b+c;`
	`  }`
	`  float calc(float a, float b) {`
	`    return a+b;`
	`  }`
	`}`
		`public class Parent {`
		`  void print() {`
		`    System.out.println("이것은 상위 클래스입니다");`
		`  }`
		`}`
		`public class Child extends Parent {`
		`  void print() {`
		`    System.out.println("이것은 하위 클래스입니다");`
		`  }`
		`}`

| 샘플코드
설명 | • Calc 클래스 내에서 Calc라는 메소드를 오버로딩
• Calc 클래스 안에 Calc라는 메소드에 매개변수를 여러가지로 구분지어 Calc라는 메소드를 사용할 때 넘겨주는 매개변수에 자료형을 다르게 하여 반환되는 결과가 다르도록 한다.
• 오버로딩은 원래 설정된 것뿐 아니라 추가적으로 생성된 것들까지 포함하여 여러 개를 설정(다중정의) | • Parent 상위 클래스에서 Print라는 메소드를 오버라이딩
• 원래 Parent에 Print 메소드를 불러올 시 "이것은 상위 클래스입니다"를 출력하지만 Parent를 오버라이딩하면 Parent에 Print 메소드를 불러올 시 "상위 클래스입니다"가 아닌 설정된 "이것은 하위 클래스입니다"가 출력됨
• 오버라이딩은 재설정(재정의)를 뜻함 |

Overloading과 Overriding 적용 시 어떤 방식으로 개발하는 것이 더 나을지 결정할 경우, 프로젝트 또는 솔루션 특성에 맞게 통일화된 방식으로 개발하는 것이 유지보수에 더 많은 도움이 된다.

> **💡 더 알아두기 Q**
>
> **OOP 설계의 5대 원칙**
> (1) OOP 설계의 5대 원칙의 개요
> ① 객체지향 설계의 5대 원칙의 개념
> 소프트웨어를 설계함에 있어 이해하기 쉽고, 유연하고, 유지보수가 편하도록 도와주는 5가지의 원칙으로, 시스템에 예상하지 못한 변경사항이나 수정이 발생되더라도 유연하게 대응이 가능한 시스템 구조를 만들기 위한 것이다. 즉, 시스템에 새로운 요구사항이나 변경사항이 있을 때 영향을 받는 범위를 최소로 만들어 신속한 대응을 하기 위함이다. 따라서 OOP 설계의 5대 원칙은 객체지향 소프트웨어 설계 도구들의 근본이자 목적이 되는 원칙이다.
> ② 객체지향 설계의 5대 원칙의 중요성
> 재사용성, 유지보수성의 향상을 위해(높은 응집도, 낮은 결합도) 설계 원칙을 기반으로 디자인 패턴 또는 유용한 개발론들이 등장하고 있다.
> ③ 객체지향 설계의 특징
>
> | 특징 | 설명 |
> |---|---|
> | 품질 향상 | 재사용성, 유지보수성, 이식성을 통해 생산성 및 품질 향상 |
> | 모형의 적합성 | 현실 세계 및 인간의 사고 방식과 유사 |
> | 일관성 | 전체 공정에서 각 단계간의 전환과 변경이 자연스럽고 신속함 |
>
> (2) 객체지향 개발절차
>
> | 기획 | 분석 | 설계 | 구현 | 테스트 | 인수/설치 |
> |---|---|---|---|---|---|
> | 문제 정의
개발 계획 | 객체 모델링
동적 모델링
기능적 모델링 | 시스템 설계
객체 설계 | 구현 | 테스트/검증 | 통합테스트
인수테스트
프로젝트 평가 |

15

프로세스		설명
객체지향 분석	객체 모델링	클래스 식별, 속성과 Interface 정의, 계층 구조로 객체모델들 조직화
	동적 모델링	시나리오와 이벤트 정의 및 작성, 이벤트 흐름도 및 상태도 작성
	기능적 모델링	I/O 식별, 프로세스와 제약사항, 최적화 필요사항 등을 정의
객체지향 설계	시스템 설계	설계 목표 정의, 서브시스템 파악, 자료저장소 설계, 시스템 구조 설계
	객체 설계	객체 정의, 자료구조와 알고리즘 구현
객체지향 구현	코딩과 테스트	객체 및 클래스를 객체지향 언어로 구현, 절차적 프로그램의 테스트와 유사

(3) 객체지향 설계의 5대 원칙

원칙	설명	사례
단일 책임의 원칙 (SRP)	• 객체는 하나의 책임만을 맡아야 함(억지로 나누지 말 것) • DB 정규화와 비슷함(성능저하라는 부작용이 없음) • 핵심 : 변화 • 목적 : 변화에의 유연성 확보(낮은 결합도, 높은 응집도 추구)	데이터 매퍼 패턴(DAO)
개방폐쇄 원칙 (OCP)	• 모듈은 확장에는 열려있어야 하고 변경에는 닫혀 있어야 함 • 방법 : 변하는(확장되는) 것과 변하지 않는 것을 엄격히 구분한 후 이 두 모듈이 만나는 지점에 인터페이스를 정의	• 상속과 어댑터 클래스를 통한 클라이언트 클래스 접속 • 컴파일러, POSIX 표준
리스코프 치환 원칙 (LSP)	기반 클래스는 파생 클래스로 대체 가능해야 함 (즉, 인터페이스만 알면 구현체를 몰라도 사용 가능해야 함)	
인터페이스 분리의 법칙 (ISP)	• 하나의 일반적인 인터페이스보다는 구체적인 여러 개의 인터페이스가 나음 • 핵심 : 변화 • 목적 : 변화에의 유연성 확보 • 효과 : 인터페이스의 통합과 분리	• 파일입력은 InputInterface, 파일출력은 OutputInterface • 공유 리파지토리 패턴
의존관계 역전의 원칙 (DIP)	• 클라이언트는 구체 클래스가 아닌 인터페이스나 추상 클래스에 의존해야 함 • Bridge 패턴처럼 인터페이스/추상 클래스 간에만 서로 의존관계를 가지며 참조 • 모든 클래스에 인터페이스를 생성하면 클래스가 엄청나게 증가하고 복잡해지므로 필요한 것만 생성	이벤트 드리븐, 콜백, JMS, 통신 프로그래밍 모델

(4) 사례를 통한 객체지향 설계의 5대 원칙

① SRP(Single Responsibility Principle) : 단일책임원칙

㉠ 원칙

하나의 클래스는 하나의 책임만 가져야 한다.

- 책임(responsibility)은 변경의 원인(reason to change)을 의미한다.
- 클래스 변경의 원인은 하나여야 한다.

㉡ 상세설명

하나의 클래스에 책임이 너무 많아지면 Collaboration(협력) 관계를 통해 클래스를 세분화해야 한다. 즉, 책임을 나누는 것이다. 여기서 책임을 나누는 기준, 범위 등에 대한 정답은 없다. 다만, 유지보수 및 관리의 차원을 면밀히 고려하여 나눠야 한다.

시스템의 모든 객체는 하나의 책임만을 가지며 객체가 제공하는 모든 서비스는 그 하나의 책임을 수행하는 데 집중되어 있어야 한다.

Car		SRP 원칙을 적용해 본다면?	
start()		start()	출발
stop()		stop()	정지
changeTires()		changeTires()	타이어교체
drive()		drive()	운전
wash()		wash()	세차
checkOil()		checkOil()	기름체크
getOil()		getOil()	기름넣기

SRP 원칙 적용 결과

운전자
drive()

Car
start()
stop()
getOil()

세차장
wash()

정비소
changeTires()
checkOil()

만약 많은 기능을 한 객체의 기능에 구현하면 그만큼 그 객체와 강하게 결합된 객체들이 많아진다. 반대로 단일책임을 가진 여러 클래스로 분산한다면 책임이 변경될 때마다 여러 클래스에 대해 변경을 해야 하는 산탄총 수술이 필요하기 때문에 단일책임을 갖는 클래스를 구성하는 것이 중요하다.

추가로 설명하자면, 많은 기능을 한 객체에 작성해서도 안 되고, 단일책임을 여러 클래스로 분산해서도 안 된다. 즉, 단일책임 = 단일 클래스로 작성해야 된다는 것이다.

② ISP(The Interface ISegregation Principle) : 인터페이스 격리 원칙

　㉠ 원칙

　　파생 클래스 입장에서 사용할 때 100% 구현할 수 있는 인터페이스만 사용해야 한다. 인터페이스를 함수를 통해 사용할 때 자신의 목적에 맞게 사용해야 한다.

　㉡ 상세설명

　　최소한의 인터페이스만 구현하여 재사용성을 극대화한다. 예를 들어 은행 관련 입금, 송금, 출금 모듈을 만들었을 경우 상황에 따라 각 모듈을 골라서 사용할 수 있어야 한다. 만약 여러 기능을 하나로 묶어두면 재사용이 어렵게 된다.

　　클래스는 다중 상속이 안되지만 인터페이스는 다중 상속이 가능하다. 두 개 이상의 인터페이스가 동시에 필요할 경우 다중 인터페이스 상속으로 구현이 가능하다.

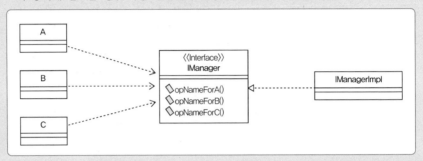

　　인터페이스 격리 원칙이란 여러 기능을 가진 클래스를 사용할 때 특정 기능만을 사용하는 경우에는 특정 기능만을 위한 인터페이스를 만들어 놓고 분리해서, 다른 기능이 변경되더라도 다른 기능에 아무런 영향을 받지 않도록 하는 방법이다.

③ DIP(The Dependency Inversion Principle) : 의존 관계 역전 원칙

　㉠ 원칙

　　추상 클래스는 파생 클래스를 참조해서는 안 되며, 파생 클래스나 추상 클래스는 오직 추상 클래스만을 참조해야 한다.

　㉡ 상세설명

　　DIP 원칙은 클래스 군들 간에 설계원칙에 대한 지침으로, 클래스 군들 간의 협업을 어떻게 하느냐에 중점을 둔 원칙이다.

　　파생 클래스가 의존할 때는 추상 클래스에 의존, 추상 클래스가 의존할 때는 추상 클래스에 의존한다. 결국, 의존의 대상은 추상 클래스나 인터페이스가 되어야 한다.

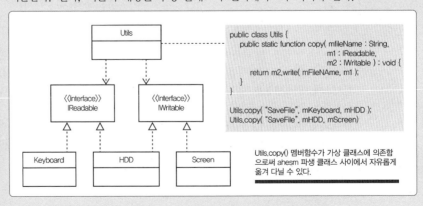

의존 관계를 맺을 때 변화하기 쉬운 것보다는 변화하기 어려운 것에 의존해야 된다. 즉, 변화하기 쉬운 것은 실체화된 클래스를 의미하고 변화하기 어려운 것은 추상적인 인터페이스를 말한다.

④ LSP(The Liskov Substitution Principle) : 리스코프 치환 원칙

  ㉠ 원칙

    LSP는 객체지향 설계 원칙 중 하나로 자식 클래스들은 부모 클래스들이 사용되는 곳에 대체될 수 있어야 한다는 원칙이다. 즉, 부모 클래스가 사용되는 곳에 자식 클래스로 치환하더라도 문제가 없어야 한다는 의미이다. 부모 클래스와 치환이 가능한 형태로 구현하기 위해서는 파생 클래스의 활용도가 효율적으로 증대되어야 하며, 객체지향 특징인 추상화(Abstraction), 다형성(Polymorphism)을 구현해야 한다.

  ㉡ 상세설명

    LSP 원칙은 OCP 원칙에 따라 디자인된 클래스들을 활용하는 단계에서 요구되는 원칙이다. 추상적인 클래스를 통해서 추상적인 클래스 이면에 숨어있는 구체적인 클래스를 제어하는 데 관심이 있다. LSP 원칙은 함수 의존적이다.

    LSP는 잘 디자인된 상속에 관한 내용이다. 부모 클래스를 상속할 때, 부모 클래스가 사용되는 곳은 아무 문제없이 자식 클래스도 사용할 수 있어야 하며, 만약 그렇지 않다면 상속을 잘못 사용하고 있다는 의미이다.

    OCP 원칙에 따라 디자인된 클래스를 사용할 때는 치환된 기반 클래스를 활용함으로써 모든 파생 클래스가 자유롭게 돌아다닐 수 있는 공간이 만들어진다.

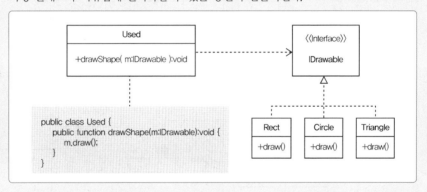

    LSP는 함수에서 사용될 때에 함수의 인자는 추상클래스나 인터페이스를 받아서 사용한다. 치환하는 대상은 구체적인 클래스에서 기반 클래스로 치환하는 것을 의미한다.

⑤ OCP(The Open-Closed Principle) : 개방-폐쇄의 원칙

  ㉠ 원칙

    확장에 열려 있고, 변경에 닫혀 있어야 한다. 소프트웨어 구성요소(컴포넌트, 클래스, 모듈, 함수)는 확장에 대해서는 개방돼야 하지만 변경에 대해서는 폐쇄되어야 한다. 변경을 위한 비용은 가능한 줄이고 확장을 위한 비용은 가능한 극대화해야 한다는 의미이다.

  ㉡ 상세설명

    라이브러리 개발자에게 변경이 발생하면 라이브러리 사용자에게도 변경이 발생한다. 이 경우 확장 및 유지보수의 어려움이 발생되며 유연성이 낮다. 따라서 확장, 수정이 가해지는 클래스의 영향이 밖으로 흘러나가지 않도록 중간에 완충장치를 두어야 한다. 즉, 라이브러리 개발자에게 일어난 변화가 사용자에게 영향을 주지 않도록 어떤 완충장치를 마련한다.

OPEN이란 클래스 수직관계(Is-a)에서는 열려있어야 한다는 의미로, 기반 클래스에서 파생 클래스로 확장된다. CLOSE란 클래스 수평관계(has-a)에서는 유연해야 한다는 의미로, 즉 영향을 받지 않아야 한다는 의미이다.

변하는 것과 변하지 않아야 하는 것을 엄격하게 구분해야 한다. 즉, 변하는 것은 변하기 쉽게, 변하지 않아야 하는 것은 영향을 받지 않게 디자인하는 것이다.

Step 1. 클래스 사이에 존재하는 공통적인 속성을 추출하기
Step 2. 추출된 속성은 하나의 인터페이스 또는 추상 클래스로 디자인하기
Step 3. 이렇게 디자인된 인터페이스 또는 추상 클래스를 상속하기

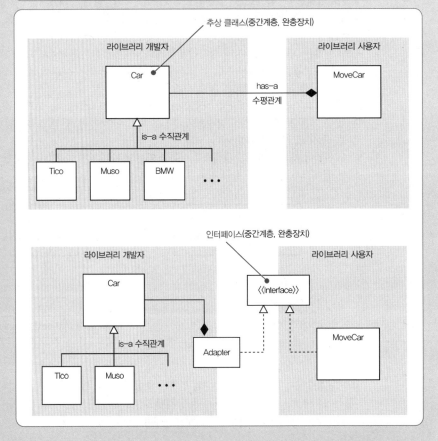

기존 코드에는 변경이 없으면서 기능을 추가할 수 있도록 인터페이스를 통해 구현해야 한다.

실제예상문제

01 다음 중 절차지향의 특징이 <u>아닌</u> 것은?

① Top-Down
② 함수 호출
③ 데이터와 함수 분리
④ 캡슐화

01 캡슐화는 객체지향의 특성이다.

02 도메인 관심 영역의 속성과 메소드를 캡슐화한 것이 의미하는 것은?

① 클래스
② 객체
③ 인스턴스
④ 엔티티

02 도메인 관심 영역의 속성과 메소드를 캡슐화한 것이 객체이다.

03 다음 중 클래스 구조의 구성요소가 <u>아닌</u> 것은?

① 클래스명
② 속성
③ 메소드
④ 객체

03 클래스 구조 구성요소는 클래스명, 속성, 메소드이다.

정답 01 ④ 02 ② 03 ④

04 클래스로부터 객체를 만드는 과정을 클래스의 인스턴스화라고 하며, 어떤 클래스로부터 만들어진 객체를 그 클래스의 인스턴스라고 한다.

04 메모리 영역을 점유하는, 실제 존재하는 클래스의 인스턴스가 되는 것은?

① 포인터
② 배열
③ 객체
④ 구조체

05 클래스 외부와 정보를 주고받는 역할은 멤버함수(메소드)가 수행한다.

05 클래스 외부와 서로 정보를 주고받는 통로 역할을 하는 것은?

① 멤버변수
② 멤버함수
③ 클래스
④ 객체

06 복합연관 관계는 부분과 전체 관계이나, 전체 클래스 소멸 시 부분 클래스도 소멸된다.

06 클래스 관계의 종류 중에서 클래스의 부분과 전체 관계이나, 전체 클래스 소멸 시 부분 클래스도 소멸함을 의미하는 관계는?

① 연관 관계
② 집합연관 관계
③ 복합연관 관계
④ 의존 관계

정답 04 ③ 05 ② 06 ③

07 다음 중 변수의 유형이 <u>아닌</u> 것은?

① 객체변수
② 클래스변수
③ 지역변수
④ 인스턴스변수

08 다음 중 객체지향 설계 5대 원칙에 해당하지 <u>않는</u> 것은?

① 단일 책임의 원칙
② 의존관계 분리 법칙
③ 개방폐쇄 원칙
④ 리스코프 치환 원칙

09 캡슐화란 관련된 기능을 가진 변수와 메소드를 묶어서 관리하기 쉽게 해주는 기법이다. 이와 관련하여 다음 코딩에서 ⓐ에 들어갈 용어로 옳은 것은?

```
public class Car {
  private int speed;
  public void setSpeed(int speed) {
      ⓐ   .speed = speed*3;
  }
  public int getSpeed() {
   return speed;
  }
```

① this
② extends
③ interface
④ super

07 변수는 인스턴스변수, 클래스변수, 지역변수로 구성된다.

08 객체지향 설계 5대 원칙에 해당하는 것은 의존관계 분리 법칙이 아닌 의존관계 역전의 원칙이다.

09 클래스의 변수를 지정할 때는 this를 이용한다.

정답 07 ① 08 ② 09 ①

10 private는 클래스 외부에서는 사용할 수 없고 해당 클래스의 멤버함수만이 참조할 수 있다.

10 클래스 외부에서는 사용할 수 없고, 해당 클래스의 멤버함수만이 참조할 수 있도록 멤버들을 지정하기 위한 예약어로 옳은 것은?

① public

② private

③ protected

④ default

✔ **주관식 문제**

01 **정답**
ⓐ 절차지향, ⓑ 객체지향
해설
절차지향이란 순차적인 처리가 중요시되는 프로그램 기법이다. 객체지향은 현실세계에 존재하는 실체 및 개념들을 객체(Object)라는 독립된 단위로 구성하고 이 객체들이 메시지 교환을 통해 상호작용함으로써 전체 시스템이 운용되는 개념이다.

01 다음 설명에서 괄호 안에 들어갈 용어를 순서대로 쓰시오.

(ⓐ)은/는 물이 위에서 아래로 흐르는 것처럼 순차적인 처리가 중요시되며 프로그램 전체가 유기적으로 연결되도록 만드는 프로그래밍 기법이다. (ⓑ)은/는 데이터와 절차를 하나의 덩어리로 묶어서 처리하는 프로그래밍 기법이다.

정답 10 ②

02 다음 설명에서 괄호 안에 공통으로 들어갈 용어를 쓰시오.

> 클래스로부터 객체를 만드는 과정을 클래스의 (　　)화라고 하며 어떤 클래스로부터 만들어진 객체를 그 클래스의 (　　)(이)라고 한다. 예를 들면, 자동차 클래스로부터 만들어진 객체를 자동차 클래스의 (　　)(이)라고 한다.

02 【정답】
인스턴스
【해설】
클래스로부터 객체를 만드는 과정을 클래스의 인스턴스화라고 한다.

03 다음 설명에서 괄호 안에 들어갈 용어를 쓰시오.

> (　　)은/는 서로 다른 객체가 동일한 메시지에 대해 고유한 방법으로 응답할 수 있는 속성이다. 다른 클래스이나 같은 이름의 메소드를 가지게 되는 경우 동일한 이름의 메소드라도 그 메소드에 일어나는 클래스에 따라 각기 다른 행동을 수행한다.

03 【정답】
다형성
【해설】
다형성은 객체지향 고유의 특성으로, 서로 다른 객체가 동일한 메시지에 대해 고유한 방법으로 응답할 수 있는 속성이다.

04 정답
ⓐ 오버로딩, ⓑ 오버라이딩
해설
다형성은 오버로딩과 오버라이딩으로 구분된다.

05 정답
extends
해설
자바에서는 부모 클래스를 상속받기 위해서 extends를 사용한다.

04 다음 설명에서 괄호 안에 들어갈 용어를 순서대로 쓰시오.

> 다형성에는 하나의 클래스 내에 비슷한 일을 하는 메소드를 같은 이름의 메소드로 여러 개 정의하여 사용하는 (ⓐ)와/과 상속관계에 있는 두 클래스 중 하위 클래스에서 상위 클래스의 메소드를 재정의하여 사용하는 (ⓑ)이/가 있다.

05 자바에서 자식 클래스가 부모 클래스를 상속하는 코드이다. ⓐ에 들어갈 용어를 쓰시오.

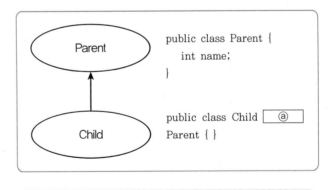

06 클래스를 표기할 때 사용하는 구성요소 3가지를 모두 쓰시오.

06 정답
Name, Attribute, Operation(Method)

해설
클래스 표기의 구성요소는 세 부분으로 나누어, 첫 번째 부분에는 클래스 이름, 두 번째 부분은 속성, 세 번째 부분은 연산을 기술한다.

07 다음과 같은 소스코드로 표현한 클래스 관계가 무엇인지 쓰시오.

```
Class Car {
Wheel wheel;
Car(Wheel wheel) {
 This.wheel = wheel;
 }
}
Wheel wheel = new Wheel();
Car car = new Car(wheel);
```

07 정답
집합연관 관계

해설
집합연관 관계는 클래스와 클래스 간의 부분과 전체의 관계를 표현한다.

여기서 멈출 거예요? 고지가 바로 눈앞에 있어요.
마지막 한 걸음까지 SD에듀가 함께할게요!

제3편

자료형과 변수

단원 개요

프로그램을 작성할 때 가장 기본이 되는 자료형과 변수에 대해 알아본다. 자료형은 변수의 종류를 의미하며, 변수에 값을 지정하기 이전에 어떤 자료형을 갖는지 미리 지정하는 것이 필요하다. 변수에 대한 사용법과 범위에 대해 알아본다.

출제 경향 및 수험 대책

프로그램에서 선언되는 자료에 대한 유형을 살펴보고 변수에 자료형을 사용하는 방법과 적용 범위에 대해 학습한다.

혼자 공부하기 힘드시다면 방법이 있습니다.
SD에듀의 동영상강의를 이용하시면 됩니다.
www.sdedu.co.kr ➜ 회원가입(로그인) ➜ 강의 살펴보기

자료형

자료형(data type)이란 정수, 실수, 문자 등과 같이 프로그램에서 사용되는 자료(data)의 종류를 의미한다. 변수(variable)는 자료를 담는 그릇으로, 변수를 사용하려면 반드시 먼저 선언을 해야 한다.

자료형은 데이터를 저장하는 메모리 공간의 유형으로, 프로그램이 실행되면 그 실행을 위해 데이터는 메모리에 저장되어 그 프로그램을 종료할 때까지 메모리에 상주하게 된다. 즉, 프로그램을 만들 때 데이터 종류에 따라 메모리를 낭비하지 않고 효율적으로 사용하기 위해 적절한 자료형을 지정하는 것이 필요하다.

제 **1** 절   기본 자료형 중요 ★★

기본 자료형은 논리형, 문자형, 정수형, 실수형으로 구분된다.

형태	예약어	메모리 크기	디폴트 값	표현 범위
논리값	boolean	1 비트	false	true 혹은 false
문자	char	2 바이트	'\0'	0 ~ 65535
정수	byte	1 바이트	0	−128 ~ 127
	short	2 바이트	0	−32768 ~ 32767
	int	4 바이트	0	'−2의 31승' ~ '2의 31승 − 1'
	long	8 바이트	0	'−2의 63승' ~ '2의 63승 − 1'
실수	float	4 바이트	0.0	−3.4E38 ~ 3.4E38
	double	8 바이트	0.0	−1.7E308 ~ 1.7E308

1   논리형(boolean)

논리형은 boolean으로 true, false 중 하나를 저장할 수 있으며, 기본값은 false이다.

```
boolean power = true;
boolean checked = false;
```

※ 자바에서는 대소문자 구분을 하며, TRUE와 true는 구분이 되고 true/false만 가능함

논리형은 참과 거짓을 나타내는 if/else 문에 주로 사용한다.

2 문자형(char)

문자를 저장하기 위한 변수를 선언할 때 사용되며 하나의 문자만을 저장할 수 있다.

char ch = 'A';	문자 'A'를 char 타입의 변수 ch에 저장하며 문자가 아닌 유니코드로 저장됨
char ch = 65;	문자 코드를 직접 변수 ch에 저장하는 것과 동일

C 언어가 만들어질 때 미국 표준 문자인 ASCII Code로 문자를 표현하여 한글이나 중국어 등과 같이 다른 문자 체계를 사용하는 표현이 힘들었는데, Java 언어에서는 다국어를 지원하기 위해 유니코드 방식을 채택한다.

3 정수형(byte, short, int, long)

정수형은 모두 4개의 자료형이 있으며 각 자료형이 저장할 수 있는 값의 범위가 서로 다르고, 단위는 바이트 (byte)이다.

> byte(1) 〈 short(2) 〈 int(4) 〈 long(8)

※ byte부터 long까지 2배씩 크기가 증가하는 것을 알 수 있고, 기본형은 int임

모든 정수형은 부호 있는 정수이며, 왼쪽의 첫 번째 비트를 부호비트로 사용하고 다른 비트는 값을 표현하는 데 사용한다.

byte 타입의 변수를 저장할 수 있는 값의 범위는 −128 ∼ 127로 다음과 같이 표현된다.

byte 표현형식(8비트)	종류	개수
0 0 0 0 0 0 0 0 ∼ 0 1 1 1 1 1 1 1	0, 양수	2^7개(0 ∼ 127)
1 0 0 0 0 0 0 0 ∼ 1 1 1 1 1 1 1 1	음수	2^7개(−128 ∼ −1)

변수에 저장하려는 정수값의 범위에 따라 4개의 정수형 중에서 하나를 선택한다.

4 실수형(float, double)

실수를 저장하기 위한 타입으로 float, double 두 가지가 있으며, 각 타입의 변수는 4, 8바이트의 크기를 가진다. 실수형 타입을 선언할 때는 값의 범위뿐만 아니라 정밀도도 고려할 필요가 있다. 가수를 표현하는 데 있어 double형이 float형보다 표현 가능한 범위가 더 크므로 double형이 보다 정밀하게 표현할 수 있지만, 그렇다고 해서 무조건 double형을 선택하면 안 된다. 실수에 대한 표현형식의 구성요소는 부호, 지수, 가수로 구분된다.

기호	의미	설명
S	부호(Sign bit)	1bit로 표현, 0이면 양수, 1이면 음수
E	지수(Exponent)	float(8비트), double(11비트), 부호가 없는 정수
M	가수(Mantissa)	float(23비트), double(52비트), 실제값을 저장하는 부분

정교한 소수점까지 관리하기 위해서는 double을 선택해야 하나, 메모리를 많이 차지한다.

제 2 절 상수와 리터럴

상수(constant)	리터럴(literal)
• 변하지 않는 수, 값을 한 번만 저장할 수 있는 메모리 공간 • 자료형 앞에 'final'이란 키워드를 붙여 선언 • 선언과 동시에 초기화를 해줌	• 프로그램 내에서 사용되는 모든 숫자, 문자, 논리값 • 특정 메모리 공간인 상수 풀(constant pool)에 저장

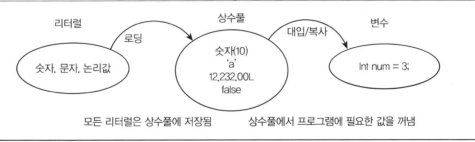

모든 변수와 리터럴에는 타입이 있고, 프로그램을 작성하다 보면 같은 타입뿐만 아니라 서로 다른 타입 간의 연산을 수행해야 하는 경우도 있다. 이런 경우엔 연산을 수행하기 전에 타입을 일치시켜야 하는데 이를 형변환이라고 한다. 형변환이란 변수 또는 상수의 타입을 다른 타입으로 변환하는 것이다.

1 형변환 방법

형변환하고자 하는 변수나 리터럴의 앞에 변환하고자 하는 타입을 괄호와 함께 작성한다.

> 📇 **형변환 방법**
>
> (타입)피연산자

- double value = 70.23;
- int total = (int)value;   //double 타입의 변수 value를 int 타입으로 형변환
- System.out.println(total);   //total = 70
- System.out.println(value);   //value = 70.23

피연산자인 변수 value 값은 형변환 후라도 변화는 없다.

기본형에서 boolean을 제외한 다른 타입들은 형변환이 가능하다.

변환	수식	결과
int → char	(char)65	'A'
char → int	(int)'A'	65
float → int	(int)10.0f	10
int → float	(float)10	10.0f
double → int	(int)10.0L	10
int → double	(double)10	10.0L

2 형변환 유형

유형	묵시적 형변환 (implicit type conversion)	명시적 형변환 (explicit type conversion)
개요	'작은 수 → 큰 수', '덜 정밀한 수 → 더 정밀한 수'로 대입되는 경우에 일어나는 형변환으로 자동으로 형변환(괄호 미작성)	'작은 수 ← 큰 수', '덜 정밀한 수 ← 더 정밀한 수'로 대입되는 경우에 일어나는 형변환(괄호 안에 자료형을 작성)

소스코드	int intNum = 20;
	float floatNum = intNum;
	
	System.out.println(intNum); //20
	System.out.println(floatNum); //20.0
	
	double doubleNum;
	doubleNum = floatNum + intNum;
	
	System.out.println(doubleNum); //40.0
		int intNum = 20;
		float floatNum = (float)intNum;
		
		System.out.println(intNum); //20
		System.out.println(floatNum); //20.0
		
		double doubleNum;
		doubleNum = (double)(floatNum + intNum);
		
		System.out.println(doubleNum); //40.0

'int → byte' 또는 'double → float'로 변환할 경우에는 기존 값에 손실이 발생할 수 있다.

제 3 절 배열(Array) 중요 ★★

같은 타입의 여러 변수를 하나의 묶음으로 다루는 것을 배열이라고 한다.

```
int num1, num2, num3, num4, num5;   //5개 변수를 통해 int 선언
int [] num = new int[5];            //5개 int 값을 저장할 수 있는 배열 생성
```

1 배열의 선언과 생성

타입의 변수를 선언하고 변수 또는 타입에 배열임을 의미하는 대괄호([])를 붙인다.

선언방법	선언 예	

타입[] 변수이름;	int[] num;
	num = new int[5];
	int[] num = new int[5];
		//배열 선언
		//길이가 5인 배열
		//한 번에 선언

타입 변수이름[];	int num[];
	num = new int[5];
	int[] num = new int[5];
		//배열 선언
		//길이가 5인 배열
		//한 번에 선언

배열을 선언하고 생성해야만 저장할 수 있는 공간이 만들어지고 배열의 인덱스 범위는 0부터 시작해서 N-1 까지의 배열 길이를 갖는다.

2 배열의 초기화

배열이 선언되면 특정 메모리 영역에 할당되는데, 할당된 메모리상에서 원래 차지하고 있던 가비지 (Garbage)값이 저장되기 때문에 저장 시 초기화시켜야 한다.

(1) 1차원 배열

int num[3];
num[0] = 1;
num[1] = 2;
num[2] = 3;
	int형 배열 num을 선언한 뒤 각 배열 요소의 데이터값을 초기화

	배열 선언과 동시에 값을 초기화		
int num[3] = {0, 1, 2}	num[0]	num[1]	num[2]
	0	1	2
	4바이트	4바이트	4바이트

int num[] = {0, 1, 2}	배열 선언과 동시에 초기화 수행, []을 생략 가능함

	char에 대한 배열 초기화		
char name[3] = {'A', 'B', 'C'}	name[0]	name[1]	name[2]
	A	B	C
	1바이트	1바이트	1바이트

(2) 2차원 배열

int num[2][3];
num[0][0]=0;num[1][0]=3;
num[0][1]=1; num[1][1]=4;
num[0][2]=2; num[1][2]=5;
	각각의 배열 값을 선언

int num[2][3] = {{0, 1, 2}, {3, 4, 5}}	행 단위로 그룹화시켜서 초기화 수행

3 배열의 출력

```
int[] num = new int[5];              //배열 선언
for(int i = 0; i < num.length; i++){ //for문 사용
    num[i] = i * 10;                 //배열에 값을 추가
    System.out.println(num[i]);      //println을 통해 출력 후 줄 바꿈
}
```

배열은 기본형뿐만 아니라 String, 객체에 대한 배열도 선언이 가능하다.

제 4 절   열거형 자료형

열거형을 사용하면 변수가 지니는 값에 의미를 부여하며, 프로그램 가독성을 높일 수 있고 상수에 이름을 붙여서 코드를 이해하기 쉽게 해준다. 목록을 뜻하는 enumeration에서 enum을 변수로 선언해서 사용해야 한다.

`const int numA = 1;`
`const int numB = 2;`
`const int numC = 3;`
	→
	
	열거형 자료 사용
		`enum 열거형이름 {`
		`    값1 = 초깃값,`
		`    값2,`
		`    값3`
		`};`

변수가 많아지면 일일이 선언하는 것이 힘들어짐		열거형은 enum 키워드를 사용하여 정의하며 열거

1 열거형 자료 사용방법

```
//먼저 enum 키워드 뒤에 열거형 이름을 지정해주고 { } (중괄호) 안에 값을 나열
enum oneWeek { //열거형 정의
    Sunday = 0, //(=,할당 연산자)를 사용하여 값을 할당할 수 있음, 초깃값 할당
    Monday,
    Tuesday,
    Wednesday,
    Thursday,
    Friday,
    Saturday
```

```
    }; //마지막으로 열거형을 정의할 때 }(닫는 중괄호) 뒤에는 반드시 ;(세미콜론)을 붙여줌
        //정의한 열거형을 사용하려면 열거형 변수를 선언해야 함
        //반드시 enum 키워드를 붙이고
enum oneWeek week;          //열거형 변수 선언
    //oneWeek 열거형 타입의 변수 week를 선언한다는 뜻
```

2 열거형 자료 출력

```
week  =  Tuesday;           //열거형 값 할당
printf("%d\n", week);       //2가 출력됨
                            //Sunday = 0, Monday = 1, Tuesday = 2 이런 식으로 할당이 됨
```

3 열거형 자료 유형

열거형	익명 열거형

typedef enum 열거형이름 {
　　값1 = 초깃값,
　　값2,
　　값3
} 열거형별칭;
//typedef를 사용하여 열거형 별칭 정의
	typedef enum {
	　　값1 = 초깃값,
	　　값2,
	　　값3
	} 열거형별칭;
	//typedef를 사용하여 열거형 별칭 정의

소스코드 작성 시 해당 환경에서 적용되는 표준에 따라 작성할 필요가 있고, 열거형 이름 앞에는 반드시 enum 키워드를 붙여서 열거형임을 선언해야 한다. 또한 열거형 값과 변수는 대개 고정길이 비트 문자열로 구현한다.

제 5 절 포인터(in C & C++)

포인터는 일반 변수나 배열과는 달리 실제의 데이터값을 저장하는 것이 아니라 데이터값이 저장된 특정 메모리의 시작 주소를 값으로 갖는 변수이다. 포인터 변수는 주소값을 가지고 해당 메모리 영역에 저장된 데이터값을 참조하거나 변경할 수 있다.

포인터는 메모리의 주소를 저장하는 공간으로, 포인터를 이용하면 메모리에 기억되어 있는 데이터를 보다 효율적이고 신속하게 관리할 수 있다. 포인터의 값에는 실제 메모리의 내용이 아닌 메모리의 주소값이 저장된다. 포인터는 &, * 연산자를 이용한다.

연산자	기능	사용형식	의미
&	주소 연산자	&변수명 또는 &배열 예 &p 또는 &p[5]	일반 변수나 배열 요소에 할당된 메모리 영역의 시작 주소를 얻는 데 사용하는 연산자
*	간접(참조) 연산자	*포인터 변수명 예 *p	포인터가 가리키는 메모리 영역(주소)내에 저장된 데이터값을 참조하는 연산자

1 포인터 변수 선언 및 초기화 중요 ★★★

변수나 배열 요소에 할당된 메모리 영역의 시작 주소를 값으로 갖는 변수로 사용하기 전에 반드시 선언해야 한다.

> 📂 **포인터 변수 선언 기본 형식**
> 데이터형 *포인터 변수명;
> 예 int *p;

데이터형이 잘못 지정되면 포인터 변수가 가리키는 주소에 저장된 데이터값을 참조할 수 없게되어 오류가 발생하기 때문에 주의가 필요하다.

포인터 변수의 선언 예시는 다음과 같다.

번호	예시	설명
1	int num; int *p; p = #	• 포인터 변수 p 선언 • 포인터 변수 p의 값을 변수 num의 시작 주소로 초기화
2	int num; int *p = #	포인터 변수의 선언 및 초기화를 동시에 수행
3	int num; int a = #	주소를 포인터 변수가 아닌 일반 변수에 대입 시 오류 발생

4	char *p1; int *p2; short *p3; float *p4; double *p5;	• char 포인터 선언 • int 포인터 선언 • short 포인터 선언 • float 포인터 선언 • double 포인터 선언

5	int num1, num2;
	int *p;
	num1 = 50;
	p = &num1;
	num2 = *p;
		• 정수 num1, num2 선언
		• 포인터 변수 p 선언
		• 변수 num1에 할당된 메모리 영역에 50 저장
		• 포인터 변수 p의 값을 변수 num1의 시작 주소로 초기화
		• num2에 포인터 변수 p가 가리키는 메모리 영역에 저장된 데이터값 50을 대입

2 포인터 자료형 크기

자료형은 유형에 따라 크기가 다르지만, 포인터 변수 자료형이 모두 같은 크기를 가지는 이유는 포인터 자료형의 크기는 해당 OS가 몇 Bit OS인지에 따라 다르기 때문이다. 포인터 변수는 주소값을 저장하기 위한 자료형이기 때문에 OS Bit에 따른 메모리 주소값들을 모두 포인터 변수로 넣을 수 있는 경우의 수에 맞는 크기의 자료형이어야 한다.

```
printf("(void *)    sizeof : %d\n", sizeof(void *));
printf("(char *)    sizeof : %d\n", sizeof(char *));
printf("(short *)   sizeof : %d\n", sizeof(short *));
printf("(int *)     sizeof : %d\n", sizeof(int *));
printf("(long *)    sizeof : %d\n", sizeof(long *));
printf("(float *)   sizeof : %d\n", sizeof(float *));
printf("(double *)  sizeof : %d\n", sizeof(double *));
```

32비트 프로그램 컴파일	64비트 프로그램 컴파일
(void *) sizeof : 4	(void *) sizeof : 8
(char *) sizeof : 4	(char *) sizeof : 8
(short *) sizeof : 4	(short *) sizeof : 8
(int *) sizeof : 4	(int *) sizeof : 8
(long *) sizeof : 4	(long *) sizeof : 8
(float *) sizeof : 4	(float *) sizeof : 8
(double *) sizeof : 4	(double *) sizeof : 8

포인터 자료형의 경우 일반적인 char, int, double 자료형과는 다르게 모든 포인터 자료형이 동일한 크기를 가진다.

제6절 참조 자료형(in C++ & JAVA)

참조 자료형은 기본 자료형과 달리 Stack에 직접 값을 할당하는 것이 아니라 Stack에 Heap의 주소를 참조하고 있고, 실제값은 Heap에 가지고 있다. Stack에는 직접 값을 가지고 있지 않고 주소를 가지고 있는 자료형이다. 클래스를 타입으로 변수를 선언하는 자료형으로 클래스에 따라 할당되는 메모리가 상이하다. 대표적으로 String, Date 등이 존재하며, 임의로 내가 원하는 클래스를 만들어 참조 자료형으로 사용할 수도 있다. 클래스 타입(class type), 인터페이스 타입(interface type), 배열 타입(array type), 열거 타입(enum type)이 있다.

1 참조 자료형의 특징

(1) 빈 객체를 의미하는 Null이 존재한다.

(2) 문법상으로는 에러가 없지만 실행시켰을 때 런타임 에러가 발생할 수 있다. 예를 들어 객체나 배열을 Null값으로 받으면 NullPointException이 발생하므로 변수값을 넣어야 한다.

(3) Heap 메모리에 생성된 인스턴스는 메소드나 각종 인터페이스에서 접근하기 위해 JVM의 Stack 영역에 존재하는 Frame에 일종의 포인터(C의 포인터와는 다르다)인 참조값을 가지고 있으며, 이를 통해 인스턴스를 핸들링한다.

2 참조 자료형의 유형

유형	개념	소스코드
클래스 유형	rc 객체는 a라는 멤버변수를 가지고 있는 class type 참조 자료형	```java\npublic class RefClass {\n private int a = 100;\n\n public int getA() {\n return a;\n }\n public void setA(int a) {\n this.a = a;\n }\n}\npublic class RefClassMain {\n public static void main(String[] args) {\n //TODO Auto-generated method stub\n RefClass rc = new RefClass();\n System.out.println(rc.getA());\n }\n}\n```

배열 유형	배열의 객체는 실제 Stack에 값을 가지고 있지 않고 Heap 영역의 주소를 가지고 있음	```java public class ArrayType { int[] a = new int[3]; char[] b = new char[4]; //new 없이 int[] c = {1, 2}; char[] d = {'a', 'b'}; } ```
열거 유형	기본 자료형을 객체형으로 사용	```java public class WrapClass { public static void main(String[] args) { Integer wrapInt = 1; Double wrapDouble = 1.11; Character wrapChar = 'A'; System.out.println(wrapInt); System.out.println(wrapDouble); System.out.println(wrapChar); System.out.println(wrapInt.intValue()); System.out.println(wrapInt.doubleValue()); System.out.println(wrapDouble.doubleValue()); System.out.println(wrapChar.charValue()); } } ```

Interface, String 유형도 있으나, 기존 사용방식과 동일하다.

제7절 구조체(in C & C++)

두 개 이상의 자료형을 하나로 묶어서 새로운 하나의 자료형으로 사용하는 것으로, struct이라는 키워드를 사용한다. 기본 자료형(int, char, long 등)과 포인터를 하나의 자료형으로 사용하는 것이 가능하다.

1 구조체 선언 형식 중요 ★

구분	방법	예시

구조체 선언 형식	struct 구조체_태크_이름 {
	　자료형 구조체항목1;
	　자료형 구조체항목2;
	}
		struct grade {
		　int 학번;
		　int 점수;
		};

구조체 선언 후 자료형 크기	sizeof(자료형*구조체항목1) + sizeof(자료형*구조체항목2)	sizeof(int) + sizeof(int)
구조체 변수 선언 방법	struct 구조체명 변수명	struct grade gradeOfClass;

구조체를 사용하기 위해서는 struct 키워드를 구조체 이름 앞에 붙인다.

2 typedef를 이용한 구조체 선언

typedef를 이용하여 구조체를 사용하는 경우	typedef struct _grade { 　int 학번; 　int 점수; } grade
구조체 변수 선언	grade gradeOfClass;

typedef를 이용하여 일반 자료형을 사용하는 것과 동일하게 grade를 사용하는 것이 가능하다.

3 구조체 소스코드 주의사항

구분	설명	예시

선언방법	구조체를 정의한 후에 프로그램에서 사용하기 위해서는 struct와 구조체 이름이 한 쌍이 되어 선언되어야 됨	struct grade {
		　char 이름[20];
		　int 학번;
		　int 점수;
		};
		struct grade gradeOfClass;

항목을 사용한 접근 방법	• 구조체 내부에 접근하는 방법 : 도트 연산자 사용 • 형식 : 구조체변수.구조체항목	gradeOfClass.학번 = 10; gradeOfClass.점수 = 100; strcpy(gradeOfClass.이름, "홍길동"); //이름은 문자형 배열로 문자열을 직접 넣을 수 없기 때문에 strcpy() 함수를 사용하여 처리

	구조체 내부에 접근하는 방법 : 포인트 연산자를 사용	struct grade *ptr; //선언해야 함
		ptr −〉 학번 = 10;
		ptr −〉 점수 = 100;
		strcpy(ptr −〉 이름, "홍길동");

일반적인 구조체 변수가 도트 연산자를 사용하는 반면, 구조체의 포인터 변수는 참조 연산자를 사용한다.

4 구조체 예시

도트 연산자를 사용하는 방법	포인트 연산자를 사용하는 방법

struct Person {　　　　//구조체 정의
　char name[20];　　//구조체 멤버 1
　int age;　　　　　//구조체 멤버 2
　char address[100];　//구조체 멤버 3
};
 	
int main()
{
　struct grade gradeOfClass;　　//구조체 포인터 선언, 메모리 할당
 	
　//화살표 연산자로 구조체 멤버에 접근하여 값 할당
　strcpy(gradeOfClass.name, "홍길동");
　gradeOfClass.age = 30;
　strcpy(gradeOfClass.address, "서울시 용산구 한남동");
 	
　//화살표 연산자로 구조체 멤버에 접근하여 값 출력
　printf("이름: %s\n", gradeOfClass.name);　　//홍길동
	#include 〈stdio.h〉
	#include 〈string.h〉 //strcpy 함수가 선언된 헤더 파일
	#include 〈stdlib.h〉 //malloc, free 함수가 선언된 헤더 파일
	
	struct Person {　　　　//구조체 정의
	　char name[20];　　//구조체 멤버 1
	　int age;　　　　　//구조체 멤버 2
	　char address[100];　//구조체 멤버 3
	};
	
	int main()
	{
	　struct Person *p1 = malloc(sizeof(struct Person));
	　//구조체 포인터 선언, 메모리 할당
	
	　//화살표 연산자로 구조체 멤버에 접근하여 값 할당
	　strcpy(p1−〉name, "홍길동");
	　p1−〉age = 30;

`printf("나이: %d\n", gradeOfClass.age);    //30`
`printf("주소: %s\n", gradeOfClass.address);  //서울시`
`용산구 한남동`
 	
`    return 0;`
`}`
	`strcpy(p1->address, "서울시 용산구 한남동");`
	
	`//화살표 연산자로 구조체 멤버에 접근하여 값 출력`
	`printf("이름: %s\n", p1->name);   //홍길동`
	`printf("나이: %d\n", p1->age);    //30`
	`printf("주소: %s\n", p1->address); //서울시 용산구 한남동`
	
	`free(p1);      //동적 메모리 해제`
	
	`return 0;`
	`}`

포인터는 메모리 크기를 할당하며, 메모리 해제가 필요하다.

제 8 절 클래스(in C++ & JAVA)

기본 자료형들은 하나의 데이터값만 저장할 수 있고, 배열은 동일한 데이터형을 갖는 변수들 집합체로 사용되며, 클래스는 다양한 데이터형을 갖는 변수들의 집합체이다.

1 클래스 선언 방식

클래스를 사용하려면 class 예약어를 사용해서 정의한다.

클래스 선언 형식(C++ 기준)	클래스 선언 형식(JAVA 기준)

`class 클래스명 {`
`  private:`
`    자료형 멤버변수:`
`    자료형 멤버함수:`
`  public:`
`    자료형 멤버변수:`
`    자료형 멤버함수:`
`}`
	`public class 클래스명 {`
	`  private 자료형 멤버변수;`
	`  public 자료형 멤버변수;`
	`  public 자료형 멤버함수 {`
	`  }`
	`}`

클래스는 멤버변수(데이터)와 멤버함수의 결합이다.

2 클래스 변수의 선언

클래스는 형태만 정의하고 어떤 변수도 생성하지 않기 때문에 메모리 영역이 할당되지 않고 정의한 클래스를 사용하기 위해서는 클래스 변수를 선언해주어야 한다.

구분	클래스 변수 선언(C++ 기준)	클래스 변수 선언(JAVA 기준)

선언
형태
	class 클래스명 {
	  private:
	    자료형 멤버변수:
	    자료형 멤버함수:
	  public:
	    자료형 멤버변수:
	    자료형 멤버함수:
	} 클래스 변수1, 클래스 변수2, ...;
		public class 클래스명 {
		  private 자료형 멤버변수;
		  public 자료형 멤버변수;
		  public 자료형 멤버함수 {
		  }
		}

예시	[score형의 변수 man, woman 선언]
	
	class score {
	  private:
	    char name[20];
	    int kor;
	    int math;
	  public:
	    void output();
	} man, woman;
		[Car 클래스 정의]
		
		class Car {
		  String color;
		  String company;
		  void print() { }
		}
		public class Test {
		  Car car = new Car;
		}

제 9 절   문자열

문자열이란 문자, 단어 등으로 구성된 문자들의 집합을 의미하며, char 배열을 이용하거나 String을 통해서 문자열을 선언하고 사용하는 것이 가능하다.

1 char 배열을 이용한 문자열

```
char 변수명[N] = "특정문자"     //문자열형 배열을 초기화
예 char color[5] = "Blue";
```

Blue 문자로 구성된 배열의 크기는 문자의 개수보다 하나 더 많은 5개로 지정해야 하는데, 그 이유는 메모리에 저장될 때 문자열의 끝을 알리는 공문자(\0)가 문자열 마지막에 자동으로 삽입되기 때문이다. char에 대한 표현 예시는 다음과 같다.

번호	표현	설명
1	char a='A';	char형 변수 a에는 문자 상수 A를 저장하기 위해 1바이트 메모리가 할당됨 표: a / A
2	char a[2]='A';	char형 변수 a에는 문자 상수 A를 저장하기 위해 2바이트 메모리가 할당됨 표: a[0] a[A] / A \0
3	char a[10]='Blue';	문자열이 기억된 후 나머지 배열요소 a[5]~a[9]까지 공문자가 삽입됨 표: a[0] a[1] a[2] a[3] a[4] a[5] a[6] a[7] a[8] a[9] / B l u e \0 \0 \0 \0 \0 \0

2 String 이용한 문자열

String 키워드로 표현하며, 참조 자료형이다.

String 변수명 = "표현하고자 하는 문자열";	String 변수명 = new String("표현하고자 하는 문자열");
예 String name = "홍길동";	예 String name = new String("홍길동");

String 객체는 문자열로 표현할 수도 있고, new 생성자를 이용하여 표현할 수도 있다. 직접 문자열로 표현하는 방식과 new 생성자를 이용하는 방식은 메모리 영역이 서로 상이하다.

```
public class StringExample {
    public static void main(String [] args) {
        String car1 = new String("Sonata");      //참조 자료형, heap 영역 생성
        String car2 = "grandure";                //Constant Pool 영역
        String car3 = "santafe";                 //Constant Pool 영역
    }
}
```

※ 생성되는 객체 수는 heap 영역에 1개, Constant Pool 영역에 1개 총 2개 생성됨

컴파일될 때 문자열 상수는 String 객체를 생성하게 된다.

3 문자열 내에 따옴표 표현 방법

방법	설명	예시
1	작은따옴표 한 개 감싸기	'독학사책은 시대고시가 좋다'
2	큰따옴표 한 개 감싸기	"독학사책은 시대고시가 좋다"
3	작은따옴표 세 개 감싸기	'''독학사책은 '시대고시'가 좋다'''
4	큰따옴표 세 개 감싸기	"""독학사책은 '시대고시'가 좋다"""

따옴표를 통해서 문자 내에 작은따옴표, 큰따옴표 표현이 가능하다.

4 이스케이프 설명

탈출 시퀀스	기술	설명
\t	탭	텍스트가 사용되는 지점에 탭이나 큰 공백을 삽입
\b	백스페이스	백스페이스를 삽입하거나 뒤에 있는 문자를 제거
\n	줄 바꾸기 문자	텍스트가 사용되는 지점에 새 줄을 삽입
\r	캐리지 리턴	사용 중인 지점에 캐리지 리턴을 삽입
\f	양식 피드	텍스트의 사용 지점에 폼 피드를 삽입
\'	작은따옴표	작은따옴표를 삽입
\"	큰따옴표	큰따옴표를 삽입
\\	백슬래시 문자	텍스트에 백슬래시를 삽입

소스코드와 출력 예시

〈소스코드〉

```java
public class EscapeCharacters {
    public static void main(String[] args) {
        String tabExample = "This is just an \t example";
        String backspaceExample = "This is just an \bexample";
        String newLineExample = "This is just an \n example";
        String carriageReturnExample = "This is just an example \r We got into a new line ";
        String formFeedExample = "This is just an example \f We got into a new line ";
        char singleQuoteExample = '\'';
        String doubleQuotesExample = "\"This string is surrounded with double quotes\"";
        String backslashExample = "This string is surrounded with a \\ backslash ";

        System.out.println("1.: " + tabExample);
        System.out.println("2.: " + backspaceExample);
        System.out.println("3.: " + newLineExample);
        System.out.println("4.: " + carriageReturnExample);
        System.out.println("5.: " + formFeedExample);
        System.out.println("6.: " + singleQuoteExample);
        System.out.println("7.: " + doubleQuotesExample);
        System.out.println("8.: " + backslashExample);
    }
}
```

〈출력〉

```
1.: This is just an   example
2.: This is just anexample
3.: This is just an
 example
4.: This is just an example
 We got into a new line
5.: This is just an example
 We got into a new line
6.: '
7.: "This string is surrounded with double quotes"
8.: This string is surrounded with a \ backslash
```

변수

변수는 프로그래밍의 가장 기본으로, 전체적으로 어떻게 구성되어 있으며 어떻게 기능이 동작하는지 알기 위해 개념을 이해하는 것이 필수적이다.

제 1 절   변수명과 예약어

변수명이란 어떤 값이나 수식이 할당되어 있는 변수에 의미 있는 이름을 부여한 것이다. 변수명을 선언할 때는 숫자로 시작할 수 없고 문자나 특수문자로 시작해야 하는 등 특정한 규칙이 필요하며 미리 정의되어 있는 예약어와 구별하여 사용해야 한다.

1 변수명

변수 선언은 변수명 앞에 데이터형을 지정하여 어떤 종류의 데이터값을 저장할지를 정의한다. 또한 변수가 선언되면 그 변수는 메모리상에 일정한 공간을 갖게 되며, 변수에 할당되는 메모리 크기는 변수 선언 당시 사용된 데이터형에 따라 상이하다.

(1) 변수의 이해

변수는 프로그램 내부에서 사용하는 데이터를 저장해 두는 메모리 공간이다. 하나의 변수에는 하나의 값만 저장되며, 새로운 값을 저장하면 기존 값은 사라진다.

(2) 변수의 선언방법

변수를 사용하려면 먼저 변수 선언이 필요하다.

> 📇 **변수 선언 형식**
>
> 자료형 변수명;
> 예 int age;   //저장하고 싶은 자료형인 int형으로 age라는 이름의 변수 선언

변수 선언 후 사용을 위해 초기화를 수행하는 예시는 다음과 같다.

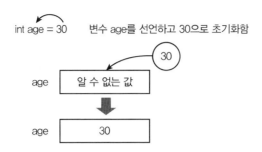

int age = 30　　　변수 age를 선언하고 30으로 초기화함

age	알 수 없는 값

age	30

[변수에 값을 저장할 때는 대입 연산자(=)를 이용하여 처리]

변수명이란 변수(Variable)의 이름으로, 프로그램에서는 식별자(Identifier)이다.

(3) 변수의 명명규칙

명명규칙	상세설명	예시	언어
영문자, 숫자, 밑줄 사용	변수의 이름은 영문자, 숫자, 밑줄만 사용	int num; int age;	C
대소문자 구분되며 길이 제한 없음	변수명에 대한 대소문자가 구분되어 변수명 길이 제한이 없음	int True; (정상) int tRue; (정상)	C++, JAVA
변수명의 첫 글자는 밑줄이나 영문자	변수명의 시작은 반드시 영문자나 밑줄로 시작해야 하며 숫자로 시작해서는 안 됨	int num; (정상) int 9num; (오류)	C, C++, JAVA
밑줄 제외 특수문자 사용 불가	변수의 이름에 특수문자를 사용할 수 없음	int @age; (오류)	C
특수문자는 _와 $만 허용	특수문자는 언더바(_)와 달러($)만 허용함	int $dollar; (정상) int #dollar; (오류)	C++, JAVA
예약어 사용 불가	미리 지정된 예약어 사용 불가	double, int 등	C, C++, JAVA

변수명에 대한 규칙은 업무를 고려하여 표준단어, 표준용어를 기반으로 생성한다.

(4) 좋은 변수명을 짓기 위한 방법

방법	설명	예시
의도를 분명히 밝혀 이름을 짓기	• 변수 이름은 변수가 표현하고 있는 것을 완벽하고 정확하게 설명해야 하며 이름은 가능한 구체적으로 해야 함 • 모호하거나 하나 이상의 목적으로 사용될 수 있는 일반적인 이름은 보통 좋지 않은 변수명임	int s; (모호함) int speed; (구체적임)

협업을 고려해서 짓기	2에 numberIndex라는 의미 있는 변수명을 붙여주면 숫자만 걸러내기 위한 의도인지 구분이 가능함	int i = i + 2; 보다는 다음 두 가지 예시가 더 좋음
		예
		int numberIndex = 2;
		int i += numberIndex;

| 맥락을 고려해서 짓기 | 의도가 불분명한 짧은 이름보다는 의미가 있는 맥락이 있는 긴 이름이 좋음 | public class User {
  String name;
  int age;
  ...
} |
| 불린 변수의 네이밍 | 전형적인 불린 변수의 이름(done, error, found, success, ok)을 사용하여 의도를 정확히 설명하는 구체적인 이름으로 대체하는 것이 좋음 | if(found == true) {...} |

좋은 변수명은 업무 기반으로 작성하되 개발을 위해 표준을 정의하여 사용하는 것이 바람직하다.

2 예약어

(1) 예약어 개요

예약어는 키워드 또는 리저브드 워드라고도 하며, 프로그래밍 언어의 구문에 사용되는 단어로 예약어는 클래스명, 변수명, 메소드명으로 사용하는 것이 불가능하다. 예약어는 프로그래밍 언어에서 정의된 하나의 문법이자 컴파일러가 사용하는 약속된 키워드이다.

(2) 예약어 설명

번호	예약어	설명
1	abstract	추상적인 구현
2	asm	인라인 어셈블리 코드를 나타내는 키워드
3	auto	기본적인 변수의 저장 방식을 지정하는 키워드
4	break	for, while, switch, do while 문을 조건 없이 마치는 명령
5	case	switch 문 내에서 사용되는 명령
6	catch	try catch로 예외에 대한 처리
7	char	가장 간단한 데이터형
8	const	변수가 변경되지 않도록 방지하는 데이터 지정자
9	continue	for, while, do while 문을 다음 반복 동작으로 진행시키는 명령
10	default	case 문에 일치하지 않는 경우를 처리하기 위해 switch 문에서 사용되는 명령
11	do	while 문과 함께 사용되는 순환 명령, 순환문은 최소한 한 번 실행됨
12	double	배정도 부동소수형 값을 저장할 수 있는 데이터형
13	else	if 문이 FALSE로 평가될 때 실행되는 선택적인 문장을 나타내는 명령
14	extern	변수가 프로그램의 다른 부분에서 선언된다는 것을 알려주는 데이터 지정자
15	float	부동소수형 숫자 값을 저장하기 위해 사용되는 데이터형
16	for	초기화, 증가, 조건 부분을 가지는 순환명령

17	goto	정의되어 있는 레이블로 이동시키는 명령
18	if	TRUE/FALSE의 결과에 따라 프로그램의 제어를 변경하는 데 사용되는 명령
19	int	정수형 값을 저장하는 데 사용되는 데이터형
20	long	int형보다 큰 정수형 값을 저장하는 데 사용되는 데이터형
21	register	가능하다면 변수를 레지스터에 저장하도록 지정하는 저장형태 지정자
22	return	현재의 함수를 마치고 호출한 함수로 프로그램의 제어를 돌려주는 함수
23	short	정수형 값을 저장하는 데 사용되는 데이터형
24	signed	변수가 양수와 음수 값을 모두 저장할 수 있다는 것을 지정하기 위해서 사용되는 지정자
25	void	함수가 어떤 값을 돌려주지 않거나 또는 사용되는 포인터가 범용 포인터이거나, 모든 데이터형을 지정할 수 있다는 것을 나타내는 데 사용되는 키워드
26	volatile	변수가 변경될 수 있다는 것을 나타내는 지정자
27	while	지정된 조건이 TRUE로 평가되는 한 계속해서 포함된 문장을 실행하는 순환문

예약어는 변수명으로 사용하면 안 되며, 예약어의 종류는 프로그래밍 언어에 따라 상이하다.

제 2 절 　변수의 유효범위 중요 ★★

변수의 유효범위는 프로그램에서 어떤 변수가 정의되어 적용될 수 있는 영역을 말한다. 일반적으로 변수는 선언되는 위치에 따라 지역변수, 전역변수로 구분된다(JAVA는 지역변수, 전역변수, 멤버변수로 구분).

- 지역변수 : 함수 내부 또는 제어문 내에서 사용
- 전역변수 : 일반적으로 main() 함수 앞에 선언하여 프로그램 전체에 걸쳐 사용

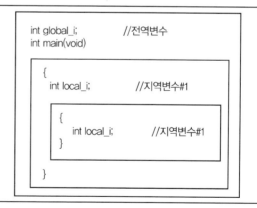

변수유형	지역변수	전역변수
선언위치	함수 내부에 선언	자바는 static 예약어를 사용하여 클래스 내부에 선언(C 언어는 main 앞에 선언)
사용범위	함수 내부에서만 사용	클래스 내부에서 사용, public이라면 다른 클래스에서 사용
메모리	스택	데이터 영역
생성과 소멸	함수가 호출될 때 생성되고 함수가 끝나면 소멸함	프로그램이 처음 시작될 때 상수와 함께 데이터 영역에 생성되며, 프로그램이 끝나고 메모리에서 해제될 때 소멸됨

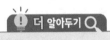 더 알아두기

코드 블록(Code Block)
- 코드 블록은 {} 안에 적용된 부분으로 함수 및 제어문에서 사용됨
- 코드 블록은 각 함수나 제어문을 구분하는 영역으로 블록 안에 정의된 변수는 해당 블록 안에서만 인식됨

함수(또는 메소드)	제어문

``
public int run(int speed) {   //코드 블록#1
    int value = speed + 1;
    if(value > 10) {
        //코드 블록#2
    }
    else {
        //코드 블록#3
    }
    return value;
}
``
	``
	if(speed > 10) {
	        //코드 블록#1
	}
	else if(speed < 10) {
	        //코드 블록#2
	}
	else {
	        //코드 블록#3
	}
	``

제 3 절 지역변수와 전역변수

1 지역변수

하나의 코드 블록에서만 정의되어 사용되는 변수로 함수나 제어문 안에서 사용되는 변수이다. 해당 코드
블록 안에서만 사용할 수 있으며 코드 블록을 벗어나면 없어지는 변수이다.

📁 **지역변수 예시**

```
if(true)
{
  int num = 100;    //지역변수 선언
}
int num1 = num;    //compile error, num값은 사라짐
if(true)
{
  int num2 = num;  //compile error, num값은 사라짐
}
```

2 전역변수

전체 소스코드를 범위로 적용되는 변수로, 프로그램 전체에서 공통적으로 사용해야 하는 데이터를 처리하기
위해서 사용한다. 또한 소스파일 어디에서든 사용이 가능한 변수이다.

📁 **전역변수 예시**

```
public class ScopeTest {
 static int global_i;              //전역변수 i 선언
  static void method_nm() {
    global_i += 1;               //global_i를 선언하진 않고 함수 내 할당만 함
 }
public static void main(String[] args) {
  for(global_i = 0; global_i < 5; global_i++) {
    method_nm();               //함수 호출
      System.out.println(global_i);
    }
  }
}
```

너무 많은 변수를 전역변수로 선언하면 메모리를 많이 차지하기 때문에 주의가 필요하다.

제 **4** 절 상수형 변수(const, final)

프로그램 안에서 쓰이는 이름 선언에 의해 변경될 수 없는 객체로, 자바에서는 final 키워드, C/C++에서는 const 키워드를 이용하여 선언한다.

1 const를 이용한 상수 선언 방법

const라는 예약어를 사용하여 상수형 변수를 선언한다.

선언형식	const 자료형 상수명 = 상수값;
예시	const int my_hakbun = 10; const char my_score = 'A';
참고	C 언어는 #define을 이용하여 상수를 정의할 수도 있음 예 #define AGE 30;

2 final을 이용한 상수 선언 방법 중요 ★

final 키워드는 static 필드, 일반 필드, 지역변수 선언에 사용될 수 있다. final 키워드의 의미는 그 이름에 바인딩된 객체(메모리 영역)의 값은 처음 초기화된 이후에는 변경될 수 없음을 뜻한다.
필드의 경우, final이 아닌 변수 이름은 초기화하지 않으면 디폴트로 0으로 초기화된다. 상수를 사용하면 변하지 않는 값을 반복하여 사용할 때 의미 있는 문자로 인식하기 쉽고, 혹시 상수값을 변경해야 한다고 해도 선언한 부분 한 곳만 변경하면 되기 때문에 여러 곳을 수정하지 않아도 된다.

형식	final 자료형 상수명 = 상수값;

예시	```java
	public class ConstantFinal {
	    public static void main(String[] args) {
	        final int Month = 12;
	        final int Hour;
	        Hour = 24;
	        //Month = 13;
	    }
	}
	``

설명	• 변수 선언(Hour)과 동시에 초기화를 해도 되지만 선언만 해놓고 밑에서 값을 지정해줄 수도 있음 • 한 번 값이 정해지면 다시 값을 수정할 수 없음. 예시 코드(Month)에서 주석처리로 된 부분처럼 다시 한 번 값을 지정하면 오류 발생 • 만일 Month라는 변수를 13으로 변경하려면 'final int Month = 12;'를 'final int Month = 13;'으로 수정해야 함

제 5 절 기억 클래스(레지스터변수, 자동변수, 정적변수, 외부변수)

레지스터변수(register), 자동변수(auto), 정적변수(static), 외부변수(extern)가 있다. 기억되는 장소와 프로그램에서 변수의 유효범위를 결정하고 선언된 변수가 영향을 미치는 범위를 결정하는 중요한 요소이다.

1 레지스터변수(register)

함수 내에서 정의되고 해당 함수 내에서만 사용이 가능한 변수로, 선언된 함수가 호출되면 레지스터가 할당되고 함수가 소멸되면 자동변수와 같이 소멸되므로 자동변수와 비슷하나 기억장소가 레지스터라는 점이 다르다. 레지스터변수는 항상 int로 선언되어야 하며, 레지스터의 사용 개수는 한정되어 있기 때문에 변수를 레지스터변수로 선언하였다 하더라도 레지스터를 할당할 수 없는 경우에는 자동변수로 취급되어 메모리에 할당된다. 레지스터변수의 초기화는 자동변수와 같이 호출할 때마다 행해지며 초기화가 행해지지 않으면 그 값에는 쓰레기값이 할당된다.

프로그램 중 자주 사용되는 변수를 레지스터변수로 선언하면 수행 속도를 높일 수 있으며, 레지스터변수는 register 키워드를 사용하여 선언된다.

형식	register 자료형 변수명; 예 register int num;

예시	`#include`
	`void main(void)`
	`{`
	`    register int i, sum;`
	`    clrscr();`
	`    for (i = sum = 0; i <= 10; i++)`
	`    sum += i;`
	`    printf("sum = %dn", sum);`
	`}`

2 자동변수(auto)

자동변수가 선언된 함수나 그 함수 내의 블록 안에서만 선언되는 변수로, 유효 범위가 그 함수 내부 또는 그 블록 안에서만 국한되는 지역적인 변수(local variable)이다.

자동변수가 선언된 함수나 블록이 실행되는 동안에만 기억장소에 존재하다가 제어가 함수나 블록을 벗어나면 기억장소에서 소멸되는 변수이다. 자동변수는 초깃값을 주지 않으면 쓰레기값을 가지며, 함수의 외부에서 선언된 변수와 함수 내부에서 선언된 자동변수가 똑같은 이름인 경우에는 함수 내부의 자동변수 쪽이 더 우선한다.

자동변수를 사용함으로써, 해당 내용이 스택 메모리상에 일시적으로 기억되기 때문에 메모리 공간을 절약할 수 있으며, 자동변수는 auto 키워드를 사용하여 선언된다.

형식	auto 자료형 변수명; 例 auto int num;

예시	```
	#include
	void main(void)
	{
	 auto int i, sum;
	 clrscr();
	 for (i = sum = 0; i <= 10; i++)
	 sum += i;
	 printf("sum = %dn", sum);
	}
	``

3 정적변수

지역변수는 코드 블록(함수)을 벗어나면 모두 메모리에서 사라지는 특성이 있는데 코드 블록을 벗어나더라도 변수가 계속 존재하도록 유지할 필요가 있는 경우 사용된다.

함수나 블록의 내부에서 선언되어, 유효 범위가 변수가 선언된 함수나 블록 내로 국한되는 내부정적변수(internal static variable)와 함수의 외부에 선언되어 유효 범위가 변수가 선언된 이후부터 그 파일의 끝(end of file)까지 영향을 미치는 외부정적변수(external static variable)가 있다. 프로그램이 종료될 때까지 계속해서 기억장소에 존재하므로 함수나 블록이 호출된 후 다시 호출될 경우에도 변수는 그 이전의 값을 보존하고 있으며 정적변수는 static 키워드를 사용하여 선언된다.

형식	static 자료형 변수형 例 static int num;

예시	```
	#include <stdlo.h>
	void increaseNumber()
	{
	 static int num1 = 0; //정적변수 선언 및 값 초기화
	 printf("%d\n", num1); //정적변수 num1의 값을 출력
	 num1++; //정적변수 num1의 값을 1 증가시킴
	}
	int main()
	{
	 increaseNumber(); //0
	 increaseNumber(); //1
	 increaseNumber(); //2
	 increaseNumber(); //3(정적변수가 사라지지 않고 유지되므로 값이 계속 증가함)
	   return 0;
	}
	``

4 외부변수

다른 소스파일에 있는 변수를 사용하는 방법으로 외부에 기억 클래스 없이 정의되고, 어떤 함수라도 참조할 수 있는 전역변수(global variable)이다. 프로그램이 실행되면 이미 기억장소가 확보되고, 그 함수의 처리가 종료되어도 변수가 소멸되지 않고 그 값을 영구적으로 기억하고 있는 변수이다.

외부변수가 정의되면 그 외부변수를 사용하기 위하여 선언해야 한다. 외부변수가 그 변수를 사용하는 함수 이전에 정의되면 외부변수 선언을 생략할 수 있으나, 외부변수가 함수 이후에 정의되어 있거나 다른 파일 안에 정의되어 있는 경우는 외부변수를 선언해야 하며 변수의 자료형과 이름 앞에 extern이라는 키워드를 사용한다.

형식	extern 자료형 변수명; 예) extern int num;

예시	exam_extern_1.c
	int a = 10; //일반 전역변수 선언
	int b = 20;
	
	exam_extern_2.c
	#include ⟨stdio.h⟩
	extern int a; //외부에 있는 a 변수를 가져옴
	extern int b; //외부에 있는 b 변수를 가져옴
	int main() {
	　printf("%d, %d\n", a, b);
	}

다른 소스파일로부터 변수를 가져와 extern을 이용하여 외부변수로 사용한다.

01 byte(1) 〈 short(2) 〈 int(4) 〈 long(8)

01 다음 중 자료형의 크기를 비교한 것으로 올바른 것은?

① byte 〈 short 〈 int 〈 long
② byte 〈 long 〈 int 〈 short
③ byte 〈 int 〈 short 〈 long
④ byte 〈 int 〈 short 〈 long

02 문자형은 문자를 저장하기 위한 변수를 선언할 때 사용되며 하나의 문자만을 저장할 수 있다.

02 문자를 저장하기 위한 변수를 선언할 때 올바르게 표현한 것은?

① char ch = 'AA'
② char ch = 'A';
③ char ch = true;
④ char ch = false;

03 형변환이란 변수 또는 상수의 타입을 다른 타입으로 변환하는 것이다.

03 프로그램을 작성하면서 서로 다른 타입 간의 연산을 수행해야 하는 경우 연산을 수행하기 전에 타입을 일치시켜야 하는 것을 무엇이라 하는가?

① 형타입
② 형변환
③ 형변수
④ 형연산

정답 01 ① 02 ② 03 ②

04 형변환 유형 중 '작은 수 → 큰 수', '덜 정밀한 수 → 더 정밀한 수'로 대입되는 경우에 일어나는 형변환이며, 자동으로 형변환이 되는 것은?

① 묵시적 형변환
② 명시적 형변환
③ 계속적 형변환
④ 참조적 형변환

04 형변환에는 묵시적 형변환과 명시적 형변환이 있다. 묵시적 형변환은 작은 수에서 큰 수로 변환하는 것으로 괄호를 작성하지 않는다.

05 배열 선언이 int a[5] = {10, 20, 30, 40, 50}으로 초기화되어 있다. a[3]에 저장되어 있는 값은?

① 10
② 20
③ 30
④ 40

05 배열은 타입의 변수를 선언하고 변수 또는 타입에 배열임을 의미하는 대괄호[]를 붙인다. 배열에 저장된 내용은 a[0]=10, a[1]=20, a[2]=30, a[3]=40, a[4]=50이다.

06 다음과 같이 포인트 변수 ptr이 선언되었을 때 값이 다른 것은?

```
int a[5];
int *ptr = a;
```

① *(p+3)
② a+3
③ p[3]
④ a[3]

06 주소값을 지정했지만, a+3은 주소에 실제값을 더한 것으로 값이 전혀 다르다.

정답 04 ① 05 ④ 06 ②

07 기본 변수에 포인터를 지정할 수 없다.

07 다음 중 포인터의 초기화가 <u>잘못된</u> 것은?

① int a, int *p = a;

② char a[20]; char *p = a;

③ char a[20]; char *p = &a[2];

④ char *p = "computer";

08 char *p = arr로 표현할 수 있으며, 배열명 arr은 배열의 주소임과 동시에 첫 번째 요소에 대한 주소값이다. (포인터 + 정수)의 의미는 포인터라는 변수에 정수를 더해서 포인터 변수의 데이터 타입만큼 byte를 더한다는 의미가 된다.

08 다음 중 배열이 주소를 얻는 방법으로 옳지 <u>않은</u> 것은?

> char arr[5] = {'a', 'b', 'c', 'd', 'e'};

① char *p = arr;

② char *p = &arr;

③ char *p = &arr[0];

④ char *p = &(*arr);

09 문제는 구조체에 대한 설명이며, struct를 이용하여 구조체 항목을 선언한다.

09 두 개 이상의 자료형을 하나로 묶어서 새로운 하나의 자료형으로 사용하기 위한 키워드는?

① struct

② sizeof

③ type

④ point

정답 07 ① 08 ② 09 ①

10 다음 중 변수의 명명규칙에 따를 경우 변수의 이름이 <u>잘못된</u> 것은?

① int num;

② int True;

③ int age;

④ int 9p;

10 변수명의 첫 글자는 영문이나 밑줄로 시작해야 한다.

11 해당 코드 블록 안에서만 사용할 수 있으며 코드 블록을 벗어나면 없어지는 변수는?

① 전역변수

② 지역변수

③ 정적변수

④ 외부변수

11 지역변수는 코드 블록 안에서만 유효하다.

12 선언된 함수나 그 함수 내의 블록 안에서만 선언되는 변수로 유효 범위가 그 함수 내부 또는 그 블록 안에서만 국한되는 지역적인 변수는?

① 자동변수

② 정적변수

③ 레지스터변수

④ 외부변수

12 자동변수는 블록 안에서만 국한되는 지역적인 변수(local variable)이다.

정답 10 ④ 11 ② 12 ①

주관식 문제

01 실수에 대한 표현형식의 구성요소 3가지가 무엇인지 쓰시오.

01 **정답**

부호, 지수, 가수

해설

실수에 대한 표현형식의 구성요소는 부호, 지수, 가수로 구분된다.
[문제 하단의 표 참조]

>>>○

기호	의미	설명
S	부호(Sign bit)	1bit로 표현, 0이면 양수, 1이면 음수
E	지수(Exponent)	float(8비트), double(11비트), 부호 없는 정수
M	가수(Mantissa)	float(23비트), double(52비트), 실제값을 저장하는 부분

02 다음 설명에서 괄호 안에 공통으로 들어갈 용어를 쓰시오.

02 **정답**

포인터

해설

포인터(pointer)란 메모리의 주소값을 저장하는 변수이며, 포인터 변수라고도 부른다.

(   ) 변수는 일반변수나 배열과는 달리 실제의 데이터값을 저장하는 것이 아니라 데이터값이 저장된 특정 메모리의 시작 주소를 값으로 갖는 변수이다. (   ) 변수는 주소값을 가지고 해당 메모리 영역에 저장된 데이터값을 참조하거나 변경할 수 있다.

03 다음 설명에서 괄호 안에 공통으로 들어갈 용어를 쓰시오.

> (　　　)은/는 키워드 또는 리저브드 워드라고도 하며, 프로그래밍 언어의 구문에 사용되는 단어로 (　　　)은/는 클래스명, 변수명, 메소드명으로 사용이 불가능하며 프로그래밍 언어에서 정의된 하나의 문법이자 컴파일러가 사용하는 약속된 키워드이다.

03 **정답**
예약어
해설
예약어는 프로그램에 등록되어 있어서 의미가 약속되어 있는 단어를 의미한다.

04 JAVA에서 변수의 유효범위에 따라 구분할 수 있는 3가지 유형을 쓰시오.

04 **정답**
지역변수, 전역변수, 멤버변수
해설
• 지역변수(local variable) : 해당 메소드 안에서만 유효한 변수
• 전역변수(class variable) : 클래스 전역에 접근할 수 있는 변수
• 멤버변수(instance variable) : new 키워드로 인스턴스를 생성해야 사용할 수 있는 변수

05 **정답**
　㉠ 스택
　㉡ 데이터 영역
　㉢ 함수가 호출될 때 생성되고 함수
　　가 끝나면 소멸함
　㉣ 프로그램이 처음 시작될 때 상수
　　와 함께 데이터 영역에 생성되며,
　　프로그램이 끝나고 메모리에서
　　해제될 때 소멸됨
　해설
　[문제 하단의 표 참조]

05 지역변수와 전역변수를 비교하는 표에서 괄호 안에 들어갈 내용을 순서대로 쓰시오.

변수유형	지역변수	전역변수
선언위치	함수 내부에 선언	자바는 static 예약어를 사용하여 클래스 내부에 선언(C 언어는 main 앞에 선언)
사용범위	함수 내부에서만 사용	클래스 내부에서 사용, public이라면 다른 클래스에서 사용
메모리	(㉠)	(㉡)
생성과 소멸	(㉢)	(㉣)

변수유형	지역변수	전역변수
선언위치	함수 내부에 선언	자바는 static 예약어를 사용하여 클래스 내부에 선언(C 언어는 main 앞에 선언)
사용범위	함수 내부에서만 사용	클래스 내부에서 사용, public이라면 다른 클래스에서 사용
메모리	스택	데이터 영역
생성과 소멸	함수가 호출될 때 생성되고 함수가 끝나면 소멸함	프로그램이 처음 시작될 때 상수와 함께 데이터 영역에 생성되며, 프로그램이 끝나고 메모리에서 해제될 때 소멸됨

06 바인딩된 객체(메모리 영역)의 값은 처음 초기화된 이후에는 변경될 수 없음을 뜻하는 자바의 예약어가 무엇인지 쓰시오.

06 **정답**
final

해설
Java 프로그래밍 언어에서 final 키워드는 한 번만 할당할 수 있는 엔터티를 정의하기 위해 여러 컨텍스트에서 사용된다.

여기서 멈출 거예요? 근지가 바로 눈앞에 있어요.
마지막 한 걸음까지 SD에듀가 함께할게요!

제4편

연산자, 수식, 문장, 제어문, 함수

단원 개요

프로그래밍에서 변수에 담긴 데이터를 처리하기 위해서는 연산자, 수식, 문장, 제어문, 함수 등을 이용한다.
프로그램을 작성할 때 기본이 되는 연산자 종류와 우선순위를 알아보고, 수식과 복합문을 어떻게 사용하는지 살펴본다.
이후 분기, 반복 등에 사용되는 제어문과 함수를 사용하는 방법을 알아본다.

출제 경향 및 수험 대책

다양한 연산자 종류와 연산자 우선순위를 알아보고 수식과 문장에 사용되는 연산자(Operator)와 피연산자(Operand)를
학습한다. 조건문, 제어문에 대한 논리적인 구조를 알아보고 함수의 필요성을 이해하고 문제에 적합한 함수를 적용하여
프로그램에 적용할 수 있도록 학습한다.

혼자 공부하기 힘드시다면 방법이 있습니다.
SD에듀의 동영상강의를 이용하시면 됩니다.
www.sdedu.co.kr → 회원가입(로그인) → 강의 살펴보기

연산자

연산이란 한 개 이상의 데이터를 일정한 규칙에 따라 처리하는 것을 의미한다. 연산에 사용된 각 데이터 항이 연산 동작을 수행하도록 지시하는 기호를 연산자라 한다. 연산을 수행하는 기호로 연산자가 연산을 수행하려면 반드시 연산의 대상이 있어야 하며, 연산자를 통해 피연산자를 계산한다.

연산자(Operator)	연산을 수행하는 기호(+, −, *, /, % 등)
피연산자(Operand)	연산자의 작업대상(변수, 상수 등)

수식 x + 3을 연산자와 피연산자로 구분해보면 다음과 같다.

피연산자	연산자	피연산자
x	+	3

이처럼 덧셈 연산자 +는 두 값을 더한 결과를 반환하며, 두 개의 피연산자를 필요로 한다. 연산자는 피연산자로 연산을 수행하고 항상 결과값을 반환한다.

제 **1** 절 연산자 종류 및 사용

프로그램을 작성할 때 가장 기본이 되는 연산자의 종류와 사용 방법에 대해 알아보자.

1 연산자 종류 및 사용 설명 중요 ★★★

종류	연산자	설명
대입 연산자	=	우변의 값을 좌변에 저장
산술 연산자	+, −, *, /, %	사칙연산과 나머지 연산
비교 연산자	〈, 〉, 〉=, 〈=, ==, !=	크고 작음을 비교하기 위한 연산
논리 연산자	&&, ||	AND, OR 조건 연결
비트 연산자	〈〈, 〉〉, &, ~	비트에 의한 연산 처리
기타	조건 연산자, 나열 연산자, sizeof 연산자, cast 연산자, instanceof	

변수 및 반복문, 제어문을 작성할 때 연산자를 많이 사용한다.

(1) 대입 연산자(Assignment Operator)

대입 연산자는 우측의 연산결과를 좌측의 변수에 대입하는 이항 연산자로, 대입 연산 시 데이터형이 좌측 변수의 데이터형으로 변환한다. 즉, 오른쪽에 있는 값이나 수식을 계산하여 왼쪽에 있는 변수에 넣어 주는 연산자이다.

[대입 연산자 사용 예시]

형식	변수 = 상수 //변수 초기화
	변수 = 변수 //우측변수를 좌측변수로 치환
	변수 = 수식 //변수의 연산 의미

예시	x = 10;
	x = y;
	x = y + z;

코드	```
	#include <stdio.h>
	main()
	{
	  int x, y = 20, z = 30;
	  x = 10; //x를 10으로 초기화
	  x = y; //y의 값으로 x값 대체
	  x = y + z; //y + z값으로 x값 대체
	  printf("x = %d, y = %d, z = %d\n", x, y, z);
	  x += y = z; //y = z, x = x + y 값 대체
	  printf("x = %d, y = %d, z = %d\n", x, y, z);
	  x = y += z; //y = y + z, x = y 값 대체
	  printf("x = %d, y = %d, z = %d\n", x, y, z);
	  x += y - z; //x = x + y - z 대체
	  printf("x = %d, y = %d, z = %d\n", x, y, z);
	  x += y; //x = x + y
	  printf("x = %d, y = %d, z=%d\n", x, y, z);
	  x %= 3;
	  printf("x = %d, y = %d, z = %d\n", x, y, z);
	  x /= y + 2;
	  printf("x = %d, y = %d, z = %d\n", x, y, z);
	}
	``

대입 연산자를 이용하여 오른쪽에 있는 피연산자의 값을 왼쪽에 있는 피연산자에 저장한다. 전치, 후치 연산자에 대한 사용법을 익히고 어떻게 값이 나오는지 추측을 해본 후 실제 값이 어떻게 나오는지 확인하면 대입 연산자를 정확히 파악할 수 있다.

(2) 산술 연산자(Arithmetic Operator)

산술 연산자는 이항 연산자와 단항 연산자로 구분된다.

① 이항 연산자

이항 연산자는 덧셈(+), 뺄셈(−), 곱셈(*), 나눗셈(/), 나머지(%) 등의 연산을 할 때 사용되는 연산자이다.

연산자	기능	사용형식	의미
+	덧셈	a = b + c;	b와 c의 합을 a에 대입
−	뺄셈	a = b − c;	b에서 c를 뺀 값을 a에 대입
*	곱셈	a = b * c;	b와 c의 곱을 a에 대입
/	나눗셈	a = b / c;	b를 c로 나눈 값을 a에 대입
%	나머지	a = b % c;	b를 c로 나눈 너미지 값을 a에 대입

이항 연산자 중 (+) 연산을 통해 문자열 결합도 가능하다.

[산술 연산자 사용 예시]

```
#include <stdio.h>
main()
 {
  int x = 20, y = 10;
  int add = x + y;
  int sub = x − y;
  int mul = x * y;
  int div = x / y;
  int mod = x % y;
  printf("x + y = %d\n", add);
  printf("x − y = %d\n", sub);
  printf("x * y = %d\n", mul);
  printf("x / y = %d\n", div);
  printf("x % y = %d\n", mod);
 }
```

② **단항 연산자**

음수부호 연산자와 증가 연산자, 감소 연산자로 구분되며 1개의 피연산자를 대상으로 연산을 실행하므로 반복문 내에서 카운트로 사용한다.

연산자	기능	사용형식		설명
−	음수	a = −b;		b를 음수로 만들고 a에 대입
++	1 증가	a = ++b;	//선행연산	먼저 b값을 1 증가시킨 후 결과를 a에 대입
		a = b++;	//후행연산	b값을 a에 대입시킨 후 b값을 1 증가
−−	1 감소	a = b−−;	//선행연산	먼저 b값을 1 감소시킨 후 결과를 a에 대입
		a = −−b;	//후행연산	b값을 a에 대입시킨 후 b값을 1 감소

함수나 수식 내에서 두 번 이상 사용되는 변수에 증감 연산자를 사용하면 오류가 발생된다.

수식	설명
a = 3++;	• 증감 연산자는 변수에만 사용 가능 • 상수에 증감 연산자를 사용하면 에러 발생
a = ++(b + c);	• 증감 연산자는 변수에만 사용 가능 • 식에 증감 연산자를 사용하면 에러 발생
b = a++ +a;	한 수식에서 변수 a가 두 번 사용되므로, 변수 a에 증감 연산자를 사용하면 안 됨

단항 연산자에서 선행, 후행 예제를 위한 소스코드는 다음과 같다.

[단항 연산자 사용 예시]

```
#include <stdio.h>
 main()
 {
 int x, y, z;
 y = 5;
 z = 10;
 x = ++y + ++z;
 printf("x = %d, y = %d, z = %d\n", x, y, z);
 x = y++ + z++;
 printf("x = %d, y = %d, z = %d\n", x, y, z);
 x = --y + z--;
 printf("x = %d, y = %d, z = %d\n", x, y, z);
 x = y-- + --z;
 printf("x = %d, y = %d, z = %d\n", x, y, z);
 }
```

(3) 관계 연산자(Relational Operator)

관계 연산자는 비교 연산자와 동일한 의미로 사용되며, 두 개의 데이터 항의 대소 및 상등 관계를 판별하는 연산자이다. 연산결과가 참이면 결과값은 1이 되고, 거짓이면 0이 된다.

연산자	기능	사용형식	설명
>	보다 크다	a > b	a가 크면 true, b가 크면 false
<	보다 작다	a < b	a가 작으면 true, b가 작으면 false
>=	보다 크거나 같다	a >= b	a가 b보다 크거나 동일하면 true, b가 크다면 false
<=	보다 작거나 같다	a <= b	a가 b보다 작거나 동일하면 true, b가 작다면 false
==	같다	a == b	a와 b가 동일하면 true, 다르면 false
!=	같지 않다	a != b	a와 b가 같지 않다면 true, 동일하면 false

관계 연산자는 주로 조건문인 if 명령문의 조건 체크와 반복문인 for, while, do~while문의 조건 체크에 많이 사용된다.

[관계 연산자 사용 예시]

```
#include <stdio.h>
main()
 {
  int x, y, relation;
  x = 1, y = 0;
  relation = (x > y);
  printf("%d > %d ==> %d\n", x, y, relation);
  relation = (x > y);
  printf("%d > %d ==> %d\n", x, y, relation);
  relation = (x > y);
  printf("%d > %d ==> %d\n", x, y, relation);
  relation = (x > y);
  printf("%d > %d ==> %d\n", x, y, relation);
 }
```

관계 연산자는 2개에 값에 대한 비교를 할 때 사용이 가능하다. 관계 연산자를 3개 이상 적용할 수는 없다. 즉, x > y > z 연산을 적용할 수가 없다. 연산 방향이 좌에서 우로 처리가 되는데 false/true를 판단할 때 x > y 값만 적용이 가능하다.

(4) 논리 연산자(Logical Operator)

논리합(OR), 논리곱(AND), 논리부정(NOT)의 논리 연산을 수행하며 관계 연산자처럼 연산 결과가 참이면 결과값은 1이고 거짓이면 0이 된다.

연산자	기능	사용형식	설명
&&	논리곱(AND)	a && b	a와 b가 참이면 1, 거짓이면 0
||	논리합(OR)	a || b	a 또는 b가 참이면 1, 둘 다 거짓이면 0
!	논리부정(NOT)	a = !b	b가 참이면 a=0, b가 거짓이면 a=1

논리 연산자는 프로그램 조건, 반복 등 제어를 위해 사용된다. 즉, 두 개 혹은 세 개의 변수가 논리곱, 논리합, 논리부정에 따라 특정한 기능이 필요할 때 많이 사용된다.

논리곱(AND)과 논리합(OR)			
수식A 값	수식B 값	수식A && 수식B	수식A || 수식B
ZERO(거짓)	ZERO(거짓)	0 (거짓)	0 (거짓)
ZERO(거짓)	NONZERO(참)	0 (거짓)	1 (참)
NONZERO(참)	ZERO(거짓)	0 (거짓)	1 (참)
NONZERO(참)	NONZERO(참)	1 (참)	1 (참)

논리부정(Not)	
수식A 값	!(수식A)
ZERO(거짓)	1
NONZERO(참)	0

논리 연산자도 주로 조건문인 if 명령문의 조건 체크와 반복문인 for, while, do~while문의 논리 체크에 많이 사용된다.

[논리 연산자 사용 예시]

```
#include 〈stdio.h〉
main()
 {
  int x, y, logical;
  x = 2;
  y = 0;
  logical = x && y;
  printf("%d && %d ==〉 %d\n", x, y, logical);
  logical = x || y;
  printf("%d | %d ==〉 %d\n", x, y, logical);
  logical = !x;
  printf("! (%d) ==〉 %d\n", x, logical);
 }
```

논리 연산자는 if 조건문에서 조건식을 판단할 때 주로 사용한다.

(5) 비트 연산자(Bit Operator)

비트 연산자는 비트 단위로 논리 연산을 수행하는 연산자로, 사실 기계에 좀 더 친화적인 연산자이지만, 다른 영역에서도 효율성을 높이고 연산의 수를 줄이는 요인으로 사용된다.

비트 연산자의 종류		
종류	설명	예
&	비트 단위의 논리곱(AND)	x & y
|	비트 단위의 논리합(OR)	x | y
^	비트 단위의 배타적 논리합(XOR)	x ^ y
~	비트 단위의 논리 부정(NOT)	~x

시프트 연산자의 종류		
종류	설명	예
>>	오른쪽으로 비트 이동	x >> 2
<<	왼쪽으로 비트 이동	x << 2

[비트 연산자 사용 예시]

```c
#include <stdio.h>
main()
 {
  unsigned short x, y, bitlogical;
  x = 0xa9a9;
  y = 0x7070;
  bitlogical = x & y;
  printf("%x & %x ==> %x\n", x, y, bitlogical);
  bitlogical = x | y;
  printf("%x | %x ==> %x\n", x, y, bitlogical);
  bitlogical = ~x;
  printf("~ (%x) ==> %x\n", x, bitlogical);
  bitlogical = x << 3;
  printf("%x << 3 ==> %x\n", x, bitlogical);
 }
```

자료형을 바이트 단위로 구분하여 사용하지만 비트 연산자는 바이트 단위보다 더 작은 비트 단위로 연산하는 연산자이다. 비트 연산자는 비트로 옵션을 설정할 때 주로 사용하며, 저장 공간을 아낄 수 있고 속도도 빠르다는 장점이 있다.

(6) 기타 연산자

조건, 나열 연산자 및 sizeof 연산자 등에 대해 알아본다.

① 조건 연산자(Conditional Operator)

조건 연산자는 3항 연산자로서 기호 ?:로 표시한다. if/else에 대해 기호(?)를 사용하여 간단하게 적용할 수 있다.

> 📁 **조건 연산자의 사용형식**
>
> 조건식 ? 연산식1 : 연산식2;
> 예 b = (a > 3) ? (a + 5) : (a − 1);

조건 연산자는 먼저 조건식을 평가하여 참이면 연산식 1을 수행하고 거짓이면 연산식 2를 수행한다.

[조건 연산자 사용 예시]

```
#include <stdio.h>
main()
 {
  int a, b, c;
  printf ("두 정수를 입력하세요.\n");
  scanf("%d, %d", &a, &b);
  c = (a > b) ? (a − b) : −(a − b);
  printf("두 정수차의 절대값 : %d\n", c);
 }
```

② 나열 연산자(Comma Operator)

여러 연산식을 콤마를 이용하여 나열하는 연산자로서 나열한 연산식들을 왼쪽에서부터 차례로 수행시키거나 전체 연산결과 값은 제일 오른쪽 연산식의 값이 되도록 한다.

> 📁 **나열 연산자의 사용형식**
>
> 연산식1, 연산식2, 연산식3, ...;
> 예 a = 3, b = a + 2, c = b * 3;

```
#include <stdio.h>
main()
 {
  int a = 3, b = a + 2, c = b * 3;
  printf("%d, %d, %d\n", a, b, c);
 }
```

③ sizeof 연산자

변수, 수식, 상수 및 데이터형이 메모리 중에서 차지하는 메모리 영역의 크기를 바이트 수로 구해주는
연산자로 결과 값은 정수형 상수이다.

> 🖥 **sizeof 연산자의 사용형식**
>
> sizeof(변수 또는 데이터형 등);
> 예 sizeof(a);

[sizeof 연산자 사용 예시]

```
#include 〈stdio.h〉
main()
 {
  char c, s[20];
  int size, a, b[20];
  size = sizeof(char);          //형선언 연산자 사용
  printf("sizeof(char) = %d\n", size);
  size = sizeof(double);        //형선언 연산자 사용
  printf("sizeof(double) = %d\n", size);
  size = sizeof(c);             //변수 사용
  printf("sizeof(c) = %d\n", size);
  size = sizeof(s);             //배열 변수 사용
  printf("sizeof(s) = %d\n", size);
  size = sizeof(b);             //배열 변수 사용
  printf("sizeof(b) = %d\n", size);
}
```

sizeof 연산자는 프로그램이 특정 데이터형의 값을 저장하는 데 필요한 메모리가 얼마인지 알려준다.

④ **캐스트 연산자(Cast Operator)**

데이터형을 강제적으로 변환시키고자 할 때 사용되며 캐스트 연산자는 형변환 연산자로 사용된다.

> 🖥 **캐스트 연산자의 사용형식**
>
> (데이터형)변환대상;
> 예 (int)1.2345;   //실수를 정수로 변환

[캐스트 연산자 사용 예시]

```
#include <stdio.h>
main()
 {
  int a = 7, b = 2, c;
  float c1, c2;
  c = a / b;
  c1 = a / b;
  c2 = (float) a / b;              //float은 cast 연산자
}
```

제 **2** 절 **연산자 우선순위**

하나의 수식에 다수의 연산자가 사용될 경우 연산자 우선순위에 주의해야 된다. 우선순위가 동일한 연산자로 결합된 식 내에서의 연산은 연산의 방향에 의거하여 연산이 수행된다. 따라서 연산자의 우선순위를 잘 모르는 경우에는 괄호를 사용하여 연산자의 우선순위를 표시해야 혼동을 피할 수 있다.

1 연산자 순서

연산자 우선순위에 따라 연산 순서가 다르기 때문에 주의가 필요하다.

순서	설명	예시
1	괄호(( )) 안의 내용이 먼저 처리된다.	a * (b + c)의 경우 괄호 안부터 계산
2	단항 연산자가 이항 연산자보다 먼저 처리된다.	x = y++ + z++; //y, z 계산 후 더함
3	좌측에서 우측으로 실행한다.	a + b의 경우 좌측부터 수행

2 연산자의 우선순위 설명 중요 ★

괄호, 구조체, 공용체가 연산자 중 우선순위가 가장 높다.

[연산자 우선순위]

우선순위	구분		연산자 종류	결합규칙
1	괄호, 구조체, 공용체		() [] . –)	좌 → 우
2	단항 연산자		! ~ ++ –– – * &	우 → 좌
3	이항 연산자	산술 연산자	* / %	좌 → 우
4			+ –	
5		비트 이동 연산자	《 》	
6		관계 연산자	〈 〈= 〉 〉=	
7			== !=	
8		비트 논리 연산자	&	
9			^	
10			|	
11		논리 연산자	&&	
12			||	
13	조건 연산자		?:	우 → 좌
14	복합대입 연산자		= += –= *= /= %= 〉〉= 〈〈= &= ^= |=	우 → 좌
15	나열 연산자		,	좌 → 우

연산의 우선순위는 프로그래밍 언어에서 사용되는 연산자의 처리 순서를 이해하기 위해 필수적으로 알아두어야 한다. 각 프로그래밍 언어마다 사용할 수 있는 연산자가 약간씩 다르며, 그 의미도 약간씩 차이가 나는 경우가 있다는 점을 주의해야 한다.

제 **2** 장 수식 및 문장

프로그램을 작성할 때 사용하는 수식과 문장에 대해 알아본다.

제 1 절 수식

수학에서 많이 다루어 본 바와 같이, 어떤 변수와 상수를 연산자를 이용하여 표현한 식으로 연산자(Operator)와 피연산자(Operand)로 구성된다. 수식은 프로그래밍을 구성하는 가장 기본적인 요소이다.

정의	• 수학 수식과 동일 • 상수, 변수, 연산자의 조합 • 연산자와 피연산자로 구분
예시	a = b + c;

```
a = b;              //피연산자 b를 피연산자 a에 할당
a = b + c;          //피연산자 b와 c를 + 연산자로 더하여 피연산자 a에 할당
printf("%d\n", a);  //피연산자 a를 출력
```

제 2 절 문장

문장은 소스를 통해 컴퓨터에게 어떤 동작을 수행하도록 지시하는 명령문이다. 수식 문장이 완료될 때는 세미콜론을 붙인다. 또한 탭, 빈칸, 띄어쓰기와 같은 공백은 문장에서 무시되며 문장은 중괄호를 사용한다. 하나의 문장으로 길게 작성하기보다는 가독성을 고려하여 여러 줄에 걸쳐 표현을 한다.

문장에는 공백도 포함될 수 있는데, 공백은 개발자가 소스를 파악하기 유용하도록 한다. 컴파일러는 모든 공백을 무시하고 문장에 표현된 소스코드를 읽는다.

제 3 절   복합문

복합문은 중괄호를 사용하여 문장들을 그룹핑한 것으로, 블록이라고도 하며, 단일문 대신 들어갈 수 있다. 주로 조건문에서 한 개의 조건을 만족할 때, 여러 개의 문장을 실행하는 경우에 사용한다.

```
{
a = 1;
  {
  b = 2;
  c = 3;
  }
}
```

복합문을 사용할 때는 변수의 종류를 고려하여 사용한다.

제 3 장 제어문

프로그램의 실행순서를 제어하는 명령문을 제어문이라고 한다. 제어문에는 선택문, 반복문, 점프문이 있다.

구분	연산자
분기 제어문	if, if~else, switch~case
반복 제어문	for, while, do~while
제어 이동문	break, continue, goto

제 1 절 분기 제어문(if, switch)

주어진 조건에 따라 특정 문장만 선택하여 실행할 수 있게 해주는 제어문이다.

1 if문 중요 ★★★

if문은 조건식을 평가하여 참인 경우에만 블록(block) 안의 문장을 순차적으로 실행한다. if문에서 문장이 하나인 경우 블록을 생략해도 무방하다. if문 안에 여러 복합문이 있다면 블록으로 처리해 주어야 한다.

[if 문장 및 도식 예시]

if(조건식) 문장; //문장이 하나인 경우 블록 생략 가능	조건식 → (true) 문장; → 결과 / (false) → 결과

```
if(조건식) {  //조건식이 참(true)일 때 수행될 문장 작성
   문장1;
   문장2;
   ...
   문장N;
}
printf("if문 결과값");
```

단일 문장이라면 블록을 생략하고 한 문장으로 작성할 수 있다. 많은 문장을 수행하기 위해서는 블록 안에 문장을 작성해야 한다.

if문에서 사용하는 조건은 값을 비교해서 true, false를 통해 문장을 수행한다.

```
#include <stdio.h>
main()
 {
  int height;
  printf("키를 입력하세요.\n");
  scanf("%d", &height);
  if(height > 180) printf("키가 크군요\n");
}
```

```
#include <stdio.h>
main()
 {
  int height;
  printf("키를 입력하세요.\n");
  scanf("%d", &height);
  if(height > 180) {
     printf("키가 크군요\n");
  }
}
```

단일 문장은 {}로 표시할 수도 있고, {} 없이 사용할 수도 있다.

2 if~else문

if~else문은 조건식이 참이면 if문의 블록 안에 있는 문장을 실행하고, 거짓이면 else문 블록 안에 있는 문장을 실행한다. 단일 문장이라면 블록을 생략할 수 있다.

[if/else 문장 및 도식 예시]

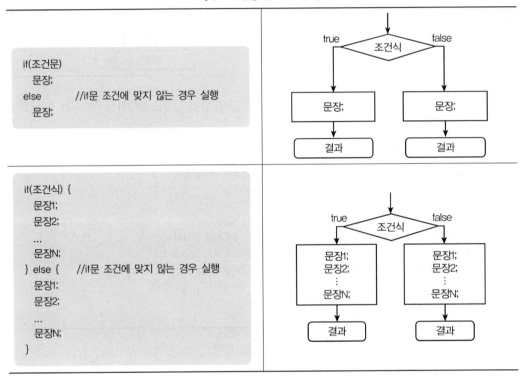

결과는 if~else를 통해서 하나만 나올 수도 있고 if, else에서 각각 나올 수도 있다.

```
#include 〈stdio.h〉
main()
 {
  int height;
  printf("키를 입력하세요.\n");
  scanf("%d", &height);
  if(height 〉 180) printf("키가 크군요\n");
  else printf("키가 작군요\n");
 }
```

```
#include 〈stdio.h〉
main()
 {
  int height;
  printf("키를 입력하세요.\n");
  scanf("%d", &height);
  if(height 〉 180) {
    printf("키가 크군요\n");
    printf("비교를 위한 문장\n");
  } else {
    printf("키가 작군요\n");
    printf("비교를 위한 문장\n");
  }
 }
```

3 복합 if~else문

if~else문 내에 또 다시 여러 개의 if~else문을 포함시킨 형태로 if~else문의 확장이다. 여러 조건을 제시하여 세부적인 제어가 가능하다.

[다중 if 문장 및 도식 예시]

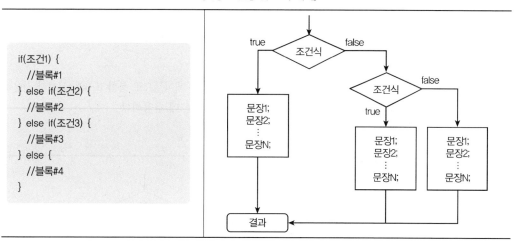

```
if(조건1) {
    //블록#1
} else if(조건2) {
    //블록#2
} else if(조건3) {
    //블록#3
} else {
    //블록#4
}
```

다중 선택을 위한 제어문 작성 시 사용한다.

```
1    #include <stdio.h>
2    int main (void)
3    {
4      int score;
5      scanf("%d", &score);
6      if( score >= 90 && score <= 100)
7      {
8        printf("%d점은 A학점\n", score);
9      }
10     else if(score >= 80 && score <= 89)
11     {
12       printf("%d점은 B학점\n", score);
13     }
14     else if(score >= 70 && score <= 79)
15     {
16       printf("%d점은 C학점\n", score);
17     }
18     else if( score >= 60 && score <= 69)
19     {
20       printf("%d점은 D학점\n", score);
21     }
```

```
22      else
23      {
24        printf("%d점은 F학점\n", score);
25      }
26    }
```

4 switch문

switch~case문은 복합 if~else문과 같이 다중 택일을 위해 사용되는 제어문으로 복합 if~else문보다 사용하기 쉬운 코드이다. 프로그램을 효율적이고 이해하기 쉽게 작성하는 데 유용하다.

[switch 문장 및 도식 예시]

break가 없는 경우 그 다음 case를 실행하게 되며 default는 무조건 실행한다.

```
#include <stdio.h>
int main (void)
{
    int score;
    scanf("%d", &score);
    switch(score / 10)
    {
    case 10:
    case 9: printf("A\n"); break;
    case 8: printf("B\n"); break;
    case 7: printf("C\n"); break;
    case 6: printf("D\n"); break;
    default: printf("F\n");
    }
}
```

제 2 절 반복 제어문(for, while, do~while, foreach)

주어진 조건을 만족할 때까지 일련의 문장들을 반복적으로 실행하도록 하는 제어문으로 반복이 지정된 블록을 루프라고 한다.

1 for문 중요 ★★★

먼저 제어변수 초기값, 제어변수 제어조건, 제어변수의 연산을 토대로 제어조건이 만족될 때까지 순차적으로 루프를 반복한다.

[반복제어 문장 및 도식 예시]

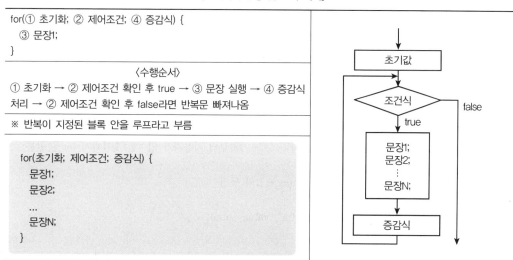

내용

for(① 초기화; ② 제어조건; ④ 증감식) {
　③ 문장1;
}

〈수행순서〉 ① 초기화 → ② 제어조건 확인 후 true → ③ 문장 실행 → ④ 증감식 처리 → ② 제어조건 확인 후 false라면 반복문 빠져나옴
※ 반복이 지정된 블록 안을 루프라고 부름

for(초기화; 제어조건; 증감식) {
　문장1;
　문장2;
　...
　문장N;
}

(1) for문장 내부 사용 설명

for문 내에 변수를 지정할 수도 있고, 앞에 선언된 변수를 사용할 수도 있다.

번호	사용방법	설명
1	for(int i = 1; i <= 10; i++)	i는 1부터 10까지 1씩 증가
2	for(int i = 1, j = 1; i + j < 10; i++, j++)	초기값이 2개 이상인 경우 콤마로 분리
3	for(;;)	무한루프

4	for(int i = 1; i <= 10; i++) {
	　for(int j = 1; j <= 10; j++)
	}
		for문 안에 또 다른 for문 포함

위의 for문 외에도 다양한 형태로 사용될 수도 있다.

(2) for문 증감식 설명

번호	사용방법	설명
1	for(int i = 10; i >= 1; i—)	i는 10부터 1까지 1씩 감소
2	for(int i = 1; i <= 10; i += 2)	i는 1부터 10까지 2씩 증가
3	for(int i =1; i <= 10; i *= 3)	i는 1부터 10까지 3배씩 증가

for문에서 증감식은 다양하게 표현할 수 있다.

(3) 단일 for문을 이용한 덧셈

```
1    #include <stdio.h>
2
3    main()
4    {
5     int sum = 0;        //값을 저장할 변수(= 결과값)
6     int value = 0;      //사용자가 입력한 숫자를 저장할 변수
7
8     printf("숫자를 입력하세요 : ");
9     scanf("%d", &value);
10
11    for(int i = 1; i <= value; i++)          //1부터 사용자가 입력한 숫자까지 for문 반복
12    {
13      sum += i;          //sum = sum + i;와 동일
14    }
15    printf("1부터 %d까지의 합 : %d\n", value, sum);
16   }
```

변수를 초기화하는 이유는 메모리상 원래 기억되어 있던 값인 쓰레기값이 저장되어 있기 때문이다. 변수 초기화는 필수적으로 수행해야 오류를 줄일 수 있다.

제어변수의 초기화나 연산을 외부에 두는 이유는 변수를 블록 외부에서 사용하거나 for문이 길어질 경우에 변수를 선언할 때 오류를 피하기 위함이다.

(4) 중첩 for문을 이용한 별 출력

중첩 for문을 사용하여 다양한 형태의 별을 출력해봄으로써 사용법을 알아본다.

소스	별 출력

```for(int i = 0; i < 5; i++) {```
``` for(int j = 0; j < 5; j++) {```
```   printf("*");```
``` }```
``` printf("\n");```
```}```
	```*****```
	```*****```
	```*****```
	```*****```
	```*****```

```for(int i = 0; i < 5; i++) {```
``` for(int j = 0; j <= i; j++) {```
```   printf("*");```
``` }```
``` printf("\n");```
```}```
	```*```
	```**```
	```***```
	```****```
	```*****```

```for(int i = 0; i < 5; i++) {```
``` for(int j = 0; j < 5 - i; j++) {```
```   printf("*");```
``` }```
``` printf("\n");```
```}```
	```*****```
	```****```
	```***```
	```**```
	```*```

```int num = 5;```
```for(int i = 0; i < num; i++) {```
``` for(int j = num - 1; j > i; j--) {```
```   printf(" ");```
``` }```
``` for(int j = 0; j < 2 * i + 1; j++) {```
```   printf("*");```
``` }```
``` printf("\n");```
```}```
	``` *```
	``` ***```
	``` *****```
	``` *******```
	```*********```

```int num = 5;```
```for(int i = 0; i < num; i++) {```
``` for(int j = 0; j < i; j++) {```
```   printf(" ");```
``` }```
``` for(int j = 2 * num - 1; j > 2 * i; j--) {```
```   printf("*");```
``` }```
``` printf("\n");```
```}```
	```*********```
	``` *******```
	``` *****```
	``` ***```
	``` *```

(5) 중첩 for문에서 break, continue를 이용한 구구단

중첩 for문과 break를 이용하여 반복문을 빠져나오는 방법과 continue를 이용한 구구단에 대한 소스를
알아본다.

```c
#include <stdio.h>

int main(void) {
  int num;
  int value;
  for(num = 1; num < 10; num++) {
    if(num % 2 != 0) continue;
    for(value = 1; value < 10; value++) {
    if(num < value) break;
    printf("%d x %d = %d\n", num, value, num * value);
    }
  printf("\n");
  }
}
```

출력결과
2 x 1 = 2
2 x 2 = 4
4 x 1 = 4
4 x 2 = 8
4 x 3 = 12
4 x 4 = 16
6 x 1 = 6
6 x 2 = 12
6 x 3 = 18
6 x 4 = 24
6 x 5 = 30
6 x 6 = 36
(생략)

2 while문 중요 ★★★

for문처럼 반복문에 사용되며 while문은 for문과 달리 제어조건에 해당하는 부분만 있다. while문은 조건식
을 평가하여 참인 동안 while 루프 내의 문장을 반복 실행한다. 조건식이 거짓이면 while 루프를 빠져나온다.

[while 문장 및 도식 예시]

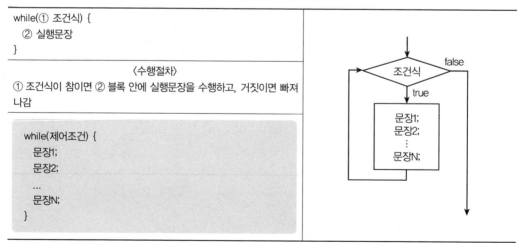

```
while(① 조건식) {
    ② 실행문장
}
```

〈수행절차〉
① 조건식이 참이면 ② 블록 안에 실행문장을 수행하고, 거짓이면 빠져 나감

```
while(제어조건) {
    문장1;
    문장2;
    ...
    문장N;
}
```

(1) for문과 while문 비교

for문과 while문을 선택해야 할 때, 반복 대상이 정해져있다면 while문의 사용을 권장한다.

for문	while문

for(int i = 1; i <= 10; i++) {
  printf("%d", i);
}
	int i = 1; //초기화 수행
	while(i <= 10) { //조건처리
	  printf("%d", i);
	  i++; //증감처리
	}

for(;;) {   //무한루프
}
	while(true) { //무한루프
	}

for문은 초기화, 조건식, 증감식을 한곳에 모아놓은 형태이고 while문은 조건식만 있다. while문을 사용할 때는 무한루프에 빠지지 않도록 조심해야 한다.

(2) while문은 조건식 생략 불가

for문과 달리 while문은 조건식을 생략할 경우 오류가 발생하기 때문에 조건식은 필수이다.

```
while() {        //오류임, 조건식 없음
}
```

(3) while문을 이용한 자연수 합 연산

```
1    #include <stdio.h>
2    int main() {
3      int n, i, sum = 0;
4      printf("정수 입력: ");
5      scanf("%d", &n);   //n의 값 입력
6      i = 1;             //i의 값 초기화
7
8      while (i <= n) {
9        sum += i; //sum = sum + i;와 동일
10       ++i;        //i++를 통해 i의 값을 1씩 증가
11     }
12     printf("Sum = %d\n", sum);
13     return 0;
14   }
```

while문을 사용할 때는 조건식을 통해 while문을 빠져나갈 수 있도록 처리해야 한다.

3 do~while문

while문과 달리 먼저 do문의 루프를 실행한 후에 조건식을 평가하여 그 결과가 참이면 do 루프를 반복 실행하고, 거짓이면 do 루프를 벗어나 다음 문장을 실행한다.
while문은 조건식이 최초에 거짓이라면 한 번도 실행을 하지 않지만, do~while문은 최소 한 번은 do 루프를 실행한다.

[do~while 문장 및 도식 예시]

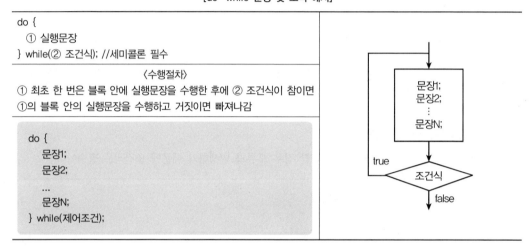

최초 한 번은 문장을 실행하는 것이 다른 반복문과의 차이점이다.

(1) do~while문 예시

```
#include <stdio.h>
int main()
{
  int i = 0;   //i 초기화

  do   //최초 한 번은 아래 코드가 실행됨
  {
    printf("do~while %d\n", i);//do~while과 i의 값을 함께 출력
    i++;                       //i를 1씩 증가시킴
  } while (i < 100);           //i가 100보다 작을 때 반복. 0부터 99까지 증가하면서 100번 반복
  return 0;
}
```

while에 조건식을 지정해야 하고, 세미콜론은 필수로 작성해야 한다.

(2) do~while 예시 소스를 while문으로 작성

```
#include ⟨stdio.h⟩
int main()
  {
  int i = 0;                          //i 초기화
    //do에 해당하는 부분
  printf("do~while %d\n", i);         //처음 한 번은 실행
  i++;    //처음 한 번은 실행

  while (i ⟨ 100)     //i가 100보다 작을 때 반복. 0부터 99까지 증가하면서 100번 반복
  {
    printf("do~while %d\n", i);          //do~while와 i의 값을 함께 출력
    i++;         //i를 1씩 증가시킴
  }
  return 0;
}
```

프로그램 작성 시 대부분 do~while문보다는 while문을 통해 작성한다.

4 foreach문

인자로 들어온 itrable-item의 내부 인덱스 끝까지 알아서 순환을 해주는 반복문으로, 일반적인 for 반복문과 동일하게 for 키워드를 사용한다. 다만 for문과 달리 반복문 내에 카운터 변수를 선언하고 콜론(:) 다음 배열 이름을 순서대로 선언한다.
일반적으로 배열이나 Collection 클래스(ArrayList ... 등)를 반복하는 데 사용한다.

(1) for문과 비교한 foreach문법

int[] arr = {0, 1, 2, 3, 4};
for (int i = 0; i ⟨ 5; i++) {
System.out.println(arr[i]); //0 1 2 3 4
}
	int[] arr = {0, 1, 2, 3, 4};
	for (int i : arr) {
	System.out.println(arr[i]); //0 1 2 3 4
	}

foreach 반복문을 사용함으로써 가변하는 복잡한 배열이나 리스트의 크기를 구할 필요가 없다. 이중 for문이나 복잡한 반복문에 적합하며, 인덱스를 생성해 접근하는 단순 for문보다 수행속도가 조금 더 빠르다.

(2) for문과 foreach문 비교

[for문과 foreach문 비교 예시]

구분	for	for each

사용법	for(초기 값; 종료되는 조건 ; 값의 증감)
	{
	  반복 수행할 작업
	}
		for(각 요소 값 : 배열이나 컨테이너 값)
		{
		  반복 수행할 작업
		}

예제	String[] name = {"KIM", "JACK"};
	for(int i = 0; i < name.length; i++)
	  {
	System.out.println("name is " + name[i]);
	  }
		String[] name = {"KIM", "JACK"};
		for(String Nm : name)
		  {
		System.out.println("name is " + Nm);
		  }

배열의 값을 이용할 때 foreach문을 사용하면 코딩 양이 적어지고 그만큼 코드가 직관적으로 작성되어 가독성도 더 좋다.

(3) foreach문의 한계

배열 및 리스트를 탐색하는 반복문을 구현하기 편한 foreach 반복문에도 한계는 있다.

① 반복문 내에서 배열이나 리스트의 값을 변경하거나 추가할 수 없음

```
for(int i : arr) {
arr[i] = 3;        //오류 발생!!, i가 무엇?
arr[i + 1] = 4;   //오류 발생!!, i가 대체 무엇???
}
```

② 반복문 내 배열값 변경은 불가능하다.

```
for(int i : arr) {
//역순 탐색 불가능
//표현조차 불가능
…
}
```

제 3 절 제어 이동문(break, continue, goto)

제어 이동문에서 반복문 흐름제어 키워드는 break, continue, goto가 있다.

1 break문 중요 ★★

break문은 for문, while문, do~while문, switch~case문에서 루프를 도중에 강제적으로 중지하고자 할 때 사용하는 제어문이다. break문을 사용할때는 if/else문의 조건문을 사용한다. break문은 자신이 포함되어 있는 루프만 중지하기 때문에 여러 개의 중첩된 루프를 중지하려면 중첩된 각 루프 내에 break문을 사용해야 한다.

> **break문 사용 형식**
>
> break;

단일 for문에서 루프를 강제적으로 중지하는 조건에 대한 예시이다.

[break 사용 예시]

```
1   for( int i = 0; i < 10; i++) {
2     if(i == 7) {
3       break; //i가 7일 때 break가 실행되므로 for문 빠져나옴
4     }
5     printf("%d ", i);
6   }
```

출력결과
1 2 3 4 5 6

여러 루프에서 강제적으로 중지하는 조건에 대한 예시는 다음과 같다.

[boolean 처리 예시]

for문 2개 루프에서 중지 방법	for문 3개 루프에서 중지 방법

boolean flag = false; //변수 설정
for(int i = 0; I 〈 3; i++) {
  if(flag) break;   //루프2 중지
  for(int j = 0; j 〈 3; j++) {
  System.out.println(" j=" + j);
    if (j == 2) {
  flag = true;
    break;   //루프1 중지
    }
  }
}
	boolean flag = false; //변수 설정
	for(int i = 0; i 〈 3; i++) {
	  if(flag) break; //루프3 중지
	  for(int j = 0; j 〈 3; j++) {
	  if(flag) break; //루프2 중지
	  for(int k = 0; k 〈 3; k++) {
	    System.out.println(" k=" + k);
	    if (k == 2) {
	      flag = true;
	      break; //루프1 중지
	    }
	    }
	  }
	}

boolean flag를 이용하여 반복문 내 루프를 빠져나올지 결정하는 변수를 선언하고, break 조건에 따라 루프를 빠져나올 수 있는 코드를 구현한다. 루프를 빠져나올 때는 가장 안쪽에 있는 반복문을 1차로 중지하고, 이후 차례로 바깥에 있는 반복문을 각각 빠져나오도록 구현한다.

2 continue문 중요 ★★

continue문은 break문과 사용하는 방법은 동일하지만 결과는 완전히 다르다. break문은 현재 반복문을 중지하고 빠져나가는 것과 달리 continue문은 반복 과정에서 현재 차례를 중지하고 다음 횟수의 반복문을 실행한다.

> 📁 **continue문 사용형식**
>
> continue;

단일 for문 내 반복문에서 현재 차례를 중지하고 다음 횟수의 반복문을 수행하는 예시이다.

[반복문 수행 예시]

```
1    for( int i = 0; i 〈 10; i++) {
2     if(i % 2 == 0) {
3      continue;   //i가 짝수(0, 2, 6, 8)라면 continue 처리
4      }
5      printf("%d ", i);
6    }
```

출력결과
1 3 5 7 9

i를 2로 나누어 0이 되면 printf를 수행하지 않고 다시 for문에서 반복문을 실행한다. continue문은 반복문의 다음 반복횟수로 건너뛰는 역할을 한다. continue문 뒤에 있는 문장은 실행되지 않고 다시 조건식을 평가한 후에 반복문을 실행한다.

3 goto문

goto문은 프로그램을 실행하는 도중에 해당 레이블명이 있는 문장으로 프로그램의 제어를 강제적으로 이동시킨다. 다중 반복문에선 break문을 사용하면 반복문의 한 영역만 빠져나가는데 goto문을 활용하면 중첩 반복문에서 원하는 곳으로 바로 빠져나갈 수 있다.

> **goto문 사용형식**
> 문장#1;
> goto 레이블명;
> 문장#2;
> ……
> 레이블명:
> 문장#N;

레이블 표시가 붙은 문장은 goto문보다 앞에 나올 수도 있고 뒤에 나올 수도 있다. 레이블명은 변수명을 정하는 규칙과 동일하게 작성하며, 레이블명과 문장은 콜론(:)으로 구분한다. goto문은 동일 함수 내에서만 효력이 발생하며 다른 함수로 프로그램의 제어를 이동시킬 수 없다.

[goto 소스 예시]

```
1    #include <stdio.h>
2
3    int main(void) {
4      printf("goto문 예제");
5      for(int i = 0; i < 10; i++) {
6        if(i == 5) {
7          goto loop; //goto 사용
8        }
9        printf("for문 %d번째 반복\n", i);
10     }
11     loop:
12       printf("goto문 종료");
13     return 0;
14   }
```

7행에서 goto문을 사용해서 i의 값이 5가 되면 goto문에 의해 11행으로 이동하여 12행 문장을 실행한다. 위와 같이 조건문과 함께 사용하게 되면 while문이나 for문과 같은 반복문의 역할을 수행할 수도 있으나 goto문에는 심각한 문제가 있다. 바로 프로그램의 실행 흐름을 어지럽힌다는 것이다. 왜냐하면 while문과 for문의 경우 어느 정도 구조가 잡혀있어 어느 자리에 어떤 것이 들어가는지 이미 정해져 있다. 어디서부터 어디까지 반복하고 빠져나오는지를 쉽게 파악할 수 있기 때문에 코드가 이리저리 꼬이는 것을 방지할 수 있는데, goto문은 그럴 수가 없다. goto문이 있는 소스는 디버깅이 어렵기 때문에 프로그램을 모듈화하는 데 큰 걸림돌이 될 수 있어 가급적 사용하지 않는 것이 바람직하다.

제4_장 함수

함수(Function)는 대부분 프로그래밍 언어에서 사용하는 개념으로, 수학에서 사용하는 개념을 그대로 적용하여 프로그램 내에서 여러 번 실행되어야 할 특정작업을 함수를 만들어 사용하면 필요할 때마다 호출하여 사용할 수 있기 때문에 독립적인 단위 프로그램으로 모듈화가 가능하다. 함수에는 프로그램에서 라이브러리 형태로 기본적으로 제공하는 표준함수와 사용자의 목적에 맞도록 만들어 사용하는 사용자정의함수가 있다.

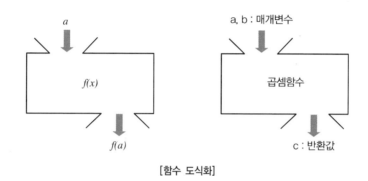

[함수 도식화]

제 1 절 함수 선언 및 정의

함수는 하나의 특정한 작업을 수행하기 위해 독립적으로 설계된 프로그램 코드의 집합으로, 동일 작업을 여러 번 수행할 때 함수를 적용하여 반복적인 프로그래밍 소스를 최소화한다.

1 함수의 선언 중요 ★★

함수 선언자는 함수의 정의보다 앞에 선언하는 것으로, 컴파일러에 함수의 이름과 매개변수 형식 및 리턴 형식을 알려준다.

(1) 함수의 선언 방법

함수명과 매개변수 및 반환값으로 구성하고, 함수명이 있는 위치에서 컴파일러에게 함수를 호출할 수 있게 알려준다.

[함수 선언]

형식	반환형식 함수이름(매개변수); 예 int add(int a, int b); • 함수 형태만 선언하기에 이를 함수 원형(function prototype)이라 함 • 함수 원형에서는 중괄호({})를 사용하지 않고 호출한다.

예시	함수 선언은 다음과 같이 '반환값 자료형, 함수 이름, ( )(소괄호)' 순으로 적어주고 ;(세미콜론)을 붙인다.
	int add(int a, int b) {
	　//중략
	　　return int값;
	　}

(2) 함수의 선언 위치

C 언어에서는 main() 함수에서 컴파일러가 시작을 한다. main() 함수 안에 함수가 있거나, main() 뒤에 위치하게 된다. C 언어에서는 main() 함수 앞에 미리 정의해야 오류가 발생하지 않는다.

[함수 선언 예시]

```#include <stdio.h>```
int main()
　{
　print();
　//print 함수를 찾을 수 없음. 컴파일 에러
　　return 0;
}
　//반환값이 없는 print 함수 선언 및 정의
void print()
　{
　printf("print, world!\n");
　//print, world! 출력
}
	```#include <stdio.h>```
	void print();
	　//반환값이 없는 print 함수 원형 선언
	int main()
	　{
	　print();　　//print 함수 호출
	　　return 0;
	}
	　//반환값이 없는 print 함수 정의
	void print()
	　{
	　printf("print, world!\n");
	　//print, world! 출력
	}

print 함수가 정의되지 않았다고 하면서 컴파일 경고와 에러가 발생한다. 왜냐하면 C 언어 컴파일러는 위에서부터 아래로 소스 코드를 해석하는데 main 함수 부분에서는 print 함수에 대한 정보가 없었기 때문이다.	main 함수 위에서 void print();와 같이 반환값 자료형, 함수 이름, ( )을 적어준 뒤 세미콜론을 붙이면 print 함수가 있다는 것을 알려줄 수 있다. 함수 선언이 된 상태에서는 main 함수 아래에서 print 함수를 정의해주면 된다. 단, 함수 선언만 있고 정의가 없다면 링크 에러가 발생한다.

2 함수의 정의 중요 ★★★

함수는 선언부와 본문으로 구성되어 있다. 함수의 선언부는 리턴받을 타입과 함수명, 파라미터로 구성이 되고 본문에는 중괄호({}) 안에 실행문을 작성한다. 선언부는 다른 프로그램에서 함수명을 통해 호출을 하며, 본문은 함수의 기능을 실행한다.

컴파일러가 함수 선언방식에 따라 원형함수인지 함수를 정의하는 것인지 알 수 있다.

(1) 함수의 정의 방법

> 📁 **함수의 정의 기본 형식**
>
> 자료형(리턴값) 함수이름(자료형 파라미터)   //선언부
>   {
>   함수의 본문   //본문
>   (리턴)
>   }

(2) 함수의 이름

함수의 이름은 프로그램의 코드 내부에서 함수를 식별할 수 있도록 한다. 함수의 이름을 명확하게 작성함으로써 이름만 보고도 어떤 기능을 수행하는지 알 수 있도록 작성한다. 함수명은 개발자가 임의로 지정할 수 있지만 함수의 기능과 용도를 고려하여 생성하는 것이 필요하다.

예를 들어, 더하기 기능을 하는 함수를 만들 때 함수 이름을 aaa()로 작성한다면 어떤 기능을 수행하는지 알 수가 없다. calAdd()라는 함수명으로 만들면 함수를 이용하는 개발자가 쉽게 알 수 있다.

(3) 함수의 리턴값

함수의 리턴값이 있는 경우와 없는 경우로 구분이 된다. 함수 실행 후 return을 사용하여 함수가 갖고 있는 값을 리턴하는 방법이다.

리턴값은 함수의 내용을 실행한 후 필요한 경우 함수를 호출한 쪽에서 임의의 값을 호출하게 되며 리턴값이 있는 경우 반환하라는 의미에서 함수의 끝에 return으로 값을 반환한다.

리턴타입은 리턴값의 유형에 따라 함수의 유형을 지정한다. 예를 들어 정수형을 리턴하는 함수는 int calAdd()와 같이 함수 이름 앞에 리턴 타입을 정수형인 int를 통해 자료형을 명시한다.

(4) 함수의 파라미터

함수의 파라미터는 함수의 본문에 사용하기 위한 변수이다. 함수를 호출한 곳에서 파라미터 값을 지정하여 다시 함수에 넘겨주는 데 사용된다.

파라미터를 매개변수라고 말하며 일반적으로 함수는 몇 개의 매개변수를 가지든 상관없으며, 매개변수가 하나도 없을 수도 있다. 만약 함수가 매개변수를 가질 경우, 각각의 매개변수에 대한 정의를 나열해 놓은 것을 매개변수 목록(parameter list)이라고 한다.

> **💡 더 알아두기 🔍**
>
> **매개변수(parameter)와 전달인자(argument)**
> 매개변수는 함수에서 사용하기 위한 변수명이고 전달인자는 함수를 호출할 때 입력되는 실제 값이다.
>
> | 단어 | 번역 | 의미 | 예시 |
> |---|---|---|---|
> | parameter | 매개변수 | 함수에서 입력 변수(Variable)명 | int calAdd(int a, int b) {
　int c = a + b;
　return c;
} |
> | argument | 전달인자 | 함수의 입력 값(value) | int result = calAdd(2, 3); |

(5) 함수의 변수 선언 및 실행문

함수 내부에서만 사용되는 변수로 지역변수를 선언하여, 함수 내에서의 연산을 위해 사용한다. 함수 내부인 중괄호({}) 안에서만 유효하며 범위를 벗어나서 사용할 수 없다.

제 2 절　함수 호출

함수의 호출은 어떤 함수 내에서 다른 곳에 정의된 함수를 사용하기 위해 그 함수를 호출하여 실행시키는 것을 말한다. 함수를 호출하기 위해서는 호출할 함수명과 전달인자를 넘겨준다.
전달인자(argument)에는 크게 값에 의한 호출(call-by-value)과 포인터에 의한 호출(call-by-pointer) 등이 있다.

> **📇 함수 호출 형식**
> 함수명(전달인자);

함수 호출 방법은 함수의 이름과 괄호를 써주면 되며, 리턴값과 매개변수가 존재하는 경우에는 자료형이 일치해야 한다. 함수의 호출 예시는 다음과 같다.

전달인자	사용예시	설명
변수	int add = calAdd(a, b);	calAdd 함수 호출 시 변수를 사용하여 호출
값	int add = calAdd(1, 2);	calAdd 함수 호출 시 값을 사용하여 호출
없음	int add = calAdd();	calAdd 함수 호출 시 전달인자 없이 호출

제 3 절 재귀호출(recursive call) 중요 ★

재귀호출(recursive call)이란 함수 내부에서 함수가 자기 자신을 또 다시 호출하는 함수를 의미한다. 이러한 재귀호출은 자기가 자신을 계속해서 호출하므로, 끝없이 반복되게 된다. 따라서 함수 내에 재귀호출을 중단하도록 조건이 변경될 명령문을 반드시 포함해야 무한 루프를 피할 수 있다. 재귀호출은 재귀함수라고 불리기도 한다.

재귀호출은 자신 자신을 반복적으로 호출하는 함수로 3가지 조건을 만족해야 한다.

- 종료조건(Base Condition)이 존재한다.
- 반복문이 정의되어 있다.
- 서브루틴을 수행할수록 종료조건에 가까워진다.

재귀호출을 사용하는 이유는 반복문을 여러 번 사용해서 복잡하게 구성되는 코드를 좀 더 단순하고 간략하게 만들기 위함이다. 스택 오버플로우(stack overflow)는 메모리 구조 중 스택(stack) 영역에서 해당 프로그램이 사용할 수 있는 메모리 공간 이상을 사용하려고 할 때 발생되는데, 재귀호출에서 종료조건이 없는 경우 발생하며, 성능상 문제를 가지고 있다.

재귀호출의 대표적인 사례 중 factorial에 대해 알아보자.

[재귀호출과 반복문을 이용한 소스 비교]

행	재귀호출	반복문 사용
1	int factorial(int n) {	int factorial(int n) {
2	if (n < 2) {	int result = 1;
3	return 1;	for (int i = 1; i <= n; ++i) {
4	} else {	result *= i;
5	return factorial(n-1) * n;	}
6	}	return result;
7	}	}

재귀함수 방식의 계산복잡성이 아주 약간 높다. 왜냐하면 실행과정에서 인자를 전달해야 하고, 수행 중에 점프를 해야 하는 등 함수호출 관련 추가적인 연산이 필요하기 때문이다. 하지만 재귀함수로 코드를 작성하면 코드가 단순하고 디버깅이 수월해지는 등의 장점이 있다.

재귀호출에서 가장 유명한 피보나치 수열(Fibonacci Sequence)에 대해 알아보자. n번째 피보나치 수열 f(n)은 다음과 같이 정의된다.

$$f(n) = f(n-1) + f(n-2), [단, n >= 2, f(0) = 0, f(1) = 1]$$

$$fibo(n) = \begin{cases} 0 & \text{if n is 0,} \\ 1 & \text{if n is 1,} \\ fibo(n{-}1) + fibo(n{-}2) & \text{otherwise.} \end{cases}$$

즉, 피보나치 수열은 자기 자신을 이용해 개념을 정의하므로, 재귀호출로 간단하게 나타낼 수 있다.

[피보나치 수열 함수 예시]

```
1    int Fibo(int n) {
2      if(n == 1) return 0;
3      else if(n == 2) return 1;
4      else
5        return Fibo(n-1) + Fibo(n-2);
6    }
```

f(0) = 0, f(1) = 1이기 때문에 종료조건으로 n == 1일 때, n을 반환한다.

또한, n이 1이 아니면 f(n) = f(n-1) + f(n-2)이기 때문에 f(n-1) + f(n-2)를 계산한 값을 반환한다.

단 6줄의 코드로 n번째의 피보나치 수열을 쉽게 계산할 수 있다. 하지만 이 코드의 시간 복잡도는 어떨까?

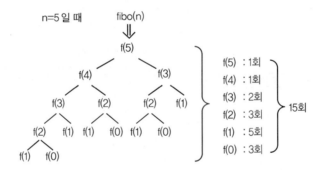

[피보나치 수열 적용 시 불필요한 연산 예시]

위에서 보이는 것과 같이 n = 5일 때, f(3)은 2회, f(2)는 3회, f(1)은 5회, f(0)은 3회 사용된다. 즉, 같은 연산이 불필요하게 많이 호출되는 것을 알 수 있다.

만약 n = 5가 아닌 10, 20, 30, 크게는 100까지 간다면 더 많은 불필요한 연산이 호출될 것이다. 이는 하지 않아도 될 연산을 계속하는 셈이니, 시간 복잡도가 불리할 것이다. 즉, 덧셈 연산은 20 + 21 + 22 + … + 2n-4 + 2n-3번 이뤄지고, 이는 '(2n-2) - 1'번으로 나타낼 수 있다.

시간 복잡도는 $O(2\hat{}n)$으로 나타나고, n의 개수가 10만 되더라도 1,024번($2\hat{}10$)의 연산이 필요하다. 재귀호출은 비재귀호출보다 실행시간이 오래 걸린다는 단점을 가지고 있다.

제 4 절　인수 전달 방법 중요 ★★

함수를 호출할 때에는 함수에 필요한 데이터를 인수(argument)로 전달해 줄 수 있다.
이렇게 함수에 인수를 전달하는 방법에는 값에 의한 전달(call by value)과 참조에 의한 전달(call by reference)로 두 가지 방법이 있다.

1　값에 의한 전달(call by value)

값에 의한 전달 방법은 인수로 전달되는 변수가 가지고 있는 값을 함수 내의 매개변수에 복사하는 방식이다. 이때 호출된 함수는 인수의 값을 복사하여 사용하게 되는데 초기화된 매개변수는 인수로 전달된 변수와는 완전히 별개의 변수이다. 인수와 매개변수는 서로 다른 메모리 영역을 사용한다.
매개변수는 스택이라는 임시 메모리 영역에 저장되며 함수의 실행이 종료되면 이들 값이 스택에서 제거된다.
값에 의한 전달, 참조에 의한 전달을 설명할 때 예시로 많이 드는 swap 코드는 다음과 같다.

[값에 의한 전달 사용 예시(swap 코드)]

```
1    #include <stdio.h>
2    void swap(int a, int b);              //함수의 원형 선언
3    int main(void)
4      {
5      int a = 10,  b = 30;
6      printf("swap 전 => a = %d, b = %d \n", a, b);
7      swap(a, b);                         //함수 호출, 전달인자 값 전달
8      printf("swap 후 => a = %d, b = %d \n", a, b);
9
10     return 0;
11   }
12   void swap(int a, int b) {             //사용자정의함수
13     int tmp;
14     tmp = a;
15     a = b;
16     b = tmp;
17     printf("swap 함수내부 : a = %d, b = %d \n", a, b);
18   }
```

위 코드에서 값에 의한 전달 형식으로 진행해도 매개변수가 바뀌는 것일 뿐 원래 변수인 a, b의 값은 변하지 않는다. 이때 변수 a, b는 동일해도 전달인자와 매개변수는 서로 다른 메모리 영역을 사용하기 때문에 swap() 함수가 종료되면 스택에서 제거된다. 따라서 a, b의 값이 바뀌더라도 함수의 실행이 종료되면 스택에서 없어지기 때문에 전달인자의 값에 영향을 미치지 못한다.

[실행 결과]

```
1    swap 전 => a = 10, b = 30
2    swap 함수내부 : a = 30, b = 10
3    swap 후 => a = 10, b = 30
```

2 참조에 의한 전달(call by reference)

참조에 의한 전달 방식은 전달인수의 주소가 호출 함수에 전달된다. 호출된 함수는 전달인자의 메모리 위치를 나타내는 주소를 매개변수에 복사하여 사용하여 마치 전달인자를 직접 사용하는 것과 같게 된다. 따라서 호출 함수에서 전달인자의 값을 바꾸면 호출되는 함수의 매개변수 값이 변경된다. 이때 매개변수는 주소값을 전달받기 때문에 포인터로 선언해야 된다.

[참조에 의한 전달 예시 코드]

```
1    #include <stdio.h>
2    void swap(int *a, int *b);      //함수의 원형 선언
3    int main(void)
4      {
5      int a = 10,  b = 30;
6      printf("swap 전 => a = %d, b = %d \n", a, b);
7      swap(&a, &b);                //전달인자 주소 사용
8      printf("swap 후 => a = %d, b = %d \n", a, b);
9
10     return 0;
11   }
12   void swap(int *a, int *b) {    //매개변수 포인터로 선언
13     int tmp;
14     tmp = *a;
15     *a = *b;
16     *b = tmp;
17     printf("swap 함수내부 : a = %d, b = %d \n", *a, *b);
18   }
```

위 코드에서 참조에 의한 전달 방식에 의해 전달인자는 a, b의 주소(&a, &b)를 포인터인 매개변수 a, b에 전달한다. 전달인자와 매개변수는 서로 다른 메모리 영역을 사용한다. 따라서 호출함수에서는 매개변수 a, b가 가리키는 메모리 영역(&a, &b)의 데이터 값을 변경시켜 호출한 main()에 넘기기 때문에 전달인자의 값이 변경된다.

값에 의한 전달방식에 의한 호출되는 방식을 다음의 그림으로 표현할 수 있다.

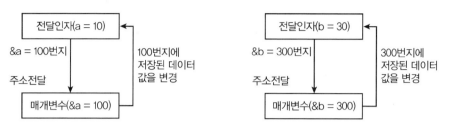

[참조에 의한 전달 과정]

참조에 의한 전달 방식을 이용하여 a = 30, b = 10의 값을 되돌려주었다. 반면에 return문을 이용해서 호출되는 함수에 전달해줄 수 있는 반환값은 오직 한 개뿐이다.

[실행 결과]

```
1    swap 전 => a = 10, b = 30
2    swap 함수내부 : a = 30, b = 10
3    swap 후 => a = 30, b = 10
```

제 5 절 함수 오버로딩

함수 오버로딩이란 동일한 함수의 이름으로 여러 개의 함수를 정의하여 사용할 수 있다는 것을 의미한다. 함수 호출은 함수명을 이용하기 때문에 서로 다른 기능을 갖는 함수를 동일 이름의 함수명으로 지정하면 오류가 발생하게 된다. 그러나 C++이나 자바에서는 동일한 함수명을 갖는 여러 개의 함수가 존재하더라도 각 함수가 사용하는 파라미터 개수와 데이터형을 검사하여 해당 함수를 호출할 수 있기 때문에, 서로 다른 기능을 갖는 함수를 같은 이름으로 표현할 수 있다. 이때 주의해야 할 점은 동일한 함수 이름일 경우 파라미터 개수와 자료명이 동일해야 한다. 함수의 리턴타입의 파라미터 개수와 파라미터 데이터형을 검사해서 구분하기 때문에 리턴값의 데이터형만 다르다면 함수의 오버로딩 시 오류가 발생한다.

[리턴값의 데이터형이 다른 경우 예시]

int calAdd(int a, int b)	int형
double calAdd(int a, int b)	double형

동일한 프로그램에서 int calAdd, double calAdd를 사용하면 오류가 발생된다.
함수 오버로딩을 이용한 예시 코드는 다음과 같다.

[함수 오버로딩 예시 코드]

```
1    class funcOverloading {
2      public static void main(String[] args) {
3        funcs fuc = new funcs();
4        fuc.calAdd();                          //함수호출
5        System.out.println(fuc.calAdd(1, 2));     //함수호출
6        System.out.println(fuc.calAdd(1.1, 2.2));   //함수호출
7      }
8    }
9
10   class funcs {
11     void calAdd() {      //리턴값이 없는 함수
12       System.out.println("리턴값이 없는 void");
13     }
14     int calAdd(int a, int b) {          //2개의 인수를 사용하는 int형
15       int c = a + b;
16       return c;
17     }
18     double calAdd(double a, double b) {    //2개의 인수를 사용하는 double형
19       double c = a +  b;
20       return c;
21     }
22   }
```

calAdd라는 동일한 함수명을 갖는 세 개의 함수가 정의되었고, 각 함수에서 사용하는 인수의 개수 및 데이터 타입이 다르기 때문에, 함수를 호출할 때 인수의 개수와 자료형을 검사하여 해당 함수를 호출한다.

[실행 결과]

```
1    리턴값이 없는 void
2    3
3    3.3000000000000003
```

double 자료형으로 리턴하는 경우 소수점 자리수는 OS마다 상이하다. 따라서 소수점 자리수 조절이 필요하다면 printf("%.#f\n", 변수)를 이용할 수 있다.

제 6 절 　 인라인함수

인라인함수는 일반 함수처럼 호출하여 사용하는 것이 아니라 호출한 위치의 라인상에 직접 삽입하여 실행하게 된다. 인라인함수는 일반 함수를 호출하였을 때처럼 실행한 뒤 다시 복귀하는 시간이 소요되지 않기 때문에 실행속도는 빨라진다.

함수는 호출되면 정의된 함수로 이동해서 해당 기능을 수행한 후 종료 시 복귀하여 다음 문장을 실행하게 된다. 이 경우 실행과 복귀에 상당한 부하가 발생되게 된다. 이러한 문제점을 해결하기 위해 인라인함수를 사용한다.

컴파일러 종류에 따라 인라인함수로 사용될 수 있는 제약이 있다.

[인라인함수 예시 코드]

```
1    #include 〈stdio.h〉
2    inline int calAdd(int a, int b) //인라인함수로 정의
3      {
4         return a + b;
5      }
6
7    int main()
8      {
9        int result;
10       result = calAdd(10, 20);    //인라인함수 호출
11       printf("%d\n", result);      //30
12       return 0;
13     }
```

인라인함수는 호출을 하지 않고 함수의 코드를 그 자리에서 그대로 실행한다. 즉, 컴파일러는 함수를 사용하는 부분에 함수의 코드를 복제해서 넣어준다.

[인라인함수 컴파일 시 예시 코드]

```
1    int main()
2      {
3        int result;
4        result = inline int calAdd(10, 20);    //컴파일러가 복제해서 넣어줌
5        {
6          return 10 + 20;
7        }
8        printf("%d\n", result);      //30
9          return 0;
10     }
```

인라인함수는 함수 호출 과정이 없으므로 속도가 좀 더 빠르다. 따라서 인라인함수는 자주 호출되면서 속도가 중요한 부분에 주로 사용된다. 단, 함수의 코드가 복제되므로 함수를 많이 사용하면 실행 파일의 크기가 커진다.

메모리 사용 측면에서는 인라인함수가 일반 함수보다 불리하다. 위의 예제에서 볼 수 있듯이 컴파일러는 인라인함수의 사본을 호출한 부분에 삽입해야 하기 때문에 그만큼 메모리의 낭비가 있을 수밖에 없다. 따라서 적절한 곳에 함수를 사용하는 것이 중요하다.

제 7 절   람다함수

람다함수는 프로그래밍 언어에서 사용되는 개념으로 익명함수(Anonymous functions)를 지칭하는 용어이다. 현재 사용되고 있는 람다의 근간은 수학과 기초 컴퓨터과학 분야에서의 람다대수이다. 람다대수는 간단히 말하자면 수학에서 사용하는 함수를 보다 단순하게 표현하는 방법이다. 람다함수의 장단점은 다음과 같다.

[람다함수를 이용한 장점 및 단점]

장점	단점
• 람다를 사용하면 불필요한 반복문의 삭제가 가능하며 복잡한 식을 단순하게 표현할 수 있다. • 람다는 지연연산을 수행함으로써 불필요한 연산을 최소화할 수 있다. • 멀티스레드를 활용하여 병렬처리를 할 수 있다.	• 람다식의 호출이 까다롭다. • 람다 stream 사용 시 단순 for문이나 while문을 사용하게 되면 성능이 떨어진다. • 불필요하게 너무 많이 사용하게 되면 오히려 가독성을 떨어뜨릴 수 있다.

람다의 표현식은 매개변수 화살표(–)를 함수몸체로 이용하여 사용가능하고 함수몸체가 단일 실행문이년 괄호 {}를 생략할 수 있다. 다만 함수몸체가 return문으로만 구성되어 있는 경우 괄호 {}를 생략할 수 없다. 자바에서 멀티스레드 프로그램을 작성할 때, Runnable 인터페이스를 구현한 클래스가 필요하다. 간단하게 run() 메소드만 구현되면 되기 때문에 대부분 코드에서 익명 객체를 통해 구현한다. 람다함수를 이용한 Runnable 구현에 대한 예제는 다음과 같다.

[람다함수를 이용한 예시 코드]

Thread 호출	람다식 이용 Thread 호출

Thread thread = new Thread(new Runnable() {
　@overide
　public void run() {
　　System.out.println("Start");
　　Thread.sleep(1000);
　　System.out.println("End");
　}
});
	Thread thread = new Thread(() -> {
	　System.out.println("Start");
	　Thread.sleep(1000);
	　System.out.println("End");
	　}
	});

람다를 사용하면서 만드는 무명함수는 재사용이 불가능하여 디버깅이 어렵기 때문에 사용 시 주의가 필요하다.

01 〉〉는 비트 연산자이다. 비교 연산자는 크고 작음을 비교하기 위한 연산이다.

01 다음 중 비교 연산자가 <u>아닌</u> 것은?

① 〈
② 〉
③ ==
④ 〉〉

02 (++) 선행 연산자는 계산을 먼저 수행하게 된다. 따라서 b, c는 계산된 값이 표현되며 a값은 b와 c의 합이 된다.

02 다음에 주어진 코드 실행 시 출력되는 결과는?

```
int a, b = 5, c = 10;
a = b + c;
a = ++b + ++c;
printf("a = %d, b = %d, c = %d\n", a, b, c);
```

① a = 15, b = 5, c = 10
② a = 15, b = 6, c = 11
③ a = 17, b = 5, c = 11
④ a = 17, b = 6, c = 11

정답 01④ 02④

03 다음에 주어진 코드 실행 시 출력되는 결과는?

```
int a = 15, b = 3;
printf("a % b= %d\n", a % b);
```

① a % b= 3
② a % b= 0
③ a % b= 1
④ a % b= 2

03 %는 나머지 값을 나타내게 된다. 15 / 3 = 0 이 되기 때문에 나머지가 0이다.

04 다음 중 증감 연산자 연산에서 오류가 발생하는 것은?

① a = 3++;
② a = -b;
③ a = b++;
④ ++a;

04 변수가 아닌 실제 상수에서는 증감 연산자를 사용할 수 없다.

05 비트 단위로 논리 연산을 수행하는 연산자로서, 기계에 좀 더 친화적인 연산자는 무엇인가?

① 관계 연산자
② 산술 연산자
③ 비트 연산자
④ 대입 연산자

05 비트 연산자는 이진수를 표현하는 연산자로 기계에 친화적이다.

정답 03 ② 04 ① 05 ③

06 표현식에서 a > b가 true인지 확인해
보면 5 > 10이기 때문에 false이다.
따라서 -5(= 5 - 10)가 출력된다.

06 다음에 주어진 코드 실행 시 출력되는 결과는?

```
int a = 5, b = 10;
c = (a > b) ? (a + b) : (a - b);
printf("두 정수차의 절대값 : %d\n", c);
```

① 두 정수차의 절대값 : 5
② 두 정수차의 절대값 : -5
③ 두 정수차의 절대값 : 0
④ 두 정수차의 절대값 : 10

07 연산자에는 우선순위가 있는데 괄
호, 구조체, 공용체가 가장 높은 우선
순위를 갖는다. 그 다음이 단항 연산
자(++, -- 등)이고, 그 다음이 이항
연산자(+, - 등)이다.

07 다음 중 연산자의 우선순위가 가장 낮은 것은?

① ()
② ->
③ ++
④ +

08 if는 조건문으로, 반복문이 아니다.

08 다음 중 반복문에 해당하지 <u>않는</u> 것은?

① for
② while
③ do~while
④ if

정답 06 ② 07 ④ 08 ④

09 조건식이 참이면 if문 블록 안에 있는 문장을 실행하고 거짓이면 해당 키워드문 블록 안에 문장을 실행한다. 괄호 안에 들어갈 용어는 무엇인가?

```
if(조건문)
   문장;
(     ) //if문 조건에 맞지 않는 경우 실행
   문장;
```

① for
② else
③ do
④ else if

10 다음에 주어진 코드 실행 시 출력되는 결과는?

```
int score = 98
switch(score / 10)
{
case 10:
case 9: printf("A "); break;
case 8: printf("B "); break;
case 7: printf("C "); break;
case 6: printf("D "); break;
default: printf("F ");
}
}
```

① A F
② A
③ A B C D
④ A B C D F

11 while(0)은 false로 해당 구문이 종료된다.

11 다음 중 무한 루프문이 <u>아닌</u> 것은?

① while(true)

② for(;;)

③ while(0)

④ while(1)

12 do~while문은 무조건 1번 이상 루프가 실행된다.

12 조건식의 참 또는 거짓에 관계없이 적어도 한 번은 루프를 실행하게 되는 반복문은?

① for

② while

③ do~while

④ if

13 다중 루프문을 벗어나기 위해서 goto문을 사용하여 빠져나갈 수 있지만 프로그램 로직을 해치기 때문에 사용 시 주의가 필요하다.

13 프로그램을 실행하는 도중에 해당 레이블명이 있는 문장으로 프로그램의 제어를 강제적으로 이동시키는 명령어로, 다중 루프문을 벗어나고자 할 때 사용될 수 있는 점프문은?

① break

② goto

③ continue

④ if

 정답 11 ③ 12 ③ 13 ②

14 다음에 주어진 코드 실행 시 출력되는 결과는?

```
for(int i = 0; i < 10; i++) {
if(i % 2 == 0) {
  continue;
  }
  printf("%d ", i);
}
```

① 1 3 5 7 9
② 1 2 3 4 5
③ 2 4 6 8 10
④ 1 3 6 7

14 i % 2 == 0은 짝수일 때는 continue로 다시 for문을 실행하라는 의미이다.

15 함수의 기본 형식에 대한 설명으로 옳지 않은 것은?

① 함수는 머리, 몸체 부분으로 구성된다.
② 함수를 정의한 후 머리 부분에 반드시 세미콜론을 붙인다.
③ 몸체 부분에 내부 변수 선언 및 함수의 기능을 기술한다.
④ 함수의 선언방법은 함수명과 매개변수, 반환값으로 구성을 하고, 함수명이 있는 위치에서 컴파일러에게 함수를 호출할 수 있게 알려준다.

15 함수를 호출할 때 세미콜론을 붙이며, 함수를 정의할 때는 세미콜론을 붙이지 않는다.

16 함수를 호출하는 방법으로 잘못된 것은?

① calAdd(a, b)
② calAdd()
③ calAdd(1, 2)
④ calAdd(void)

16 리턴값이 없는 함수는 파라미터를 사용하지 않는다.

정답   14 ①   15 ②   16 ④

01 정답
대입 연산자

해설
대입 연산자는 연산의 결과를 좌측 변수에 대입하는 연산으로 가장 많이 사용된다.

02 정답
sizeof

해설
sizeof 연산자는 연산자의 크기를 구할 수 있다.

✅ **주관식 문제**

01 다음 설명에서 괄호 안에 들어갈 용어를 쓰시오.

> (　　　)은/는 우측의 연산결과를 좌측의 변수에 대입하는 이항 연산자로 대입 연산 시 데이터형이 좌측 변수의 데이터형으로 변환한다. 즉, 오른쪽에 있는 값이나 수식을 계산하여 왼쪽에 있는 변수에 넣어 주는 연산자이다.

02 다음 설명에서 괄호 안에 들어갈 용어를 쓰시오.

> (　　　) 연산자는 변수, 수식, 상수 및 데이터형이 메모리 중에서 차지하는 메모리 영역의 크기를 바이트 수로 구해주는 연산자로 결과값은 정수형 상수이다.

03 다음 설명에서 괄호 안에 들어갈 용어를 순서대로 쓰시오.

> 수식은 수학에서 많이 다루어 본 바와 같이, 어떤 변수와 상수를 (㉠)을/를 이용하여 표현한 식으로 (㉠)와/과 (㉡)(으)로 구성된다.

03 정답
㉠ 연산자, ㉡ 피연산자
해설
소스코드를 작성할 때 변수 선언 및 계산을 위한 가장 기본적인 단위이다.

04 다음 설명에서 괄호 안에 들어갈 용어를 쓰시오.

> ( )에 의한 전달 방식은 전달인수의 주소가 호출 함수에 전달된다. 호출된 함수는 전달인자의 메모리 위치를 나타내는 주소를 매개변수에 복사하여 사용하여 마치 전달인자를 직접 사용하는 것과 같게 된다.

04 정답
참조
해설
참조에 의한 전달 방법은 전달인자로 변수의 값을 전달하는 것이 아닌, 해당 변수의 주소값을 전달한다. 즉, 함수의 매개변수에 인수로 전달된 변수의 원래 주소값을 저장하기 때문에 인수로 전달된 변수의 값을 함수 내에서 변경할 수 있다.

05 정답
관계 연산자(Relational Operator)

해설
관계 연산자는 주로 조건문인 if 명령문의 조건 체크와 반복문인 for, while, do~while문의 조건 체크에 많이 사용된다.

05 다음 설명에 해당하는 연산자가 무엇인지 쓰시오.

> • 비교 연산자와 동일한 의미로 사용되며, 두 개의 데이터 항의 대소 및 상등 관계를 판별하는 연산자이다.
> • 연산결과가 참이면 결과값은 1이고 거짓이면 0이 된다.

06 정답
break

해설
강제적으로 루프를 빠져나갈 때 break를 사용한다.

06 for문, while문, do~while문, switch~case문에서 루프를 도중에 강제적으로 중지하고자 할 때 사용하는 제어문이 무엇인지 쓰시오.

07 함수를 호출할 때에는 함수에 필요한 데이터를 인수(argument)로 전달해 줄 수 있다. 이렇게 함수에 인수를 전달하는 2가지 방법이 무엇인지 쓰시오.

07 **정답**
값에 의한 전달(call by value), 참조에 의한 전달(call by reference)

해설
함수에 인수를 전달하는 방법에는 값에 의한 전달(call by value)과 참조에 의한 전달(call by reference) 두 가지 방법이 있다.

더 많은 정보와 지식을
듬뿍담뿍

여기서 멈출 거예요? 고지가 바로 눈앞에 있어요.
마지막 한 걸음까지 SD에듀가 함께할게요!

제5편

클래스와 객체

단원 개요

클래스는 객체의 설계도 또는 틀이며, 객체는 클래스에 정의된 대로 생성된 속성(변수)과 기능(메소드)의 집합이다. 가장 쉽게 예를 들자면 클래스는 붕어빵을 만드는 틀이고 객체는 붕어빵이라고 할 수 있다.

클래스와 객체의 개념에 대해 이해한 후 여러 종류의 클래스를 선언하고 어떻게 객체를 선언하며 구현하는지 알아본다. 표준화 적용을 위한 클래스 그룹핑과 템플릿을 사용하는 방법을 알아보고 자바에서 타입지정을 위한 제네릭에 대한 사용법을 살펴본 후 클래스 내에 선언된 내부 클래스를 알아본다.

출제 경향 및 수험 대책

객체의 설계도인 클래스를 구성하는 멤버변수와 멤버함수에 대한 개념 및 사용법에 대해 학습하고 클래스로부터 만들어진 객체를 통해 프로그램에 적용하는 방법에 대해 학습한다. C++과 JAVA에서 그룹핑, 템플릿을 이용하여 프로그램에서 적용하는 방법을 알아보고, 클래스 내부에서 사용할 데이터 타입을 외부에서 지정하는 제네릭을 알아본다. 두 클래스가 서로 긴밀한 관계가 있을 때 내부 클래스를 사용하는 방법을 학습한다.

혼자 공부하기 힘드시다면 방법이 있습니다.
SD에듀의 동영상강의를 이용하시면 됩니다.
www.sdedu.co.kr ➜ 회원가입(로그인) ➜ 강의 살펴보기

클래스

객체지향 이론의 관점에서 클래스란 객체를 정의해놓은 것으로 객체의 설계도 또는 틀이라고 정의할 수 있다. 클래스는 객체를 생성하는 데 사용되며, 객체는 클래스에 정의된 대로 생성된다.

제 1 절 | 멤버변수 및 멤버함수(메소드) 선언

프로그래밍 관점에서 클래스는 서로 관련된 변수를 정의하고 이들에 대한 작업을 수행하는 함수(메소드)들을 함께 정의한 것으로 데이터(변수)와 함수(메소드)의 결합이라 할 수 있다.

1 멤버변수

멤버변수(member variable)는 클래스 영역에 선언된 변수로 메소드 밖에서 선언된 변수를 말한다. 반면 메소드 안에 선언된 변수는 지역변수(local variable)라고 한다. 멤버변수 중에서 static이 붙은 것은 클래스변수(static 변수), static이 붙지 않은 것은 인스턴스변수라고 하며, 멤버변수는 인스턴스변수와 클래스변수를 모두 통칭하는 말이다.

변수의 종류	선언위치	생성시기
클래스변수 (Class Variable)	클래스 영역	클래스가 메모리에 로딩 시
인스턴스변수 (Instance Variable)		인스턴스 생성 시
지역변수 (Local Variable)	클래스 영역 이외의 영역 (메소드, 생성자, 초기화 블록)	변수 선언문 수행 시

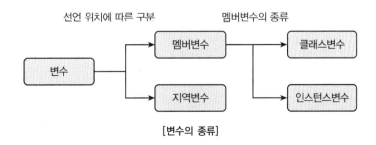

[변수의 종류]

클래스변수는 인스턴스변수에 static을 붙여서 선언하고 클래스가 메모리에 로딩될 때 딱 한 번만 생성된다. 클래스변수는 인스턴스변수와 달리 모든 인스턴스가 공통된 값을 공유한다. 따라서 한 클래스의 모든 인스턴스들이 공통적인 값을 가져야할 때 클래스변수를 선언하여 사용한다.

인스턴스변수는 인스턴스가 생성될 때 생성된다. 그러므로 인스턴스변수의 값을 읽어오거나 저장하려면 인스턴스를 먼저 생성해야 한다. 따라서 각각의 인스턴스마다 고유의 값을 가져야할 때 인스턴스변수를 선언하여 사용한다.

지역변수는 메소드 내에서 선언되며 메소드 내에서만 사용할 수 있는 변수이다. 메소드가 실행될 때 메모리에 할당되며 메소드가 끝나면 소멸되어 사용할 수 없게 된다. 다음 그림과 같이 클래스 영역에서 선언되면 클래스변수 또는 인스턴스변수, 메소드 영역에서 선언되면 지역변수가 된다.

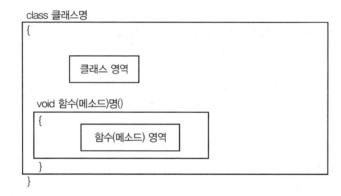

[선언 위치 영역 구분]

C++에서 위의 그림과 같이 클래스, 함수 영역에서 변수를 선언한 예시는 다음과 같다.

[C++ 멤버변수 선언 예시]

```
1    class TestClass
2    {
3    public:
4      int iv;        //인스턴스변수(멤버변수)
5      static int cv; //클래스변수(멤버변수)
6
7      void print() {
8        int lv=0;     //지역변수
9      }
10   }
```

다음은 JAVA에서 클래스, 함수 영역에서 변수를 선언한 예시이다.

[JAVA 멤버변수 선언 예시]

```
1    class TestClass {
2      int iv;          //인스턴스변수(멤버변수)
3      static int cv;   //클래스변수(멤버변수)
4
5      void method() {
6      int lv = 0;       //지역변수
7      }
8    }
```

2 멤버함수(메소드)

멤버함수(메소드)는 어떤 작업을 수행하기 위한 명령문의 집합이다. 메소드를 사용하는 이유는 다음과 같다.

메소드를 사용하는 이유	설명
높은 사용성	한 번 만들어 놓은 메소드는 여러 번 호출할 수 있고 다른 프로그램에서도 사용 가능하다.
중복된 코드 제거	반복된 문장들을 메소드로 사용하면 중복을 제거할 수 있다.
프로그램의 구조화	메소드를 작업 단위로 나눠서 프로그램 구조를 단순화시킬 수 있다.

멤버함수(메소드)는 어떠한 값을 입력받아서 처리하고 그 결과를 되돌려 준다. 경우에 따라서 입력받은 값이 없을 수도 있고 결과를 반환하지 않을 수도 있다. C++에서는 다음 그림과 같이 클래스의 내부/외부에서 멤버함수를 작성할 수 있다.

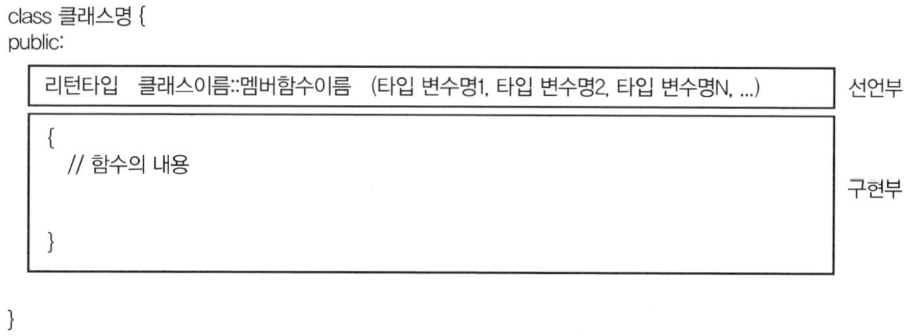

```
class 클래스명 {
public:
```
리턴타입 클래스이름::멤버함수이름 (타입 변수명1, 타입 변수명2, 타입 변수명N, ...)	선언부

{
   // 함수의 내용
 	
}
	구현부
```
}
```

[C++ 멤버함수(메소드)의 구성(클래스 내부)]

```
class 클래스명 {
public:

    리턴타입 멤버함수명();                              선언부

}

리턴타입  클래스이름::멤버함수이름   (타입 변수명1, 타입 변수명2, 타입 변수명N, ...)    구현부
{
    // 함수의 내용


}
```

[C++ 멤버함수(메소드)의 구성(클래스 외부)]

위와 같이 클래스에서 선언만 했던 멤버함수를 클래스 외부에서 구현할 수도 있다. C++로 멤버함수를 구현한 예시는 다음과 같다.

[C++ 멤버함수(메소드) 선언 예시 – 클래스 내부에 멤버함수 구현]

```
1      class TestClass
2      {
3      public:
4        int iv;
5        int cv;
6
7        int add(int a, int b) {          //멤버함수(메소드) 선언부
8          int result = a + b;            //멤버함수(메소드) 구현부 : 입력받은 2개수 덧셈
9          return result;                 //멤버함수(메소드) 구현부 : 덧셈 결과 리턴
10       }
11     }
```

위에서 설명한 것과 같이 C++에서는 클래스 외부에서 멤버함수의 구현이 가능하다.

[C++ 멤버함수(메소드) 선언 예시 - 클래스 외부에 멤버함수 구현]

```
1    class TestClass
2    {
3    public:
4      int iv;
5      int cv;
6      int add(int a, int b);                //멤버함수(메소드) 선언
7    };
8
9    int TestClass::add(int a, int b) {       //멤버함수 외부에서 구현
10     int result = a + b;          //멤버함수(메소드) 구현부 : 입력받은 2개수 덧셈
11     return result;               //멤버함수(메소드) 구현부 : 덧셈 결과 리턴
12   }
```

예시의 9행에서 범위지정 연산자(::)로 해당 클래스의 멤버함수를 구현하고 있다. 이번에는 JAVA에서의 멤버함수(메소드)의 구성을 알아보자.

리턴타입 메소드명 (타입 변수명1, 타입 변수명2, 타입 변수명N, ...)	선언부

{
  // 메소드의 내용
 	
}
	구현부

[JAVA 멤버함수(메소드)의 구성]

위 그림과 같이 JAVA에서 선언부, 구현부를 선언한 예시는 다음과 같다.

[JAVA 멤버함수(메소드) 선언 예시]

```
1    class TestClass {
2      int iv;
3      static int cv;
4
5      int add(int a, int b) {      //멤버함수(메소드) 선언부
6        int result = a + b;        //멤버함수(메소드) 구현부 : 입력받은 2개수 덧셈
7        return result;             //멤버함수(메소드) 구현부 : 덧셈 결과 리턴
8      }
9    }
```

제 2 절 접근 한정자 중요 ★★★

접근 한정자(접근 제어자)는 변수, 함수, 클래스 등을 선언할 때 사용한다. 접근 한정자는 말 그대로 외부에서 해당 변수나 함수 등에 대한 접근을 한정하는 역할을 한다. 즉, 접근 한정자를 통해서 해당 정보를 외부로부터 보호하는 것이다. JAVA에서는 다음과 같이 4가지 접근 한정자가 있다.

접근 한정자	설명
public	접근에 대해 제한이 없다.
protected	같은 패키지 내, 다른 패키지의 자손 클래스에서 접근이 가능하다.
default	같은 패키지 내에서 접근 가능하며, 접근 한정자를 명시하지 않았을 경우 할당되는 접근 한정자이다 (기본 값).
private	자기 자신의 클래스 내에서만 접근이 가능하다.

앞의 멤버변수 및 멤버함수의 선언 예시에서는 접근 한정자를 명시하지 않았으므로 기본값인 default가 적용되어 있다.

접근 한정자	같은 클래스	같은 패키지	자손 클래스	전체
public	O	O	O	O
protected	O	O	O	×
dafault	O	O	×	×
private	O	×	×	×

접근 한정자는 'private < default < protected < public' 순으로 보다 많은 접근을 허용한다.

[JAVA 접근 한정자 선언 예시]

```
1    public class Test {            //클래스 선언 시 접근 한정자 public 선언
2        private int iv;            //멤버변수에 접근 한정자 private 선언
3        protected String str;      //멤버변수에 접근 한정자 protected 선언
4        int iv2;                   //접근 한정자 생략 시 default가 적용됨
5
6        public int add(int a, int b) {   //메소드에 접근 한정자 public 선언
7            int result = a + b;    //지역변수에는 접근 한정자를 사용하지 않음
8            return result;
9        }
10   }
```

반면 C++에서는 public, private, protected의 3가지 접근 한정자가 존재하며 그 의미는 JAVA와 같다. 다음은 C++에서의 접근 한정자 선언 예시이다.

[C++ 접근 한정자 선언 예시]

```
1    class TestClass
2    {
3    private:        //선언을 생략한다면 멤버의 경우 private이 기본 값이다.
4      int iv;
5      int iv2;
6
7    public:         //보통 멤버변수는 private, 멤버함수는 public으로 선언한다.
8      int add(int a, int b) {
9        int result = a + b;
10        return result;
11      }
12    }
```

제 3 절   생성자 및 소멸자 중요 ★

생성자는 객체를 생성시키고 소멸자는 객체를 소멸시키는 역할을 한다. 객체를 생성하기 위해서는 메모리를 할당해야 하며, 소멸시키기 위해서는 메모리를 반환해야 한다. C++에서의 생성자와 소멸자의 특징은 다음과 같다.

구분	생성자	소멸자
특징	class를 정의할 때 멤버변수의 초기화를 위해서 정의	함수 및 객체 소멸 시 처리해야 할 일이 있을 때에만 정의
매개변수	가질 수 있음	갖지 않음
반환 값	없음	없음
class 이름과 함수 이름	동일해야 함	동일하나 앞에 ~(틸데)를 붙임
위치	public 영역	public 영역

C++에서 생성자와 소멸자 형식과 예제는 다음과 같다.

[C++에서 생성자와 소멸자의 형식]

```
1    //생성자 형식
2    class이름 :: class이름() {              //클래스 이름과 생성자의 이름이 동일
3      //생성자 몸체
4        …
5        …
6      }
7
8      //소멸자 형식
9    class이름 :: ~class이름() {             //앞에 ~(틸데)를 붙이고 클래스 이름과 동일
10     //소멸자 몸체
11       …
12       …
13     }
```

[C++에서 생성자와 소멸자 선언 예시]

```
1    #include <iostream>
2    using namespace std;
3
4    class Seoul {
5      public:                  //공개 선언
6        Seoul();               //class명과 동일한 디폴트(기본) 생성자, 공개 멤버함수
7        ~Seoul();              //공개 멤버함수, 소멸자
8        void dataShow();       //공개 멤버함수
9
10   private:                   //비공개 선언
11     unsigned int Temp;       //비공개 멤버변수
12     unsigned int Population; //비공개 멤버변수
13   };
14
15   Seoul::Seoul() {           //생성자 정의
16     cout << "생성자 호출" << endl;
17     Temp = 28;               //멤버변수 초기화
18     Population = 1500;       //멤버변수 초기화
19   }
20
21   Seoul::~Seoul() {          //소멸자 정의
22     cout << "소멸자 호출" << endl;
```

```
23      }
24
25      void Seoul::dataShow() {
26          cout << "서울의 온도는 " << Temp << "도 입니다." <<endl;
27          cout << "서울의 인구는 " << Population << "만 입니다."<< endl;
28      }
29
30      int main() {
31          Seoul happy;        //객체 생성. 생성자 Seoul()이 실행됨
32          happy.dataShow();
33          return 0;
34      }
```

위의 예시에서 작성된 코드가 실행되면 main 함수의 31행에서 Seoul 클래스의 생성자가 호출되어 객체가 생성되며, 32행에서 dataShow() 함수를 호출한 뒤 33행에서 0을 리턴하면서 종료하게 된다. 프로그램 종료 시 메모리에 적재된 클래스를 소멸시키기 위해서 소멸자를 호출하게 되며 위 프로그램의 실행 결과는 다음과 같다.

[예시 코드의 실행 결과]

```
1      생성자 호출
2      서울의 온도는 28도 입니다.
3      서울의 인구는 1500만 입니다.
4      소멸자 호출
```

JAVA에서도 생성자, 소멸자의 의미는 같으며 형식과 예제는 다음과 같다.

[JAVA에서 생성자와 소멸자의 형식]

```
1       //생성자 형식
2      class이름() {                    //클래스 이름과 생성자 이름이 동일
3       //생성자 몸체
4       …
5       …
6       }
7
8       //소멸자 형식
9       //C++과 달리 JAVA에서는 소멸자를 만들 수 없으나 아래 메소드를 재정의하여
10      //객체가 메모리에서 소멸될 때 특정 작업을 수행할 수 있다.
11      public void finalize() {
12          //소멸자의 역할을 하는 메소드 재정의
13      }
```

[JAVA에서 생성자와 소멸자 선언 예시]

```java
1    public class Seoul {
2      private int temp;              //비공개 멤버변수
3      private int population;        //비공개 멤버변수
4
5      public Seoul() {              //생성자 정의
6        System.out.println("생성자 호출");
7        temp = 28;
8        population = 1500;
9      }
10
11     public void finalize() {      //소멸자 역할을 하는 메소드 재정의
12       System.out.println("소멸자 호출");
13     }
14
15     public void dataShow() {
16       System.out.println("서울의 온도는 " + temp + "도 입니다.");
17       System.out.println("서울의 인구는 " + population + "만 입니다.");
18     }
19
20     public static void main(String[] args) {
21       Seoul happy = new Seoul();         //객체 생성 : 생성자 호출
22       happy.dataShow();
23     }
24   }
```

위 JAVA 코드의 실행 결과도 C++의 실행 결과와 동일하다. C++의 경우는 개발자가 직접적으로 메모리를 관리하지만, JAVA의 경우 자바가상머신(JVM)이 이를 관리하기 때문에, 통상적으로 JAVA에서는 소멸자를 사용하지 않는다(소멸자 역할을 하는 finalize 메소드도 재정의하지 않는다).

제 **4** 절 　멤버함수 오버로딩 중요 ★★

한 클래스 내에 이미 사용하려는 이름과 같은 이름을 가진 메소드가 있더라도 매개변수의 개수 또는 타입이 다르면 같은 이름을 사용해서 메소드를 정의할 수 있는데 이를 메소드 오버로딩(멤버함수 오버로딩)이라고 한다. 간단히 오버로딩(overloading)이라고도 한다. 즉, 클래스 내에 같은 이름의 메소드를 여러 개 선언하여 매개 값을 다양하게 받아서 처리할 수 있다. 오버로딩이 가능한 조건은 다음과 같다.

오버로딩이 가능한 조건
• 메소드 이름이 같아야 한다.
• 매개변수의 개수 또는 매개변수의 자료형이 달라야 한다.
• 매개변수는 같고 리턴타입이 다른 경우는 오버로딩이 성립되지 않는다.

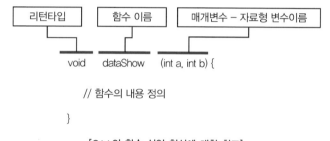

[C++의 함수 선언 형식에 대한 참고]

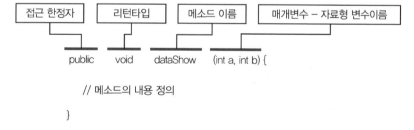

[JAVA의 메소드 선언 형식에 대한 참고]

다음은 C++로 작성한 멤버함수 오버로딩의 예시이다.

[C++ 멤버함수 오버로딩 예시]

```
1    class HelloTest
2    {
3    public:
4
5      //매개변수가 1개인 hello 함수
6      void hello(int a)
7      {
8              //메소드 내용 작성
9      }
10
11     //매개변수가 2개인 hello 함수
12     void hello(int a, int b)
13     {
14             //메소드 내용 작성
15     }
16   }
```

6행과 12행에서 이름은 동일하지만 매개변수가 다른 hello 함수를 오버로딩하고 있다. 이번에는 JAVA의 메소드 오버로딩의 예시를 살펴보자.

[JAVA 멤버함수 오버로딩 예시]

```
1    public class HelloTest {
2
3      //hello 메소드
4      public void hello() {
5        System.out.println("안녕하세요.");
6      }
7
8      //매개변수가 1개인 hello 메소드
9      public void hello(int i) {
10             //메소드 내용 작성
11     }
12
13     //매개변수가 1개지만 타입이 다른 hello 메소드
14     public void hello(boolean i) {
15             //메소드 내용 작성
16     }
```

```
17
18      //매개변수가 2개인 hello 메소드
19      public void hello(int i,boolean b) {
20          //메소드 내용 작성
21      }
22
23      //오류-리턴타입만 다른 메소드는 오버라이딩이 성립되지 않음
24      public String hello() {
25          return "안녕하세요.";
26      }
27  }
```

24행의 hello() 메소드는 4행의 hello 메소드와 선언부 및 매개변수가 동일하고 리턴타입만 다르기 때문에 오버로딩이 성립되지 않는다. 따라서 해당 코드는 컴파일 시 오류가 발생한다.

제 5 절   연산자 오버로딩(in C++)

C++에서는 멤버함수 오버로딩과 같이 오버로딩의 개념을 연산자까지 확대하여 연산자에 대해서도 오버로딩을 제공한다. 즉, 하나의 연산자를 여러 의미로 사용할 수 있으며 연산자 오버로딩을 사용자 정의 타입까지 확장할 수도 있다. 다음과 같이 C++에서는 연산자를 오버로딩하기 위해서 연산자 함수(operator function)라는 것을 사용한다.

> **C++ 연산자 함수의 사용법**
> operator오버로딩할연산자(매개변수목록)

연산자 함수는 operator 키워드를 사용하여 연산자를 오버로딩하며, 오버로딩할 연산자는 operator 키워드와 공백 없이 연결되어 표시해야 한다. 이렇게 연산자 함수를 사용하면 복잡한 함수 이름을 대신하여 간편한 연산자를 사용할 수 있다.

연산자 오버로딩을 다음의 예시를 통해 살펴보자. 우선 Edge라는 클래스를 정의하였다. 멤버변수로는 해당 엣지가 연결하고 있는 양쪽 노드와 엣지의 거리인 distance가 있다.

[C++ 연산자 오버로딩 예시1]

```
1    class Edge {
2    public:
3      //멤버변수
4      int node[2];
5      int distance;
6
7      //생성자
8      Edge(int a, int b, int distance) {
9        this -> node[0] = a;
10       this -> node[1] = b;
11       this -> distance = distance;
12     }
13   }
```

이 두 개의 Edge 객체를 만든 후 이를 더하면 어떻게 될까?

[C++ 연산자 오버로딩 예시2]

```
1    Edge Edge1 = new Edge(1, 7, 12);
2    Edge Edge2 = new Edge(1, 4, 28);
3    cout << Edge1 + Edge2 << "\n";
```

예상대로 오류가 발생한다. 컴파일러는 두 객체의 덧셈 연산을 모르기 때문이다. 여기서 더하라는 것이 node를 더하라는건지, distance를 더하라는건지, 둘 다 더하라는건지 어디에도 정의되어 있지 않기 때문에 오류가 발생한다. 위 Edge 객체의 덧셈 연산을 위해서는 연산자 오버로딩을 통하여 정의를 해주어야 한다.

[C++ 연산자 오버로딩 예시3]

```
1    class Edge {
2    public:
3      int node[2];
4      int distance;
5
6      Edge(int a, int b, int distance) {
7        this -> node[0] = a;
8        this -> node[1] = b;
9        this -> distance = distance;
10     }
```

```
11
12      //연산자 오버로딩
13      int operator+(Edge &edge) {
14        return this->distance + edge.distance;
15      }
16    }
```

이제 위에서 선언한 Edge라는 클래스 타입의 객체에 연산자를 사용하면 컴파일러는 기존의 연산자가 아닌 정의된 함수를 호출하게 되며, 2개 Edge 객체의 distance를 더한 결과를 반환하게 된다. 연산자 오버로딩은 멤버함수 정의와 마찬가지로 클래스 외부에서도 정의할 수 있다.

[C++ 연산자 오버로딩 예시4]

```
1     class Edge {
2     public:
3       int node[2];
4       int distance;
5
6       Edge(int a, int b, int distance) {
7         this -> node[0] = a;
8         this -> node[1] = b;
9         this -> distance = distance;
10      }
11
12      //연산자 오버로딩 선언
13      int operator+(Edge &edge);
14    };
15
16    //클래스 외부에서 연산자 오버로딩 구현
17    int Edge::operator+(Edge &edge) {
18      return this -> distance + edge.distance;
19    }
```

17행에서 범위지정 연산자(::)로 해당 연산자를 오버로딩하고 있다. 또한 전역함수 형태로 연산자 오버로딩을 정의할 수도 있다.

[C++ 연산자 오버로딩 예시5]

```
1    class Edge {
2    public:
3      int node[2];
4      int distance;
5
6      Edge(int a, int b, int distance) {
7        this -> node[0] = a;
8        this -> node[1] = b;
9        this -> distance = distance;
10     }
11   };
12
13   //전역함수 형태의 연산자 오버로딩
14   int operator+(Edge &edge1, Edge &edge2) {
15     return edge1.distance + edge2.distance;
16   }
```

클래스의 메소드가 아닌 global한 operator로 정의하였으므로, 전달받는 매개변수도 달라지게 된다. 기존에는 1개의 Edge 객체만 전달받았는데, 전역변수의 경우 2개의 Edge 정보를 모두 가지고 있어야 처리가 가능하다.

제 6 절 this, super, friend 키워드

JAVA와 C++에서 this, super의 키워드가 존재하고, friend는 C++에만 존재한다. JAVA와 C++에서의 this, super, friend 키워드에 대해 설명한다.

1 this

C++ 클래스를 보면 this라는 것을 볼 수 있는데 this는 객체 자기 자신을 가리키는 포인터이다. 주로 멤버변수와 매개변수의 이름이 같아 구분이 필요할 때나 객체 자신의 주소를 리턴할 필요가 있을 때 사용된다. this 키워드의 제약 조건은 다음과 같다.

📇 **this 키워드의 제약 조건**

• this 키워드는 클래스의 멤버함수에서만 사용할 수 있다.
• 멤버함수라도 정적 멤버함수는 this를 사용할 수 없다.

멤버가 아닌 함수는 어떤 객체에도 속하지 않기 때문에 this 키워드는 클래스의 멤버함수에서만 사용이 가능하며, 정적 멤버함수는 객체가 생성되기 전에 호출될 수 있으므로, this를 사용할 수 없다.

[C++ this 키워드의 사용 예시1]

```
1    class TestClass {
2
3      int num;                    //멤버변수 선언
4
5      public:
6        Test(int num) {
7          this -> num = num;      //멤버변수와 매개변수를 구분하기 위해 this 사용
8        }
9    };
```

위의 예시에서 this -> num은 멤버변수 num을 의미한다. 즉, 생성자에서의 매개변수 num을 멤버변수 num으로 초기화하는 코드이다. this 키워드를 사용하는 다른 예시를 살펴보자.

[C++ this 키워드의 사용 예시2]

```
1    class TestClass {
2      vector<int> vec;            //멤버변수 선언
3      int num;                    //멤버변수 선언
4
5      public:
6        Test& pushBackNumber(int num) {
7          vec.push_back(num);
8          return *this;           //자기 자신의 의미로 this 사용
9        }
10   };
11
12   int main() {
13     Test t1;
14     t1.pushBackNumber(5).pushBackNumber(6).pushBackNumber(7);
15     return 0;
16   }
```

위 예시에서 6행의 pushBackNumber 함수를 보면 8행에서 *this 즉 자기 자신을 리턴하고 있다. 리턴된 객체로 다시 pushBackNumber 함수를 호출해 벡터에 값을 계속 넣어주고 있는 코드이다. JAVA에서도 this 키워드는 그 의미가 같으며 사용 예시는 다음과 같다.

[JAVA this 키워드의 사용 예시]

```
1    public class TestClass {
2
3      //멤버변수
4      int age;
5
6      //멤버함수(setter 메소드)
7      void setAge(int age) {
8        this.age = age;
9      }
10   }
```

7행에서 메소드의 매개변수로 age 변수를 선언하였고, 8행에서 멤버변수를 this.age로 명시하였다. 이처럼 this를 사용하면 메소드의 인수나 변수에 필드와 같은 이름을 붙여도 그것들을 구분하여 사용할 수 있다. this는 주로 생성자와 메소드의 매개변수 이름이 필드와 동일한 경우 인스턴스 멤버인 필드임을 명시하고자 할 때 사용된다.

2 super

super 키워드는 부모 클래스의 멤버에 접근하도록 하는 키워드이다. 단, 접근하고자 하는 부모 클래스의 멤버가 private으로 설정된 경우에는 접근이 불가능하다. 부모 클래스의 멤버와 이름이 같은 자식 클래스의 멤버가 있을 때 이를 구별하기 위해 사용되기도 한다. 다음은 C++에서의 super 키워드를 사용하는 예시이다.

[C++ super 키워드의 사용 예시]

```
1    class Point {
2      public:
3        int x, y;
4        int getY() {
5          return y;
6        }
7    };
8
```

```
 9    class Rect : public Point {
10      public:
11        int x, y;
12        int getX() {
13          return __super::x;        //__super 키워드를 이용해 부모 클래스의 변수 접근
14        }
15
16        int getY() {
17          return __super::getY();  //__super 키워드를 이용해 부모 클래스의 함수 접근
18        }
19    };
```

JAVA에서도 super 키워드는 그 의미가 같으며 자식 클래스가 부모 클래스로부터 상속받은 멤버를 참조할 때 사용한다. 클래스 내의 멤버변수와 지역변수의 이름이 같을 경우 구분을 위해 this를 사용하듯이, 부모 클래스와 자식 클래스의 멤버의 이름이 같을 경우 super를 사용한다. 다음은 JAVA에서 super 키워드를 사용하는 예시이다.

[JAVA super 키워드의 사용 예시]

```
 1    //부모 클래스
 2    class Parent {
 3      int x = 10;
 4    }
 5
 6    //자식 클래스
 7    class Child extends Parent {
 8      int x = 20;
 9
10      void childMethod() {
11        System.out.println("x=" + x);
12
13        //자신의 멤버변수 x 접근
14        System.out.println("this.x=" + this.x);
15
16        //부모 클래스의 멤버변수 x 접근
17        System.out.println("super.x=" + super.x);
18      }
19    }
```

3 friend

friend 키워드는 C++에서 지원하는 예외적인 기능의 키워드이다. 접근 한정자를 완벽하게 무시할 수 있는 예외적인 기능을 가졌다. 객체지향의 개념인 정보은닉(Information Hiding)에 정면으로 위배된다. 접근 한 정자가 private이건 protected이건 간에 상관없이, friend로 선언된 대상에게는 완벽하게 public으로 작용한 다. friend 키워드는 클래스, 멤버함수, 전역함수에 선언할 수 있다.

[friend 클래스 사용 예시]

```
1    #include <iostream>
2    #include <string>
3    using namespace std;
4
5    class Friend1 {
6      private :
7        string name;
8        friend class Friend2;        //Friend2 클래스에 friend 선언
9    };
10
11   class Friend2 {
12     public :
13       void set_name(Friend1& f, string s) {     //Friend2에서 Friend1의 멤버변수 접근
14         f.name = s;
15       }
16       void show_name(Friend1& f) {                //Friend2에서 Friend1의 멤버변수 접근
17         cout << f.name << "\n";
18       }
19   };
20
21   int main(void) {
22     Friend1 f1;
23     Friend2 f2;
24
25     f2.set_name(f1, "홍길동");
26     f2.show_name(f1);
27
28     return 0;
29   }
```

위 예시 코드를 보면 8행의 friend class Friend2;라는 코드에서 Friend2에게 Friend 객체의 접근 권한을 부여하였고 Friend2 객체의 set_name 함수와 show_name 함수에서 직접 Friend1 객체의 멤버변수에 접근 을 하고 있다.

friend 클래스와 마찬가지로 private 및 protected 멤버함수에 접근할 수 있는 권한을 부여할 수 있다. 즉, friend 기능을 클래스 단위가 아닌 멤버함수 단위로 지정해 주는 것이다.

[friend 함수 사용 예시]

```
1    #include <iostream>
2    #include <string>
3    using namespace std;
4
5    class Friend1 {
6      private :
7        string name;
8        friend void set_name(Friend1&, string);        //멤버함수에 대한 friend 선언
9    };
10
11
12   void set_name(Friend1& f, string s) {
13       f.name = s;                //멤버함수에서 private인 name변수에 접근 가능
14       cout << f.name << "\n";
15   }
16
17   int main(void) {
18     Friend1 f1;
19     set_name(f1, "홍길동");
20     return 0;
21   }
```

위 예시 코드의 8행에서 friend 키워드를 사용하여 set_name이라는 함수를 선언하였기 때문에 12행의 set_name 함수에서는 Friend1 클래스의 private 멤버인 name 변수에 접근이 가능하다.

클래스로부터 객체를 만드는 과정을 클래스의 인스턴스화(instantiate)라고 하며, 어떤 클래스로부터 만들어진 객체를 그 클래스의 인스턴스(instance)라고 한다.

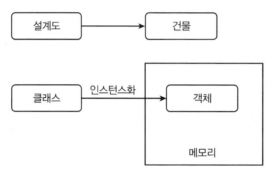

[클래스와 인스턴스(객체)의 관계]

제 1 절 객체변수 선언

제5편의 제1장 클래스에서 설명한 것과 같이 클래스는 객체를 생성하는 데 사용되며, 객체는 클래스에 정의된 대로 생성된다. 객체변수를 선언하기 전에 클래스의 정의가 먼저 선행되어야 한다. 쉽게 이해할 수 있도록 마블 시리즈에 나오는 히어로들을 클래스로 간단히 정의해보자. 히어로의 멤버변수(속성)는 이름, hp로 정의하고 기능(메소드)은 히어로들의 펀치를 정의하도록 하겠다. 먼저 C++ 코드로 히어로 클래스를 정의해보자.

[C++ class 정의 예시]

```
1    #include <iostream>
2    #include <string>
3
4    using namespace std;
5
6    class Hero {
7    private:
8      string name;   //히어로의 이름
```

```
 9     int hp;       //히어로의 hp
10   public:
11     //히어로의 펀치
12     void punch() {
13         cout ≪ name ≪ "의 펀치!!" ≪ endl;
14     }
15
16     //히어로의 점프
17     void jump() {
18       cout ≪ name ≪ "의 점프!!" ≪ endl;
19     }
20   }
```

동일한 내용의 클래스를 JAVA 코드로 정의하면 다음과 같다.

[JAVA class 정의 예시]

```
 1   public class Hero {
 2     //속성(멤버변수)
 3     String name;  //히어로의 이름
 4     int hp;         //히어로의 hp
 5
 6     //메소드(기능)
 7     //히어로의 펀치
 8     void punch() {
 9       System.out.println(name + "의 펀치!!");
10     }
11
12     //히어로의 점프
13     void jump() {
14       System.out.println(name + "의 점프!!");
15     }
16   }
```

히어로 클래스를 완성했으니, 이제는 히어로 클래스의 인스턴스(객체)를 만들어서 사용하면 된다. 객체를 만들기 위해서는 객체변수를 선언한 뒤 생성자를 호출하여 생성한다. C++에서는 new 키워드를 이용하여 객체를 생성하는 방법과 new 키워드 없이 일반 변수를 선언하는 것과 같이 객체변수를 선언하여 객체를 생성하는 방법이 있다. 다음은 C++의 객체변수 선언 예시이다.

[C++ 객체변수 선언 예시]

```
1   /**  객체변수 선언 방법   */
2   //클래스의 객체를 참조하기 위한 객체변수(참조변수)를 선언한다.
3   클래스명 변수명;
4
5   //생성자를 이용하여 객체를 생성한 후에 객체변수(참조변수)에 저장한다.
6   변수명 = new 클래스명;
7
8   //C++은 또한 일반 변수를 선언하듯이 객체변수를 선언하면 객체가 생성된다.
9   클래스명 변수명;
10
11  /** 실제 객체변수 선언 예시 */
12  Hero *hero1 = new Hero();    //히어로 객체 생성 후 hero1 변수에 저장
13
14  Hero hero2;   //히어로 타입의 객체변수(참조변수) hero2 선언과 동시에 생성
```

12행은 new 키워드를 이용한 객체 생성 방법이고, 14행은 객체변수 선언만으로 객체를 생성하는 방식이다. 12행과 같이 new 키워드를 사용하여 객체를 생성한다면 객체는 메모리의 힙 영역에 로딩되며 코드로 직접 delete하기 전까지는 계속해서 힙 영역에 유지된다. 반면 14행과 같이 객체를 생성한다면 메모리의 스택 영역에 객체가 로딩되며 해당 함수에서 벗어나면 자동으로 메모리가 해제된다. 이번에는 JAVA에서의 객체 변수 선언 예시를 살펴보자.

[JAVA 객체변수 선언 예시]

```
1   /**  객체변수 선언 방법   */
2   //클래스의 객체를 참조하기 위한 객체변수(참조변수)를 선언한다.
3   클래스명 변수명;
4
5   //생성자를 이용하여 객체를 생성한 후에 객체변수(참조변수)에 저장한다.
6   변수명 = new 클래스명;
7
8   /**  실제 객체변수 선언 예시   */
9   Hero hero1;   //히어로 타입의 객체변수(참조변수) hero1 선언
10  hero1 = new Hero();//히어로 객체 생성 후 hero1 변수에 저장
```

JAVA의 경우 10행과 같이 new 키워드를 사용하여 윗줄에서 선언한 객체변수에 생성한 Hero 객체를 저장하였다. 이렇게 객체변수(참조변수)를 선언하여 생성된 객체의 정보를 저장할 수 있다.

제2절 객체 생성 및 소멸

C++에서의 객체의 생성 방식은 앞에서 설명한 것 같이 객체변수 선언 방식과 new 키워드를 사용하는 방식이 있다. 주의할 점은 new 키워드를 이용한 객체 생성 시에는 반드시 delete를 해주어야 메모리 누수가 발생하지 않는다는 것이다.

[C++ 객체의 생성 및 소멸]

```
1    //히어로 객체 생성자 호출
2    Hero *hero1 = new Hero();
3
4    //히어로 객체 소멸자 호출
5    //new로 생성한 객체는 반드시 delete로 메모리를 해제시켜야 함(객체 소멸)
6    delete hero1;
7
8    //히어로 타입의 객체변수(참조변수) hero2 선언과 동시에 생성
9    //해당 함수가 끝나면 hero2 객체의 소멸자 자동 호출(객체 소멸)
10   Hero hero2;
```

객체 선언 및 생성 시의 메모리 상태는 JAVA에서 객체 생성 및 소멸 예제를 통하여 자세히 알아보도록 하자. JAVA에서 객체의 생성은 "new 키워드 + 클래스명()" 구문으로 생성하며 해당 구문이 수행되면 클래스에 정의된 생성자를 호출하게 된다. 다음은 JAVA에서의 다양한 생성자를 통한 객체의 생성 예시이다.

[JAVA 객체 생성 예시]

```
1    public class Hero {
2      //속성(멤버변수)
3      String name;        //히어로의 이름
4      int hp;             //히어로의 hp
5
6      //사용자 정의 생성자
7      Hero(String name) {
8        this.name = name;
9      }
10
11     //메소드(기능)
12     //히어로의 펀치
13     void punch() {
14       System.out.println(name + "의 펀치!!");
15     }
```

```
16
17      //히어로의 점프
18      void jump() {
19        System.out.println(name + "의 점프!!");
20      }
21    }
22
23    public class HeroTest {
24      public static void main(String[] args) {
25        //기본 생성자를 통한 객체 생성 : new 클래스명();
26        Hero hero1 = new Hero();
27
28        //사용자 정의 생성자를 통한 객체 생성
29        Hero hero2 = new Hero("캡틴 아메리카");
30
31        //객체변수 선언 후 객체 생성
32        Hero hero3;
33        hero3 = new Hero();
34
35        //hero3 생성 부분을 1줄로 표현
36        Hero hero3 = new Hero();
37        …
38        …
39      }
40    }
```

26행에서처럼 기본 생성자를 통하여 객체를 생성할 수 있고, 29행처럼 사용자 정의 생성자를 통해서도 객체를 생성할 수 있다. 32행은 객체변수를 선언한 후에 아래 줄에서 생성자를 통해서 객체변수에 객체를 저장하였는데 이를 한줄로 표현하면 hero1의 객체를 생성하는 방식과 같다. Hero 객체가 메모리에 생성되는 과정을 자세히 알아보자

Hero hero1 = new Hero(); 코드가 실행되면 다음과 같은 순서로 실행된다.

① Hero hero1; → ② new Hero(); → ③ = (대입 연산자)

1 Hero hero1;

Memory

hero1 [   ]

[Hero hero1; 구문 실행 시 메모리의 상태]

Hero 클래스 타입의 참조변수(객체변수) hero1을 선언하면 메모리에 참조변수 hero1을 위한 공간이 생성된다.

2 new Hero();

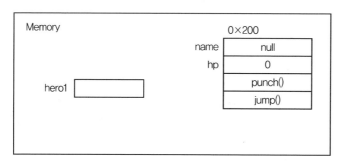

[new Hero(); 구문 실행 시 메모리의 상태]

연산자 new에 의해 Hero 클래스의 객체가 메모리에 생성된다. 이때 주소가 0x200인 곳에 생성되었다고 가정하였다. 또한 생성된 객체의 멤버변수는 각 자료형의 기본 값으로 초기화된다.

3 =(대입 연산자)

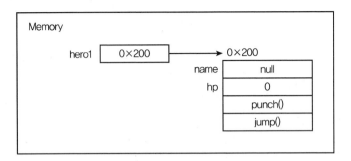

[=(대입 연산자) 구문 실행 시 메모리의 상태]

마지막으로 대입 연산자에 의해서 생성된 객체의 주소값이 참조변수(객체변수) hero1에 저장된다. 이제 참조변수 hero1을 통해서 Hero 객체에 접근할 수 있는 상태가 됐다.

객체의 소멸은 해당 프로그램이 종료되었을 때 자바가상머신(JVM)의 GC(Garbage Collector)에 의하여 메모리에 할당된 객체가 소멸되게 된다.

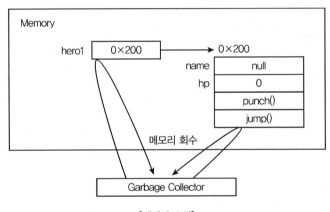

[객체의 소멸]

제 3 절   객체 사용(멤버변수 접근 및 함수 호출) 중요 ★★

객체변수(참조변수) 선언 후 new 키워드를 이용하여 객체를 생성하고 그 주소를 객체변수에 저장하고 나면 객체변수(참조변수)를 통해서 객체의 멤버변수에 접근할 수 있고 객체의 함수를 호출할 수 있다. 멤버변수 접근 및 함수 호출 방법은 "참조변수.멤버변수명", "참조변수.메소드명"으로 접근 및 호출한다. 먼저 C++에서 객체를 사용하는 예시 코드에 대해서 살펴보자.

[C++ 객체 사용 예시]

```cpp
1    #include <iostream>
2    #include <string>
3
4    using namespace std;
5
6    class Hero {
7    private:
8      string name;        //히어로의 이름
9      int hp;             //히어로의 hp
10   public:
11     //히어로의 펀치
12     void punch() {
13       cout << name << "의 펀치!!" << endl;
14       cout << name << "의 HP는" << hp << "입니다." <<endl;
15     }
16
17      //히어로의 점프
18     void jump() {
19       cout << name << "의 점프!!" << endl;
20       cout << name << "의 HP는" << hp << "입니다." <<endl;
21     }
22   };
23
24   //실행 함수
25   int main() {
26
27     //객체의 선언과 동시에 객체 생성
28      Hero hero1;
29
30     //객체의 멤버변수 값 저장
31     hero1.name = "캡틴 아메리카"
32     hero1.hp = 95;
33
```

```
34      //객체의 함수 호출(메소드 호출)
35      hero1.punch();
36
37      //객체의 멤버변수 값 수정
38      hero1.name = "아이언맨";
39      hero1.hp = 90;
40
41      //객체의 함수 호출(메소드 호출)
42      hero1.jump();
43
44      return 0;
45    }
```

28행에서 객체변수 선언을 통하여 Hero 객체를 생성한 후 hero1 참조변수(객체변수)에 저장하였다. 31행에서 참조변수명.멤버변수로 접근하여 멤버변수 name의 값을 저장하였고 35행에서 참조변수명.함수명으로 호출하여 punch 함수를 실행하였다. 실행 결과는 JAVA 예시 코드의 실행 결과와 같으므로 JAVA에서의 객체 사용 예시 코드를 먼저 살펴본 후 확인하도록 하자.

[JAVA 객체 사용 예시]

```
1    public class Hero {
2      //속성(멤버변수)
3      String name;        //히어로의 이름
4      int hp;             //히어로의 hp
5
6       //메소드(기능)
7       //히어로의 펀치
8       void punch() {
9         System.out.println(name + "의 펀치!!");
10        System.out.println(name + "의 HP는 " + hp + "입니다.");
11      }
12
13      //히어로의 점프
14      void jump() {
15        System.out.println(name + "의 점프!!");
16        System.out.println(name + "의 HP는 " + hp + "입니다.");
17      }
18    }
19
20    public class HeroTest {
21      public static void main(String[] args) {
```

```
22          //기본 생성자를 통한 객체 생성
23          Hero hero1 = new Hero();
24
25          //객체의 멤버변수 값 저장
26          hero1.name = "캡틴 아메리카";
27          hero1.hp = 95;
28
29          //객체의 함수 호출(메소드 호출)
30          hero1.punch();
31
32          //객체의 멤버변수 값 수정
33          hero1.name = "아이언맨";
34          hero1.hp = 90;
35
36          //객체의 함수 호출(메소드 호출)
37          hero1.jump();
38      }
39  }
```

23행에서 new 키워드를 통해 Hero 객체를 생성한 후 hero1 참조변수(객체변수)에 저장하였다. 26행에서 참조변수명.멤버변수로 접근하여 멤버변수 name의 값을 저장하였고, 30행에서 참조변수명.메소드명으로 호출하여 punch 메소드를 실행하였다. 다음은 예시 코드들의 실행 결과이다.

[JAVA 객체 사용 예시에 대한 실행 결과]

```
1   캡틴 아메리카의 펀치!!
2   캡틴 아메리카의 HP는 95입니다.
3   아이언맨의 펀치!!
4   아이언맨의 HP는 90입니다.
```

제 3 장 클래스 그룹핑

프로그램의 규모가 커지면 함수(메소드)나 변수의 이름이 겹치는 문제가 빈번히 발생한다. 소규모 수백 줄짜리 프로그램에서는 큰 문제가 아니지만, 개발자 수십~수백 명이 참여하고 소스코드만 수십만 줄 이상이 작성되는 대규모 프로젝트에서는 이름이 겹치는 문제가 아주 심각하다고 할 수 있다. 그래서 C++과 JAVA에서는 네임스페이스, 패키지라는 것을 도입하여 해당 이름을 사용하는 범위를 나눌 수 있도록 하였다.

제 1 절 네임스페이스(in C++) 중요 ★★★

네임스페이스를 사용하는 방법은 다음과 같이 namespace라는 키워드를 적고 네임스페이스 이름을 쓴 다음 중괄호 안에 해당 네임스페이스에 속할 내용을 구현한다.

[C++ 네임스페이스 예시1]

```
1    #include <iostream>
2
3    namespace Device {          //네임스페이스 선언
4      int value;                //네임스페이스에 속하는 내용 구현
5      void Initialize(void) {
6        ...
7      }
8    }
9
10   namespace Network {         //네임스페이스 선언
11     int value;                //네임스페이스에 속하는 내용 구현
12     void Initialize(void) {
13       ...
14     }
15   }
16
17   int main(void) {
18     Device::Initialize();
19     Network::Initialize();
```

```
20        …
21        …
22     return 0;
23     }
```

네임스페이스에 속한 함수를 호출할 때에는 네임스페이스 이름과 범위지정 연산자(::) 다음에 함수 이름을 쓴다. 이렇게 하면 이름이 겹쳐도 네임스페이스가 다르면 서로 구별이 가능하다. 함수 호출 시 범위지정 연산자 및 네임스페이스명 선언 없이 함수명으로 바로 호출하려면, 다음과 같이 선언한다면 바로 접근이 가능하다.

[C++ 네임스페이스 예시2]

```
1     #include ⟨iostream⟩
2     using namespace Network;      //Network 네임스페이스를 사용하겠다고 선언
3
4     namespace Device {            //네임스페이스 선언
5       int value;                  //네임스페이스에 속하는 내용 구현
6       void Initialize(void) {
7          …
8       }
9     }
10
11    namespace Network {           //네임스페이스 선언
12      int value;                  //네임스페이스에 속하는 내용 구현
13      void Initialize(void) {
14         …
15      }
16    }
17
18    int main(void) {
19      Initialize();               //Network의 Initialize() 네임스페이스 없이 수행
20      Device::Initialize();
21         …
22      return 0;
23    }
```

2행에서 Network 네임스페이스를 사용하겠다고 지정하여, 19행과 같이 바로 Initialize()로 Network 네임스페이스의 함수 호출이 가능하다.

제 2 절 패키지(in JAVA) 중요 ★

JAVA에서 패키지(Package)란 클래스들의 모음이다. 패키지를 통해 편리하게 프로젝트를 관리할 수 있고 내 코드들을 다른 라이브러리로부터, 또는 다른 라이브러리들끼리 서로 구분하는 것이 가능하다. 지금까지는 단순히 클래스명으로만 클래스를 구분했지만 클래스의 실제 이름은 패키지명을 포함한 것이다. 예를 들어, String 클래스의 패키지명을 포함한 이름은 java.lang.String 이다. java.lang에 속한 String 클래스라는 의미이다. 따라서 클래스 이름이 같더라도 다른 패키지에 속한다면 패키지명으로 구별이 가능하다.

> 📇 **패키지 선언 형식**
>
> package 패키지명;

소스파일의 최상단에 첫 번째 문장으로 위와 같이 단 한 번의 패키지 선언을 수행한다. 모든 클래스는 하나의 패키지 안에 속해야 하며 패키지는 점(.)을 구분자로 하여 계층구조로 구성할 수 있다. 패키지 선언을 생략한다면 자동으로 "이름 없는 패키지(unnamed package)"에 속하게 된다.

[JAVA의 패키지 예시1]

```
1    package com.bdes.user;
2
3    public class Device {
4       int value;
5
6       public void initialize() {
7          ...
8       }
9    }
```

위의 예시에서 Device 클래스의 패키지는 com.bdes.user이다. 따라서 다른 패키지에서 해당 클래스를 사용하려면 다음과 같이 작성해야 한다.

[JAVA의 패키지 예시2]

```
1    package com.bdes.main;
2
3    public class DeviceTest {
4      public static void main(String[] args) {
5        com.bdes.user.Device device1 = new com.bdes.user.Device();
6          ...
7          ...
8      }
9    }
```

DeviceTest 클래스는 패키지 com.bdes.main에 속해 있고, 예시1의 Device 클래스를 사용하기 위해서 5행과 같이 "패키지명.클래스명"으로 접근하였다. JAVA에서는 앞에 패키지명을 생략하기 위해서 import 키워드를 사용하여 단순화시킬 수 있다.

[JAVA의 import 선언 예시]

```
1    package com.bdes.main;
2
3    import com.bdes.user.*           //패키지명 com.bdes.user 하위에 있는 모든 내용
4
5    public class DeviceTest {
6      public static void main(String[] args) {
7        Device device1 = new Device();      //패키지명 생략하여 바로 접근
8          ...
9          ...
10     }
11   }
```

3행의 import 구문을 통해서 7행의 Device 객체에 패키지명 없이 바로 접근이 가능하다. import문은 여러 개가 올 수 있고 예시와 같이 특정 경로 하위의 모든 내용을 지정하는 것이 가능하다.

제 4 장 템플릿(in C++)

C++에서 템플릿이란 뭔가를 찍어내기 위한 틀로 함수나 클래스를 개별적으로 다시 작성하지 않아도, 여러 자료형으로 사용할 수 있도록 해주는 틀이다. 템플릿은 함수 템플릿(Function Template)와 클래스 템플릿 (Class Template)으로 나누어진다.

제 1 절 템플릿 선언

함수 템플릿(Function Template)이란 함수를 만들 때 함수의 기능은 명확하지만 자료형을 모호하게 두는 것이다. 다음과 같은 2개의 함수가 있을 경우 함수 템플릿은 다음과 같이 선언한다.

[함수 템플릿 선언 예시]

```
1    int sum(int a, int b) {          //int형 매개변수 2개를 처리하는 sum 함수
2        return a + b;
3    }
4
5    double sum(double a, double b) {        //double형 매개변수 2개를 처리하는 sum 함수
6        return a + b;
7    }
8
9    template <typename T>          //템플릿을 선언하여 자료형을 모호하게 함
10   T sum(T a, T b) {              //매개변수의 자료형에 템플릿 참조변수 T를 명시
11       return a + b;
12   }
```

기존에는 1~3행과 5~7행의 2개의 함수를 정의해야 했다면, 함수 템플릿을 사용할 시 9~12행까지의 1개의 함수만 정의하면 된다.

클래스도 함수처럼 데이터 타입만 달라지고 나머지 부분은 똑같은 클래스가 여러 개 필요하다면 템플릿을 이용하여 정의할 수 있다.

[클래스 템플릿 선언 예시]

```
1    class Int_Count {              //int형에 대한 클래스
2      int count;
3    public:
4      Int_Count() {
5        count = 0;
6      }
7
8      int getCount() {
9        return count;
10     }
11
12     void inc_count() {
13       count++;
14     }
15
16     void dec_count() {
17       count--;
18     }
19   };
20
21   class Double_Count {           //double형에 대한 클래스
22     double count;
23   public:
24     Double_Count() {
25       count = 0;
26     }
27
28     double getCount() {
29       return count;
30     }
31
32     void inc_count() {
33       count++;
34     }
35
36     void dec_count() {
37       count--;
38     }
39   };
40
41   template <typename T>          //클래스 템플릿 선언하여 자료형을 모호하게 함
42   class Counter {
```

```
43     T count;          //멤버변수의 자료형에 템플릿 참조변수 T를 명시
44   public:
45     Counter() {
46       count = 0;
47     }
48
49     T getCount() {     //멤버함수의 리턴타입에 템플릿 참조변수 T를 명시
50       return count;
51     }
52
53     void inc_count() {
54       count++;
55     }
56
57     void dec_count() {
58       count--;
59     }
60   };
```

기존에는 1~19행의 Int_Count 클래스와 21~39행의 Double_Count 클래스 2개를 정의해야 했다면 클래스 템플릿을 사용할 시 41~60행까지의 1개의 클래스만 정의하면 된다.

제 2 절 템플릿 사용 중요 ★★

정의된 함수 템플릿을 사용할 때에는 "함수명〈자료형〉(매개변수)"의 형식으로 호출하여 사용한다.

[함수 템플릿 사용 예시]

```
1    #include 〈iostream〉
2    #include 〈string〉
3
4    using namespace std;
5
6    template 〈typename T〉        //함수 템플릿 선언
7    T sum(T a, T b) {
8        return a + b;
9    }
```

```
10
11    int main(void) {
12      int a=1, b =2;
13
14      double d1 = 2.2;
15      double d2 = 3.3;
16
17      string s1 = "Show me ";
18      string s2 = "The Money 10";
19
20      //함수명〈자료형〉(매개변수)의 형식으로 함수 템플릿 사용
21      cout << "int 합 : " << sum<int>(a, b) << endl;
22      cout << "double 합 : " << sum<double>(d1, d2) << endl;
23      cout << "string 합 : " << sum<string>(s1, s2) << endl;
24
25      return 0;
26    }
```

위 코드는 sum 함수를 함수 템플릿으로 선언하였고 int, double, string 타입의 변수로 sum함수를 호출하였다. 실행 결과는 다음과 같다.

[예시 코드의 실행 결과]

```
1    int 합 : 3
2    double 합 : 5.5
3    string 합 : Show me the Money 10
```

클래스 템플릿을 사용할 경우에는 함수 템플릿과는 달리 직접 앞에 명시를 해주어야 한다.

[클래스 템플릿 사용 예시]

```
1    #include <iostream>
2    using namespace std;
3
4    template <typename T>        //클래스 템플릿 선언
5    class Counter {
6      T count;                   //멤버변수의 자료형에 템플릿 참조변수 T를 명시
7    public:
8      Counter() {
9        count = 0;
10     }
```

```
11
12      T getCount() {              //멤버함수의 리턴타입에 템플릿 참조변수 T를 명시
13        return count;
14      }
15
16      T addValue(T a, T b) {      //멤버함수의 리턴타입에 템플릿 참조변수 T를 명시
17        return (a+b);
18      }
19
20      void inc_count() {
21        count++;
22      }
23
24      void dec_count() {
25        count--;
26      }
27   };
28
29   int main() {
30      Counter <int> intCounter;            //클래스 템플릿 사용
31      Counter <double> doubleCounter;      //클래스 템플릿 사용
32
33      cout << intCounter.addValue(1, 5) << endl;
34      cout << doubleCounter.addValue(6.8, 4.3) << endl;
35
36      return 0;
37   }
```

위 코드는 Counter 클래스를 클래스 템플릿으로 선언하였고 30~31행에서 int형, double형의 타입으로 선언하여 사용하였다. 위 코드의 실행 결과는 다음과 같다.

[예시 코드의 실행 결과]

```
1    6
2    11.1
```

제**5**장 제네릭(in JAVA)

JAVA에서 제네릭(Generic)이란 클래스 내부에서 사용할 데이터 타입을 외부에서 지정하는 기법이다. 제네릭을 사용하면 다양한 타입의 객체들을 다루는 메소드나 컬렉션 클래스에 대해 컴파일 시 타입 체크를 수행할수 있다. 제네릭을 사용하면 다음과 같은 장점이 있다.

> 📇 **제네릭을 사용할 때의 장점**
> - 타입 안정성 제공
> - 타입 체크와 형변환을 생략하는 것이 가능하기 때문에 간결한 코드 구현 가능

JAVA의 제네릭은 C++에서의 템플릿과 유사한 기능으로 이해하면 되겠다.

제**1**절 제네릭 선언

JAVA에서 제네릭은 클래스와 메소드 및 컬렉션 클래스에 다음과 같은 방법으로 선언할 수 있다.

[제네릭 선언 예시]

```
1    //클래스 선언 시 제네릭 선언
2    public class UserArrayList⟨T⟩ {
3        private Object[] elementData = new Object[5];
4        private int size;
5
6        //멤버변수 ArrayList 컬렉션 클래스 선언 시 제네릭을 사용
7        private ArrayList⟨String⟩ strList = new ArrayList⟨String⟩();
8
9        //메소드의 매개변수의 자료형을 제네릭 참조변수 T로 명시
10       public void add(T value) {
11           elementData[size++] = value;
12       }
13
14       //메소드 리턴타입을 제네릭 참조변수 T로 명시
```

```
15    public T get(int idx) {
16        return (T) elementData[idx];
17    }
18 }
```

위의 예제의 2행에 사용된 'T'를 타입변수(type variable)라고 하며 임의의 참조형 타입을 의미한다. 'T'뿐만 아니라 어떠한 문자를 사용해도 상관없으며, 여러 개의 타입변수가 있다면 쉼표(,)로 구분하여 명시할 수 있다. 타입변수는 클래스에서뿐만 아니라 메소드의 매개변수나 반환값으로도 사용할 수 있다.

7행은 컬렉션 클래스를 선언할 때 해당 컬렉션 클래스에 저장될 자료형을 미리 지정하여 컴파일 시 타입 체크를 수행할 수 있도록 하고 형변환을 생략할 수 있다.

제 2 절　제네릭 사용 중요 ★★

다음과 같이 integer 데이터 타입을 처리하는 클래스와 String 데이터 타입을 처리하는 각각의 클래스는 제네릭을 사용하면 1개의 클래스로 작성할 수 있다.

[제네릭 사용 예시1]

```
1    //integer 데이터 타입을 처리하는 클래스
2    public class UserArrayListForInteger {
3        private int size;
4        private int[] elementData = new int[5];
5
6        public void add(int value) {
7            elementData[size++] = value;
8        }
9
10       public int get(int idx) {
11           return elementData[idx];
12       }
13   }
14
15   //String 데이터 타입을 처리하는 클래스
16   public class UserArrayListForString {
```

```
17        private int size;
18        private String[] elementData = new String[5];
19
20        public void add(String value) {
21          elementData[size++] = value;
22        }
23
24        public String get(int idx) {
25          return elementData[idx];
26        }
27      }
28
29      //클래스 선언 시 제네릭 선언
30      public class UserArrayList<T> {
31        private Object[] elementData = new Object[5];
32        private int size;
33
34        //메소드의 매개변수의 자료형을 제네릭 참조변수 T로 명시
35        public void add(T value) {
36          elementData[size++] = value;
37        }
38
39        //메소드 리턴타입을 제네릭 참조변수 T로 명시
40        public T get(int idx) {
41          return (T) elementData[idx];
42        }
43      }
```

2~13행의 클래스와 16~27행의 클래스는 제네릭을 사용한다면, 30~43행의 클래스 1개로 구현이 가능하다. 즉, 개발자가 코드를 작성할 때 중복 코드를 줄일 수 있다. 해당 제네릭 클래스는 다음과 같이 사용한다.

[제네릭 사용 예시2]

```
1    public class UserArrayTest {
2      public static void main(String[] args) {
3        //제네릭을 사용할 클래스 생성 시 Integer형으로 데이터 타입을 명시
4        UserArrayList<Integer> intList = new UserArrayList<Integer>();
5        intList.add(1);
6        intList.add(2);
7
8        //4행에서 Integer형으로 선언했으므로 형변환이 필요없다
```

```
 9        int intValue1 = intList.get(0);
10        int intValue2 = intList.get(1);
11    }
12  }
```

4행에서 해당 클래스 생성 시 Integer형으로 제네릭을 선언하였으므로 9~10행에서 Object 배열에 있는 데이터를 가져와서 int형 변수에 저장할 때 형변환이 필요 없게 된다.

제 **6** 장   내부 클래스(inner class, in JAVA)

내부 클래스는 클래스 내에 선언된 클래스이다. 두 클래스가 서로 긴밀한 관계가 있을 때 내부 클래스를 사용한다.

[내부 클래스 구조]

```
1    class A {      //외부 클래스 (outer-class)
2       ....
3       ....
4       class B { //내부 클래스 (inner-class)
5          ....
6          ....
7       }
8       ....
9       ....
10   }
```

위의 내부 클래스 구조에서 class B는 class A의 내부 클래스가 되고 class A는 class B의 외부 클래스가 된다. JAVA에서 내부 클래스를 사용했을 때 장점은 다음과 같다.

> 🖩 **내부 클래스를 사용했을 때의 장점**
> - 외부 클래스와 내부 클래스가 서로의 멤버에 접근하기 쉽다.
> - 외부에 불필요한 클래스를 은닉함으로써 코드의 복잡성을 줄일 수 있다(캡슐화).

내부 클래스는 변수의 선언 위치에 따라 인스턴스 내부 클래스, 정적 내부 클래스, 지역 내부 클래스, 익명 내부 클래스로 구분된다.

제 **1** 절   내부 클래스

인스턴스 내부 클래스(instance inner class)는 외부 클래스의 멤버변수의 선언 위치에서 선언하며, 외부 클래스의 멤버변수처럼 다룰 수 있다. 또한 외부 클래스의 멤버이기 때문에 당연히 외부 클래스 객체를 먼저 생성한 후 내부 클래스의 객체를 생성하여 사용해야 한다. 주로 외부 클래스의 멤버변수들과 관련된 작업에 사용될 목적으로 선언된다.

[인스턴스 내부 클래스 예시]

```
1    class TestOuter {
2      //외부 클래스의 멤버변수
3      private int score=30;
4
5      //인스턴스 내부 클래스 선언(멤버변수의 위치)
6      class TestInner {
7        void msg() {
8          //내부 클래스의 메소드에서 외부 클래스의 멤버변수 접근
9          System.out.println("score : "+score);
10       }
11     }
12
13     public static void main(String args[]) {
14       //외부 클래스 객체 생성
15       TestOuter testOuter = new TestOuter();
16
17       //외부 클래스 객체를 통한 내부 클래스 객체 생성
18       TestOuter.TestInner testInner = testOuter.new TestInner();
19
20       //내부 클래스에 정의된 메소드 호출
21       testInner.msg();
22     }
23   }
```

인스턴스 내부 클래스 예시를 보면 6~11행에서 인스턴스 내부 클래스를 선언하였고, 9행에서는 내부 클래스에서 외부 클래스의 멤버변수에 직접 접근하고 있다. 내부 객체의 메소드를 호출하려면 15행처럼 외부 객체를 먼저 생성한 후에 그 객체변수(참조변수)를 통하여 내부 클래스 객체를 생성해야 한다. 18행에서 외부 객체의 참조변수 testOuter를 통하여 testOuter.new TestInner();를 수행하였다. 그 후 내부 클래스의 참조변수를 통하여 내부 클래스에 정의된 메소드를 호출하는 예시이다.

제 2 절 정적 내부 클래스

정적 내부 클래스(static inner class)는 외부 클래스의 멤버변수 선언 위치에 선언하며 static 키워드가 붙은 내부 클래스이다. 외부 클래스의 멤버이지만 static이 붙어있기 때문에 외부 클래스 객체를 생성하지 않고도 내부 클래스의 객체를 생성할 수 있다. 주로 외부 클래스의 static 멤버, 특히 static 메소드에서 사용될 목적으로 선언된다.

[정적 내부 클래스 예시]

```
1    class TestOuter {
2      //외부 클래스의 static멤버변수
3      static int score=30;
4
5      //정적 내부 클래스 선언(멤버변수의 위치 + static 키워드)
6      static class TestInner {
7          void msg() {
8          //정적 내부 클래스의 메소드에서 외부 클래스의 static 멤버변수 접근
9          System.out.println("score : "+score);
10         }
11     }
12
13     public static void main(String args[]) {
14
15         //외부 클래스 객체를 생성하지 않고 바로 내부 클래스 객체 생성
16         TestOuter.TestInner testInner=new TestOuter.TestInner();
17
18         //내부 클래스에 정의된 메소드 호출
19         testInner.msg();
20     }
21   }
```

정적 내부 클래스 예시를 보면 6~11행에서 static 키워드를 붙여서 정적 내부 클래스를 선언하였고, 9행에서는 정적 내부 클래스에서 외부 클래스의 static 멤버변수에 직접 접근하고 있다. 정적 내부 클래스의 경우는 외부 객체를 생성할 필요 없이 내부 클래스의 객체를 생성할 수 있다고 하였다. 16행처럼 바로 내부 객체를 생성해서 testInner 참조변수에 저장하고 정적 내부 클래스에 정의된 메소드를 호출하는 예시이다.

제 3 절 지역 내부 클래스

지역 내부 클래스(local inner class)는 외부 클래스의 메소드나 초기화 블록에 위치하며 지역변수와 같은
성질을 가지는 내부 클래스이다. 메소드 내부에서만 사용되므로 접근을 제한할 필요가 없기 때문에 접근
제한자를 붙일 수 없고 static 키워드 또한 붙일 수 없다.

[지역 내부 클래스 예시]

```
1    class TestOuter {
2      //외부 클래스의 멤버변수
3       private int score=30;
4
5      //외부 클래스의 메소드
6      public void display() {
7
8        //외부 클래스의 메소드 안에 지역 내부 클래스 정의
9        class LocalInner {
10         void msg() {
11           //지역 내부 클래스의 메소드에서 외부 클래스의 멤버변수 접근
12           System.out.println(score);
13         }
14       }
15
16       //외부 클래스의 메소드 구현부에서 지역 내부 클래스 객체 생성
17       LocalInner localInner = new LocalInner();
18
19       //내부 클래스에 정의된 메소드 호출
20       localInner.msg();
21     }
22
23     public static void main(String args[]) {
24
25       TestOuter testOuter=new TestOuter();
26
27       testOuter.display();
28     }
29   }
```

지역 내부 클래스 예시의 9~14행에서 외부 클래스의 메소드 내에 지역 내부 클래스를 선언하였고, 12행에서
는 지역 내부 클래스에서 외부 클래스의 멤버변수에 직접 접근하고 있다. 또한 외부 클래스의 메소드 구현부
인 17행에서 지역 내부 클래스 객체를 생성해서 메소드를 호출하고 있다. 이처럼 지역 내부 클래스는 해당
메소드 내에서만 접근이 가능하다.

제 **4** 절 **익명 내부 클래스**

익명 내부 클래스(anonymous inner class)는 클래스를 정의하는 동시에 객체를 생성할 때 만들어지는 이름 없는 클래스이다. 즉, 클래스의 선언과 객체의 생성을 동시에 하기 때문에 단 한 번만 사용되고, 하나의 객체만을 생성할 수 있는 일회용 클래스이다.

[추상 클래스를 사용하는 익명 내부 클래스 예시]

```
1    //추상 클래스
2    abstract class Animal {
3      //추상 메소드
4      abstract void eat();
5    }
6
7            //실행 클래스
8    class TestAnonymousInner {
9
10     public static void main(String args[]) {
11        //익명 내부 클래스
12        //추상 클래스 Animal을 생성하는 동시에 eat 메소드도 함께 정의
13        Animal lion = new Animal() {
14          void eat() {
15            System.out.println("사자가 밥을 먹는다.");
16          }
17        };
18
19          //익명 내부 클래스에서 정의한 메소드 호출
20          lion.eat();
21     }
22   }
```

13행에서 추상 클래스 Animal 클래스를 생성하는 동시에 eat 메소드도 정의하는 익명 내부 클래스를 선언하였다. 이처럼 익명 내부 클래스는 선언과 생성을 동시에 수행하여 한 번만 일회성으로 사용되는 클래스이다.

실제예상문제

01 클래스는 공통적인 특징을 갖는 객체들을 모아둔 것이다.

01 클래스와 객체에 대한 설명으로 옳지 않은 것은?

① 클래스는 객체를 생성하는 데 사용된다.
② 객체는 클래스에 정의된 대로 생성된다.
③ 객체는 클래스에 정의된 대로 생성된 속성(변수)과 기능(메소드)의 집합이다.
④ 객체는 공통적인 특징을 갖는 클래스들을 모아둔 것이다.

02 클래스변수는 클래스가 메모리에 로딩될 때 딱 한 번만 생성된다.

02 멤버변수에 대한 설명으로 옳지 않은 것은?

① 클래스변수는 인스턴스가 생성될 때마다 생성된다.
② 멤버변수 중 static이 붙은 것을 클래스변수라고 한다.
③ 멤버변수는 인스턴스변수와 클래스변수로 나눌 수 있다.
④ 멤버변수는 클래스 영역에서 선언된 변수이다.

03 멤버함수는 높은 사용성, 중복된 코드 제거, 프로그램의 구조화를 지원하며 여러 번 호출하여 사용할 수 있다.

03 멤버함수(메소드)에 대한 설명으로 옳지 않은 것은?

① 멤버함수(메소드)를 사용하면 프로그램을 구조화할 수 있다.
② 멤버함수(메소드)를 사용하면 중복된 코드를 줄일 수 있다.
③ 멤버함수(메소드)는 한 번만 호출하여 사용할 수 있다.
④ 멤버함수(메소드)는 어떤 작업을 수행하기 위한 명령문의 집합이다.

정답 01 ④ 02 ① 03 ③

04 다음은 JAVA에서 변수를 선언한 예제이다. 코드에 대한 설명으로 옳지 <u>않은</u> 것은?

```
class MemberClass {
    int iv;
    static int cv;

    int add(int a, int b) {
        int result = a + b;
        return result;
    }
}
```

① 인스턴스변수 iv는 객체가 생성될 때 생성된다.
② 클래스변수 cv는 클래스가 메모리에 로딩될 때 생성된다.
③ 클래스변수 cv는 객체별로 그 값을 별도로 저장하여 유지할 수 있다.
④ 지역변수 result는 해당 메소드가 종료되면 메모리에서 제거된다.

05 접근 한정자에 대한 설명으로 옳지 <u>않은</u> 것은?

① 'private → protected → default → public' 순으로 보다 많은 접근을 허용한다.
② public 접근 한정자는 접근에 대한 제한이 없다.
③ default 접근 한정자는 같은 패키지 내에서 접근이 가능하다.
④ C++에서는 public, private, protected의 3가지 접근 한정자가 존재한다.

04 클래스변수 cv는 클래스가 메모리에 로딩될 때 딱 한 번 생성되며, 그 값은 객체가 모두 공유하게 된다. 즉, 클래스변수 cv는 객체별로 그 값을 별도로 저장하여 유지할 수 없다.

05 'private → default → protected → public' 순으로 보다 많은 접근을 허용한다.

정답 04 ③ 05 ①

06 메소드 add는 접근 한정자가 public 이므로 다른 클래스에서 호출할 수 있다. 다른 클래스에서 Test 객체를 생성 후 객체참조변수.add(2, 3); 형식으로 호출할 수 있다.

06 다음은 JAVA에서 변수 및 메소드를 선언한 예제이다. 코드에 대한 설명으로 옳지 <u>않은</u> 것은?

```java
public class Test {
    private int iv;
    protected String str;
    int iv2;

    public int add(int a, int b) {
      int result = a + b;
        return result;
    }
}
```

① 멤버변수 iv는 해당 클래스 내에서만 접근이 가능하다.
② 메소드 add(int a, int b)는 다른 클래스에서는 호출할 수 없다.
③ 멤버변수 str은 동일 패키지 내에서 접근이 가능하다.
④ 멤버변수 iv2는 접근 한정자를 생략했으므로 default 접근 한정자가 적용된다.

07 생성자는 매개변수를 가질 수 있지만 소멸자는 매개변수를 가질 수 없다.

07 생성자와 소멸자에 대한 설명으로 옳지 <u>않은</u> 것은?

① 생성자와 소멸자는 매개변수를 가질 수 있다.
② 생성자와 소멸자는 모두 반환 값이 없다.
③ 생성자는 class의 이름과 동일해야 한다.
④ JAVA의 경우 통상적으로 소멸자를 사용하지 않는다.

정답 06 ② 07 ①

08 멤버함수 오버로딩에 대한 설명으로 옳지 <u>않은</u> 것은?

① 멤버함수의 이름이 같아야 오버로딩이 성립된다.

② 오버로딩할 멤버함수의 매개변수의 개수는 같을 수도 있고 다를 수도 있다.

③ 오버로딩할 멤버함수의 매개변수의 개수가 같은 경우 자료형은 반드시 달라야 한다.

④ 매개변수는 같고 리턴타입이 다른 경우 오버로딩이 성립된다.

08 매개변수는 같고 리턴타입이 다른 경우는 오버로딩이 성립되지 않는다.

09 다음은 JAVA에서 메소드 오버로딩을 구현한 예제이다. 빈칸에 들어갈 수 있는 구문으로 옳지 <u>않은</u> 것은?

```
public class HelloTest {

  public void hello() {
      System.out.println("안녕하세요.");
  }

  //hello 메소드 오버로딩
  ⓐ         {
  //메소드 내용 구현
  }
}
```

① public void hello(int i)

② public void hello(int i, boolean b)

③ public String hello()

④ public String hello(String str)

09 public String hello()의 경우 위에서 선언된 public void hello()와 비교했을 때, 매개변수는 같고 리턴타입이 다른 경우이므로 오버로딩이 성립되지 않는다.

정답 08 ④ 09 ③

checkpoint 해설 & 정답

10 C++에서는 접근 한정자가 private 이건 protected이건 간에 상관없이, friend로 선언된 대상에게는 완벽하게 public으로 작용한다.

11 C++에서 new로 객체를 생성했다면 delete를 호출되기 전까지는 메모리가 해제되지 않는다.

12 객체를 생성 후 저장한 객체변수에는 해당 객체가 위치하는 메모리의 주소가 저장된다.

10 다음 중 this, super, friend 키워드에 대한 설명으로 옳지 <u>않은</u> 것은?

① this 키워드는 클래스의 멤버함수에서만 사용할 수 있다.

② 멤버함수라도 정적 멤버함수는 this를 사용할 수 없다.

③ super 키워드는 부모 클래스의 멤버에 접근하도록 하는 키워드이다.

④ friend 키워드가 선언된 대상은 완벽하게 private으로 작용한다.

11 C++과 JAVA에서 객체변수 선언과 관련한 내용으로 옳지 <u>않은</u> 것은?

① C++과 JAVA에서는 new 키워드로 객체를 생성한 후 객체변수에 저장할 수 있다.

② 객체변수를 통해서 해당 객체의 멤버에 접근이 가능하다.

③ C++에서 new로 객체 생성 후 해당 함수에서 벗어나면 자동으로 메모리가 해제된다.

④ C++에서는 변수를 선언하는 것만으로 객체를 생성할 수 있다.

12 객체의 생성과 소멸과 관련된 설명으로 옳지 <u>않은</u> 것은?

① C++에서 new를 이용한 객체 생성 시 반드시 delete를 해주어야 메모리 누수를 방지할 수 있다.

② JAVA는 객체 소멸을 JVM(자바가상머신)에서 자동으로 수행한다.

③ C++에서 변수 선언 방식의 객체 생성 시 해당 함수에서 벗어나면 자동으로 메모리가 해제된다.

④ 객체 생성 후 저장한 객체변수에 해당 객체의 내용이 저장된다고 볼 수 있다.

정답 10 ④ 11 ③ 12 ④

13 다음의 객체 생성 구문이 호출되었을 때 실행 순서를 올바르게 나열한 것은?

> Hero hero1 = new Hero();

> ⓐ : Hero hero1
> ⓑ : =
> ⓒ : new Hero();

① ⓐ → ⓑ → ⓒ
② ⓒ → ⓑ → ⓐ
③ ⓐ → ⓒ → ⓑ
④ ⓑ → ⓐ → ⓒ

13 객체에 대한 참조변수 선언 후 해당 객체를 생성하며, 참조변수에 생성된 객체가 대입되는 순서로 실행된다.

14 다음은 JAVA의 패키지 선언 관련 예제이다. 밑줄 친 ⓐ를 ⓑ와 같이 간소화해서 쓰려고 할 경우 ⓒ에 들어갈 구문으로 적절한 것은?

```
package com.bdes.main;

    ⓒ

public class DeviceTest {
  public static void main(String[] args) {

      ⓐ com.bdes.user.Device device1 = new com.bdes.
user.Device();
         //ⓑ Device device1 = new Device();
      …
      …
   }
}
```

① import com.bdes.user.*
② default com.bdes.user.*
③ using com.bdes.user.*
④ using package com.bdes.user.*

14 JAVA에서 패키지를 단순화해서 쓰기 위해서는 import 구문을 선언한다.

정답 13 ③ 14 ①

15 클래스 템플릿은 "클래스명〈자료형〉"
의 형식으로 사용한다.

15 C++ 템플릿에 대한 설명으로 옳지 <u>않은</u> 것은?

① 템플릿은 함수 템플릿과 클래스 템플릿으로 나뉜다.
② C++에서 템플릿은 하나의 함수/클래스를 여러 자료형으로
사용할 수 있도록 해준다.
③ 함수 템플릿은 "함수명〈자료형〉(매개변수)"의 형식으로 사용
한다.
④ 클래스 템플릿은 "클래스명〈자료형〉(매개변수)"의 형식으로
사용한다.

16 JAVA 제네릭을 사용하면 형변환 코
드를 생략할 수 있기 때문에 소스코
드를 단순화할 수 있다.

16 JAVA 제네릭에 대한 설명으로 옳지 <u>않은</u> 것은?

① 클래스 내부에서 사용할 데이터 타입을 외부에서 지정하는 기
법이다.
② 제네릭을 사용하면 타입의 안정성을 보장받는다.
③ 제네릭은 타입 체크 및 형변환을 생략할 수 있게 해준다.
④ 제네릭을 사용 시 소스코드가 복잡해지는 단점이 있다.

17 ArrayList의 원소들의 타입을 String
형으로 지정하려면 ArrayList〈String〉
으로 선언한다.

17 JAVA에서 제네릭을 적용하여 문자열들을 원소로 갖는 ArrayList
객체를 생성하는 구문으로 옳은 것은?

① ArrayList〈String〉 strList = new ArrayList〈String〉();
② ArrayList strList = new ArrayList();
③ ArrayList strList = new ArrayList(new String("문자열"));
④ ArrayList〈T〉 strList = new ArrayList〈T〉();

정답   15 ④   16 ④   17 ①

18 내부 클래스에 대한 설명으로 옳지 <u>않은</u> 것은?

① 두 클래스가 서로 긴밀한 관계가 있을 때 내부 클래스를 사용한다.

② 외부 클래스와 내부 클래스는 서로의 멤버에 접근할 수 없다.

③ 외부에 불필요한 클래스를 은닉함으로써 코드의 복잡성을 줄일 수 있다.

④ 인스턴스 내부 클래스, 정적 내부 클래스, 지역 내부 클래스, 익명 내부 클래스로 나뉜다.

18 내부 클래스를 선언하면 외부/내부 클래스 간에 서로의 멤버에 접근하는 것이 용이하다.

19 다음은 인스턴스 내부 클래스의 예제이다. 빈칸에 들어갈 구문으로 적절한 것은?

```
class TestOuter {
  private int score=30;

  class TestInner {
    void msg() {
      System.out.println("score : "+score);
    }
  }

    public static void main(String args[]) {

      TestOuter testOuter = new TestOuter();
      TestOuter.TestInner testInner =       ⓐ

        testInner.msg();
  }
}
```

① testOuter.new TestInner();

② new TestInner();

③ new testOuter.TestInner();

④ new TestOuter.TestInner();

19 TestOuter 클래스 안에 TestInner 클래스가 정의되어 있으므로 TestOuter 클래스의 참조변수를 이용하여 내부 클래스를 생성한다.

checkpoint 해설 & 정답

01 정답

~Seoul()

해설

C++에서 소멸자는 클래스 이름 앞에 틸데(~)를 붙이는 방식으로 선언한다.

✅ **주관식 문제**

01 다음은 C++ 코드에서 생성자와 소멸자를 구현한 예제이다. 빈칸에 공통으로 들어갈 구문을 작성하시오.

```cpp
#include <iostream>
using namespace std;

class Seoul {
public:
    Seoul();
    ⓐ    ;
    void dataShow();

private:
    unsigned int Temp;
    unsigned int Population;
};

Seoul::Seoul() {
    cout << "생성자 호출" << endl;
    Temp = 28;
    Population = 1500;
}

Seoul::    ⓐ    {
    cout << "소멸자 호출" << endl;
}

void Seoul::dataShow() {
    cout << "서울의 온도는 " << Temp << "도 입니다." << endl;
    cout << "서울의 인구는 " << Population << "만 입니다." << endl;
}

int main() {
    Seoul happy;
    happy.dataShow();
    return 0;
}
```

02 다음은 C++의 연산자 오버로딩을 구현한 예제이다. 빈칸에
들어갈 구문을 작성하시오.

```
class Edge {
public:
    int node[2];
    int distance;

    Edge(int a,int b,int distance) {
        this -> node[0] = a;
        this -> node[1] = b;
        this -> distance = distance;
    }

    //+연산자에 대한 오버로딩 코드
    int        ⓐ        (Edge &edge) {
        return this -> distance + edge.distance;
    }
}
```

02 **정답**
operator+
해설
C++에서 연산자 오버로딩을 정의하
는 방식은 'operator오버로딩할연산
자(매개변수목록)'이다.

03 **정답**
ⓐ hero1.name
ⓑ hero1.punch();

해설
hero1이라는 객체변수를 이용하여 name 속성에 "캡틴 아메리카"를 셋팅하고 있으며, 출력 결과를 봤을 때 punch() 메소드를 호출했다고 볼 수 있다.

03 다음은 JAVA의 객체 사용 예제이다. ⓐ와 ⓑ에 들어갈 구문을 작성하시오.

```java
public class Hero {
  String name;
  int hp;

  void punch() {
    System.out.println(name + "의 펀치!!");
    System.out.println(name + "의 HP는 " + hp + "입니다.");
  }

  void jump() {
    System.out.println(name + "의 점프!!");
    System.out.println(name + "의 HP는 " + hp + "입니다.");
  }
}

public class HeroTest {
  public static void main(String[] args) {
    Hero hero1 = new Hero();

    //객체의 멤버변수 값 저장
    [     ⓐ     ] = "캡틴 아메리카";
    hero1.hp = 95;
    [     ⓑ     ]
  }
}
```

실행결과
캡틴 아메리카의 펀치!!
캡틴 아메리카의 HP는 95입니다.

04 다음은 C++의 네임스페이스 선언 관련 예제이다. 빈칸에 들어갈 구문을 작성하시오.

```
#include 〈iostream〉

    //Network 네임스페이스를 사용하겠다고 선언하는 구문
          ⓐ

namespace Network {
    int value;
    void Initialize(void) {
        …
    }
}

int main(void) {
  //Network의 Initialize() 네임스페이스 없이 수행
    Initialize();
    …
    return 0;
}
```

04 【정답】
using namespace Network;
【해설】
C++에서 해당 네임스페이스를 사용하겠다고 선언하는 구문은 'using namespace 네임스페이스명'이다.

checkpoint　해설 & 정답

05 정답

Counter〈int〉 intCounter;

해설

클래스 템플릿은 '클래스명〈자료형〉' 의 형식으로 사용한다. 소스를 보면 int형 변수를 받아서 addValue를 하고 있으므로 int형 클래스 템플릿을 선언한다.

05 다음은 C++의 클래스 템플릿 사용 예제이다. 빈칸에 들어갈 구문을 작성하시오.

```cpp
#include 〈iostream〉
using namespace std;

//클래스 템플릿 선언
template 〈typename T〉
class Counter {
  T count;
public:
  Counter() {
    count = 0;
  }

  T getCount() {
    return count;
  }

  T addValue(T a, T b) {
    return (a + b);
  }

  void inc_count() {
    count++;
  }

  void dec_count() {
    count--;
  }
};

int main() {
    //클래스 템플릿 사용
    [    ⓐ    ]
    cout 〈〈 intCounter.addValue(1, 5) 〈〈 endl;
  return 0;
}
```

06 접근 한정자는 외부에서 해당 변수나 함수 등에 대한 접근을 한정하는 역할을 한다. JAVA에서의 4가지 접근 한정자가 무엇인지 모두 쓰시오.

06 **정답**
public, protected, default, private
해설
JAVA에서 접근 한정자는 public, protected, default, private와 같이 네 가지 종류가 있다.

07 해당 프로그램이 종료되었을 때 자바가상머신(JVM) 내 메모리에 할당된 객체를 소멸시키는 역할을 하는 것이 무엇인지 쓰시오.

07 **정답**
가비지 콜렉터
(GC, Garbage Collector)
해설
GC(Garbage Collector)는 메모리 관리 기법 중의 하나로, 프로그램에 동적으로 할당했던 메모리 영역 중에서 필요가 없게 된 영역을 해제하는 기능이다.

08 **정답**

제네릭(Generic)

해설

제네릭은 클래스나 메소드에서 사용할 내부 데이터 타입을 컴파일 시에 미리 지정하는 방법으로, 컴파일 시 미리 타입 체크가 가능하다.

08 다음 설명에 해당하는 용어를 쓰시오.

- JAVA에서 클래스 내부에서 사용할 데이터 타입을 외부에서 지정하는 기법이다.
- 이 기법을 사용하면 다양한 타입의 객체들을 다루는 메소드나 컬렉션 클래스에 대해 컴파일 시 타입 체크를 수행할 수 있다.

제6편

상속(inheritance)

단원 개요

상속(inheritance)이란 현실 세계에서 부모님이 자식들에게 재산을 물려주는 것과 비슷하다. 객체지향에서의 상속이란 부모 객체의 속성과 메소드를 자식 객체가 물려받는 것이다.
객체지향의 특징인 클래스와 인터페이스의 상속에 대한 개념과 구현방법 및 적용방법을 알아본다. 또 다른 객체지향의 특징인 다형성에 대해 파악해보고, 프로그램에 활용하는 방법을 알아본다.

출제 경향 및 수험 대책

프로그램에서 상속을 통해 부모 객체의 속성과 메소드를 자식 객체가 동일하게 사용이 가능하며, 다중상속 및 결합도를 낮추기 위해 사용하는 인터페이스 상속을 살펴본다. 다형성을 통해 서로 다른 객체가 동일한 메시지에 대하여 서로 다른 방법으로 응답하는 기능을 학습한다.

혼자 공부하기 힘드시다면 방법이 있습니다.
SD에듀의 동영상강의를 이용하시면 됩니다.
www.sdedu.co.kr ➔ 회원가입(로그인) ➔ 강의 살펴보기

제 **1** 장   클래스 상속

클래스 상속이란 기존의 클래스를 재사용하여 새로운 클래스를 작성하는 것이다. 부모 클래스(상위 클래스)와 자식 클래스(하위 클래스)가 있으며, 자식 클래스는 부모 클래스를 선택해서 그 멤버를 상속받아 그대로 쓸 수 있게 된다. 상속을 이용하면 보다 적은 양의 코드로 새로운 클래스를 작성할 수 있고 코드를 공통적으로 관리할 수 있기 때문에 코드의 추가 및 변경이 용이하다.

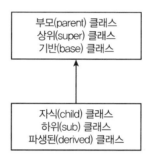

[상속 관계에 있는 클래스의 관계도]

제 1 절   클래스 상속 선언 중요 ★

C++에서 클래스를 상속받는 방법은 다음과 같다. 상속받을 자식 클래스를 선언할 때 뒤에 ":"와 접근 제한자, 부모 클래스를 선언해주면 된다.

[C++ 클래스 상속 선언 방법]

```
1    class 자식 클래스명 : 접근 제한자 부모 클래스명
2    {
3      //클래스 구현
4          …
5          …
6    }
```

접근 제한자는 부모 클래스의 멤버를 사용할 수 있는 자식 클래스의 접근 제어 권한을 설정한다. 이때 접근 제한자를 생략하면 자식 클래스의 접근 제어 권한은 private로 기본 설정된다. 또한 쉼표(,)를 사용하여 상속받을 기초 클래스를 여러 개 명시할 수 있는데 자식 클래스가 상속받은 부모 클래스가 하나이면 단일상속(Single inheritance)이라 하고, 여러 개라면 다중상속(Multiple inheritance)라고 한다. 다중상속은 뒤에서 자세히 설명하도록 하겠다. 다음은 C++에서 클래스 상속을 실제 코드로 구현한 예시이다.

[C++ 클래스 상속 코드 구현 예시]

```
1    #include <iostream>
2    #include <string>
3
4    using namespace std;
5
6    //부모 클래스
7    class Person {
8    private:
9        string name;
10   public:
11       //멤버 이니셜라이저를 사용한 생성자
12       Person(string name) : name(name) { }
13
14       string getName() {
15         return name;
16       }
17
18       void showName() {
19         cout << "이름: " << getName() << '\n';
20       }
21   };
22
23   //자식 클래스
24   class Student: Person {                    //상속 선언
25   private:
26       int studentID;
27   public:
28       //멤버 이니셜라이저를 사용한 생성자
29       Student(int studentID, string name) : Person(name) {
30         this->studentID = studentID;
31       }
32       void show() {
33         cout << "학생번호: " << studentID << '\n';
34         cout << "학생이름: " << getName() << '\n';
35       }
```

```
36      };
37
38      int main(void) {
39          Student student(1, "홍길동");
40          student.show();
41          system("pause");
42      }
```

12행과 29행에서는 멤버 이니셜라이저를 통하여 생성자를 선언하였다. 이 멤버 이니셜라이저는 위 예시의 29행처럼 부모 클래스의 멤버변수를 초기화하기 위해서 생성자 함수를 호출하거나, 클래스 내의 변수를 초기화하거나 또는 const 변수를 초기화할 때에도 사용된다. 멤버 이니셜라이저는 생성자의 몸체 부분보다 먼저 실행된다는 특징을 가지고 있다. 12행의 Person(string name) : name(name) 구문에서 : 뒤에 name(name)의 뜻은 생성자를 호출하기 전에 매개변수로 전달된 (name)의 값으로 멤버변수 name을 초기화한다는 의미이다. 29행의 Student(int studentID, string name) : Person(name) 구문에서 : 뒤에 Person(name)의 뜻은 생성자를 호출하기 전에 Person 클래스의 생성자를 먼저 호출하는 것을 뜻한다. 다음은 예시 코드의 실행 결과이다.

[예시 코드의 실행 결과]

```
1      학생번호: 1
2      학생이름: 홍길동
```

다음으로 JAVA에서의 클래스 상속 방법을 알아보자. JAVA에서 클래스를 상속받는 방법은 다음과 같다. 상속받을 자식 클래스 뒤에 extends를 붙이고 뒤에 부모 클래스를 선언해주면 된다.

[JAVA 클래스 상속 선언 방법]

```
1      class 자식 클래스명 extends 부모 클래스명 {
2        //클래스 구현
3            …
4            …
5      }
```

위의 예시와 같이 클래스 상속 선언을 하게 되면 자식 클래스에서 부모 클래스의 멤버를 그대로 사용할 수 있다. 단, private 접근 제한을 갖는 멤버는 물려받을 수 없으며 부모와 자식 클래스가 서로 다른 패키지에 존재한다면 default 접근 제한을 갖는 멤버는 물려받을 수 없다. JAVA에서는 자식 클래스가 여러 부모로부터 상속을 받는 다중상속이 불가능하다. 즉, 1개의 부모 클래스로부터의 단일상속만 가능하다. 반면 부모 클래스는 여러 개의 자식 클래스에게 상속이 가능하다.

[JAVA 클래스 상속 선언 예시1]

```
1    class 자식 클래스 extends 부모 클래스1, 부모 클래스2 {          //다중상속 불가
2      //클래스 구현
3          …
4          …
5    }
6
7    class 자식1 extends 부모1 {      //하나의 부모가 여러 개의 자식에게 상속 가능
8      //클래스 구현
9          …
10         …
11   }
12
13   class 자식2 extends 부모1 {      //하나의 부모가 여러 개의 자식에게 상속 가능
14     //클래스 구현
15         …
16         …
17   }
```

클래스 상속 선언 예시를 토대로 실제 부모 클래스와 자식 클래스를 구현한 예시는 다음과 같다.

[JAVA 클래스 상속 코드 구현 예시]

```
1    //부모 클래스
2    class Person {
3      String name;
4      String job;
5      int age;
6
7      public void print() {
8        System.out.println("이름: " + name);
9        System.out.println("직업: " + job);
10       System.out.println("나이: " + age);
11     }
12   }
13
14
15   //자식 클래스
16   class Researcher extends Person {          //Person 클래스를 상속받도록 선언
17
18         //자식 클래스의 메소드
```

```
19        public void startResearch() {
20            //부모 클래스의 멤버변수 접근
21            System.out.println(name + "이(가) 리서치를 시작합니다.");
22        }
23    }
24
25
26    //실행 클래스
27    public class inheritanceTest {
28      public static void main(String[] args) {
29          Researcher researcher = new Researcher();
30
31          //부모 클래스에 있는 멤버변수를 그대로 사용
32          researcher.name = "홍길동";
33          researcher.job = "연구원";
34          researcher.age = 32;
35
36          //부모 클래스에 있는 메소드를 그대로 사용
37          researcher.print();
38
39          //자식 클래스에서 선언한 메소드 호출
40          researcher.startResearch();
41      }
42    }
```

16행에서 자식 클래스 정의 시 부모 클래스를 상속받도록 선언하였고, 21행의 자식 클래스의 메소드 내에서 부모 클래스의 멤버변수를 물려받아 그대로 사용하였다. 또한 32~34행에서 부모로부터 물려받은 name, job, age 멤버변수에 아무런 선언 없이 값을 지정하였다. 위 예시 코드의 실행 결과는 다음과 같다.

[예시 코드의 실행 결과]

```
1    이름: 홍길동
2    직업: 연구원
3    나이: 32
4    홍길동이(가) 리서치를 시작합니다.
```

제 2 절 생성자와 소멸자 호출 순서 중요 ★★

부모 클래스와 자식 클래스가 존재할 경우 생성자와 소멸자의 호출 순서는 C++과 JAVA 모두 동일하다. 다만 JAVA의 경우 최상위 클래스로 Object 클래스가 있는 반면에 C++은 Object 클래스가 없다. 생성자와 소멸자 호출 순서는 JAVA를 기반으로 설명하도록 하겠다.

상속받은 클래스의 생성자를 호출하게 되면 super()라는 구문으로 부모 클래스의 생성자를 호출하게 된다. 해당 구문을 명시하지 않았더라도 컴파일러에 의해서 super()라는 구문이 삽입되어 컴파일이 수행된다. 클래스 상속 선언 예시를 조금 수정하여 생성자와 소멸자 호출 순서를 알아보도록 하자.

[JAVA 생성자 호출 순서 예시]

```
1    //부모 클래스
2    class Person {
3        String name;
4        String job;
5        int age;
6
7        //기본 생성자
8        Person() {
9            //super(); 모든 클래스의 조상인 Object 클래스의 생성자 Object();를 의미
10           System.out.println("부모 클래스의 생성자 호출!");
11       }
12
13       public void print() {
14           System.out.println("이름: " + name);
15           System.out.println("직업: " + job);
16           System.out.println("나이: " + age);
17       }
18   }
19
20   //자식 클래스
21   class Researcher extends Person {        //Person 클래스를 상속받도록 선언
22       //생성자
23       Researcher(String name, String job, int age) {
24           //super();    //컴파일러에 의해서 부모 객체의 생성자 호출
25
26           System.out.println("자식 클래스의 생성자 호출!");
27
28           super.name = name;
29           super.job = job;
30           super.age = age;
```

```
31          }
32
33      public void startResearch() {
34          //부모 클래스의 멤버변수 접근
35          System.out.println(name + "이(가) 리서치를 시작합니다.");
36      }
37    }
38
39    //실행 클래스
40    public class inheritenceTest {
41      public static void main(String[] args) {
42
43          Researcher researcher = new Researcher("홍길동","연구원",32);
44
45          //부모 클래스에 있는 메소드를 그대로 사용
46          researcher.print();
47
48          //자식 클래스에서 선언한 메소드 호출
49          researcher.startResearch();
50      }
51    }
```

위 예시 코드에 대한 결과는 다음과 같다.

[JAVA 생성자 호출 순서 예시 코드의 실행 결과]

```
1    부모 클래스의 생성자 호출!
2    자식 클래스의 생성자 호출!
3    이름: 홍길동
4    직업: 연구원
5    나이: 32
6    홍길동이(가) 리서치를 시작합니다.
```

실행 클래스를 실행했을 때 43행에서 자식 클래스의 생성자를 호출하게 된다. 자식 클래스의 생성자에는 super()라는 코드가 없지만 컴파일러에 의하여 부모 클래스를 호출하는 super()라는 코드가 삽입되고 부모 클래스의 생성자를 호출하게 된다. 부모 클래스인 Person은 상속받는 클래스가 없다. 하지만 자바에서 최상위 클래스는 Object 클래스로 컴파일러에 의하여 동일하게 super()라는 코드가 삽입되어 Object 클래스를 생성하게 된다. 이를 도식화하면 다음과 같다.

```
//Object 클래스
class Object {
   ...
   Object() {}
   ...
}
```

```
//부모 클래스
class Person {
   ...
   //기본 생성자
   Person() {
      //super(); 모든 클래스의 조상인 Object 클래스의 생성자 호출
      System.out.println("부모클래스의 생성자 호출!");
   }
   ...
}
```

```
//자식 클래스
class Researcher extends Person {
   Researcher(String name, String job, int age) {
      //super();   //컴파일러에 의해서 부모 객체의 생성자 호출
      System.out.println("자식클래스의 생성자 호출!");
      ...
   }
   ...
}
```

```
//실행 클래스
public class inheritenceTest {
   public static void main(String[] args) {
      Researcher researcher = new Researcher("홍길동","연구원",32);
      ...
   }
}
```

③

②

①

[JAVA의 상속 관계 클래스의 생성자 호출 흐름]

JAVA에서는 자바가상머신(JVM)의 GC(Garbage Collector)에 의해 메모리가 관리되어 소멸자는 별도로 명시해줄 필요가 없다. 소멸자가 호출되는 순서는 생성자와 반대라고 이해하면 된다. 생성자는 'Object → 부모(Person) → 자식(Researcher)'의 순으로 호출되었으므로, 소멸자는 반대로 '자식(Researcher) → 부모(Person) → Object'의 순서로 호출된다.

제 3 절 멤버함수 재정의

상속 관계에 있는 부모 클래스에서 이미 정의된 메소드를 자식 클래스에서 다시 정의하는 것을 멤버함수 재정의 또는 오버라이딩(Overriding)이라고 한다. C++과 JAVA에서 오버라이딩을 하기 위해서는 메소드 이름, 리턴타입, 매개변수의 갯수, 자료형과 순서를 동일하게 해야 한다.

```
class SuperClass {
public:

    void  functionA  ([매개변수1, 매개변수2..])  {···}
}

class SubClass : SuperClass {
public:

    void  functionA  ([매개변수1, 매개변수2..])  {···}    //오버라이딩
}
```

[C++ 오버라이딩의 조건]

```
class SuperClass {

    public  void  method  ([매개변수1, 매개변수2..])  {···}
}

class SubClass extends SuperClass {

    public  void  method  ([매개변수1, 매개변수2..])  {···}    //오버라이딩
}
```

[JAVA 오버라이딩의 조건]

또한 접근 제한자의 경우 일반적으로 부모 클래스와 동일하게 사용하지만 부모 클래스보다 범위를 넓게 지정할 수 있다. 만약 오버라이딩하려는 메소드의 접근 제한자가 protected라면 자식 클래스에서는 protected, public으로 지정이 가능하다. C++의 상속을 설명했던 예시 코드를 이용하여 Person 클래스의 showName() 메소드를 오버라이딩한 예제는 다음과 같다.

[C++ 멤버함수 재정의 예시]

```
1    #include <iostream>
2    #include <string>
3
4    using namespace std;
5
6    //부모 클래스
```

```
7    class Person {
8    private:
9      string name;
10   public:
11     //멤버 이니셜라이저를 사용한 생성자
12     Person(string name) : name(name) { }
13
14     string getName() {
15       return name;
16     }
17
18     void showName() {
19       cout << "이름: " << getName() << '\n';
20     }
21   };
22
23   //자식 클래스
24   class Student: Person {              //상속 선언
25   private:
26     int studentID;
27   public:
28     //멤버 이니셜라이저를 사용한 생성자
29     Student(int studentID, string name) : Person(name) {
30       this -> studentID = studentID;
31     }
32
33       //멤버함수 재정의(멤버함수 오버라이딩)
34       void showName() {
35         cout << "학생이름: " << getName() << '\n';
36         cout << "학생번호: " << studentID << '\n';
37     }
38   };
39
40   int main(void) {
41       Student student(1, "홍길동");
42       student.showName();
43       system("pause");
44   }
```

34행에서 부모 클래스의 showName() 함수를 재정의하고 있다. 위 코드의 실행 결과는 다음과 같다.

[C++ 멤버함수 재정의 예시 코드의 실행 결과]

```
1    학생이름: 홍길동
2    학생번호: 1
```

JAVA에서 지금까지 예제 코드로 작성되었던 Researcher 클래스에서 Person 클래스의 print() 메소드를 오버라이딩한 예제는 다음과 같다.

[JAVA 멤버함수 재정의 예시]

```
1    //부모 클래스
2    class Person {
3      String name;
4      String job;
5      int age;
6
7      public void print() {
8        System.out.println("이름: " + name);
9        System.out.println("직업: " + job);
10       System.out.println("나이: " + age);
11     }
12   }
13
14   //자식 클래스
15   class Researcher extends Person {        //Person 클래스를 상속받도록 선언
16     int income;
17
18     //생성자
19     Researcher(String name, String job, int age, int income) {
20       super.name = name;
21       super.job = job;
22       super.age = age;
23       this.income = income;
24     }
25
26     public void print() {                   //멤버함수 재정의(오버라이딩)
27       System.out.println("연구원 이름: " + name);
28       System.out.println("나이: " + age);
29       System.out.println("연봉: " + income + "만원");
30     }
31
```

```
32      public void startResearch() {
33         //부모 클래스의 멤버변수 접근
34         System.out.println(name + "이(가) 리서치를 시작합니다.");
35      }
36   }
37
38   //실행 클래스
39   public class inheritenceTest {
40     public static void main(String[] args) {
41
42        Researcher researcher = new Researcher("홍길동", "연구원", 32, 8000);
43
44        //자식 클래스에서 오버라이딩한 메소드 호출
45        researcher.print();
46
47        //자식 클래스에서 선언한 메소드 호출
48        researcher.startResearch();
49     }
50   }
```

26행을 보면 자식 클래스에서 부모 클래스의 메소드를 오버라이딩하고 있다. Researcher 클래스에서 추가로 입력받은 연봉(income)을 출력하도록 오버라이딩한 예제이다.

[JAVA 멤버함수 재정의 예시 코드의 실행 결과]

```
1    연구원 이름: 홍길동
2    나이: 32
3    연봉: 8000만원
4    홍길동이(가) 리서치를 시작합니다.
```

제 4 절 | 추상 메소드와 추상 클래스

JAVA의 제어자 중에서 abstract라는 것이 있는데, 이 abstract가 클래스 앞에 붙으면 추상 클래스, 메소드 앞에 붙으면 추상 메소드가 된다.

1 추상 메소드

메소드는 선언부와 구현부로 구성되는데, 선언부만 작성하고 구현부는 작성하지 않은 채로 남겨둔 것이 추상 메소드이다. 즉, 설계만 해놓고 실제 구현은 상속받는 클래스에서 구현하도록 비워 놓은 형태이다.

> **🖥 JAVA 추상 메소드 선언 방법**
>
> abstract 리턴타입 메소드명();

2 추상 클래스

클래스를 설계도에 비유한다면 추상 클래스는 미완성 설계도에 비유할 수 있다. 클래스가 미완성이라는 것은 미완성 메소드를 포함하고 있다는 의미이다. 클래스의 메소드 중에서 1개라도 미완성된 메소드가 존재한다면 추상 클래스로 선언해야 한다. 미완성 설계도로 제품을 만들 수 없듯이 추상 클래스로는 인스턴스를 생성할 수 없다. 추상 클래스는 오직 상속을 통하여 자손 클래스에 의해서만 완성될 수 있다. 추상 클래스는 클래스를 작성하는 데 있어서 바탕이 되는 부모 클래스로서의 중요한 역할을 한다.

> **🖥 JAVA 추상 클래스 선언 방법**
>
> ```
> 1    abstract class 클래스명 {
> 2       //추상 클래스 구현부
> 3    }
> ```

추상 클래스와 추상 메소드를 사용하는 이유는 추상 메소드가 포함된 클래스를 상속받는 자식 클래스에게 추상 메소드의 구현을 강제하기 위해서이다. 여러 명의 개발자가 동시에 개발을 진행하는 경우 추상 클래스와 메소드를 사용하지 않는다면 매개변수, 메소드 이름 등이 제각각 다를 것이다. 하지만 추상 클래스를 상속받도록 하여 이를 해결할 수 있다. 이처럼 추상 클래스와 추상 메소드가 일정 규격을 제공하는 프레임워크가 되는 것이고 이로 인해서 유지보수성과 통일성을 높일 수 있는 것이다.

[JAVA 추상 메소드와 추상 클래스 사용 예시]

```
1    //추상 클래스
2    public abstract class Animal {
3      public void breathe() {
4        System.out.println("숨을 쉽니다.");
5      }
6
7      //추상 메소드
8      public abstract void sound();
9    }
10
11   //추상 클래스를 상속받은 클래스1
12   public class Dog extends Animal {
13     //추상 메소드 오버라이딩(재정의)
14     public void sound() {
15       System.out.println("멍멍");
16     }
17   }
18
19   //추상 클래스를 상속받은 클래스2
20   public class Cat extends Animal {
21     //추상 메소드 오버라이딩(재정의)
22     public void sound() {
23       System.out.println("야옹");
24     }
25   }
26
27   //실행 클래스
28   public class AnimalExample {
29     public static void main(String[] args) {
30       //자손 클래스 생성을 통한 호출
31       Dog dog = new Dog();
32       Cat cat = new Cat();
33       dog.sound();
34       dog.breathe();
35       cat.sound();
36       cat.breathe();
37       System.out.println("-----");
38
39       //다형성을 활용한 호출
40       Animal animal = null;
41       animal = new Cat();
42       animal.sound();
```

```
43          animal.breathe();
44          animal = new Dog();
45          animal.sound();
46          animal.breathe();
47          System.out.println("-----");
48     }
49  }
```

8행에서 추상 메소드를 선언하였고 14행과 22행을 보면 각각의 자식 클래스에서 추상 메소드를 재정의(오버라이딩)하였다. 또한 40행에서부터는 부모 클래스 타입(Animal)의 변수를 선언하여 Dog 객체와 Cat 객체를 생성하고 처리하는 다형성을 활용한 예제이다. 위 예제의 실행 결과는 다음과 같다.

[예시 코드의 실행 결과]

```
1      멍멍
2      숨을 쉽니다.
3      야옹
4      숨을 쉽니다.
5      -----
6      야옹
7      숨을 쉽니다.
8      멍멍
9      숨을 쉽니다.
10     -----
```

반면 C++에서는 하나 이상의 순수 가상함수를 포함하는 클래스를 추상 클래스(abstract class)라고 한다. 가상함수는 뒤에서 자세히 설명하도록 하겠다.

제 5 절 다중상속 중요 ★★

C++에서는 여러 클래스로부터 상속받는 다중상속을 허용하지만, JAVA에서는 단일상속만을 허용하기 때문에 하나 이상의 클래스로부터 상속을 받을 수 없다. JAVA에서 클래스는 단일상속만 허용하지만, Interface를 여러 개 상속하여 다중상속을 구현할 수 있는데 이와 관련해서는 추후 설명하도록 하겠다. 앞서 설명한 바와 같이 C++에서는 다중상속을 지원하며 다중상속을 하려면 클래스를 선언할 때 클래스명 옆의 : 연산자 뒤에 여러 개의 클래스를 콤마(,)로 나열하면 된다.

[C++ 다중상속 예시]

```
1    #include <iostream>
2    using namespace std;
3
4    class AAA {
5    public:
6      void String1() {
7        cout<<"AAA::String1"<<endl;
8      }
9    };
10
11   class BBB {
12   public:
13     void String2() {
14       cout<<"BBB::String2"<<endl;
15     }
16   };
17
18   class CCC : public AAA, public BBB {    //다중상속 선언
19   public:
20     void ShowString() {
21       String1();
22       String2();
23     }
24   };
25
26   int main(void) {
27       CCC ccc;
28       ccc.ShowString();
29     return 0;
30   }
```

18행에서 CCC 클래스를 정의할 때 AAA 클래스와 BBB 클래스를 다중상속하였다. 이후 20행의 ShowString 함수에서 AAA 클래스의 함수와 BBB 클래스의 함수를 그대로 사용하는 예제이다. 위 예제 코드의 실행 결과는 다음과 같다.

[C++ 다중상속 예시 코드의 실행 결과]

```
1    AAA::String1
2    BBB::String2
```

만약 예제 코드에서 AAA 클래스와 BBB 클래스의 함수 이름이 String()으로 동일하다면 이 때 다중상속의 모호성이 발생한다. String()이라는 함수가 어떤 객체의 함수를 호출하라는 것인지 알 수 없기 때문이다.

[C++ 다중상속의 모호성 예시]

```cpp
1    #include <iostream>
2    using namespace std;
3
4    class AAA {
5    public:
6      void String() {
7        cout<<"AAA::String"<<endl;
8      }
9    };
10
11   class BBB {
12   public:
13     void String() {
14       cout<<"BBB::String"<<endl;
15     }
16   };
17
18   class CCC : public AAA, public BBB {
19   public:
20     void ShowString() {
21       //다중상속의 모호성 발생
22       String();  //AAA::String();
23       String();  //BBB::String();
24     }
25   };
26
27   int main(void) {
28     CCC ccc;
29     ccc.ShowString();
30     return 0;
31   }
```

이 경우에는 22행의 주석과 같이 범위 지정 연산자를 통해서 해결할 수 있지만 코드가 복잡해질 수밖에 없다. 이처럼 C++은 모호성을 감안하고 다중상속을 지원하지만, JAVA에서는 이런 문제점을 해결하기 위하여 다중상속의 장점을 포기하고 단일상속만을 허용한다.

제 2 장 인터페이스 상속(in JAVA)

인터페이스는 추상 클래스처럼 추상 메소드를 갖지만 추상 클래스와 달리 일반 메소드와 멤버변수를 구성원으로 가질 수 없다. 인터페이스는 오직 추상 메소드와 상수만을 멤버로 가질 수 있다. 인터페이스도 추상메소드처럼 다른 클래스를 작성하는 데 도움을 줄 목적으로 사용한다. 인터페이스의 역할은 다음과 같다.

인터페이스의 역할
• 인터페이스는 객체를 어떻게 구성해야하는지 정리한 설계도의 역할을 한다.
• 인터페이스는 객체의 다형성을 보장한다.
• 객체가 인터페이스를 상속하면, 인터페이스 메소드를 반드시 구현해야 하는 제약을 받는다.

자식 클래스가 여러 부모 클래스를 상속받을 수 있다면, 다양한 동작을 수행할 수 있다는 장점을 가지게 될 것이다. 하지만 클래스를 이용하여 다중상속을 할 경우 앞에서 설명한 바와 같이 메소드 출처의 모호성 등 여러 가지 문제가 발생할 수 있어, JAVA에서는 클래스의 단일상속만을 지원한다. 하지만 다중상속의 이점을 버릴 수는 없기에 JAVA에서는 인터페이스를 통해서 다중상속을 지원하고 있다.

제 1 절 인터페이스 선언

JAVA에서 인터페이스를 선언하는 방법은 클래스를 작성하는 방법과 같다. 인터페이스를 선언할 때에는 class라는 키워드 대신 접근 제어자와 함께 interface 키워드를 사용하여 선언한다.

[JAVA 인터페이스 선언 방법]

```
1    접근 제어자 interface 인터페이스이름 {
2
3      public static final 타입 상수이름 = 값;
4      //예시
5      //public static final int MAX_INTEGER = 1000000;
6      //public static final String FIRST_NAME = "Hong";
7
8      public abstract 리턴타입 메소드이름(매개변수목록);
9      //예시
10     //public abstract String sendMoney(int amount, String accountNo);
11
12   }
```

클래스와 달리 인터페이스의 모든 필드는 public static final이어야 하며(상수), 모든 메소드는 public abstract(추상 메소드)이어야 한다. 이 부분은 모든 인터페이스에 공통으로 적용되는 부분이므로 이 제어자는 생략할 수 있으며, 생략된 제어자는 컴파일 시 컴파일러가 자동으로 추가해주게 된다. 추상 클래스에서 작성했던 Animal 클래스를 인터페이스로 정의한 예시는 다음과 같다.

[JAVA 인터페이스 선언 예시]

```
1    public interface Animal {
2      public abstract void cry();
3    }
```

제 2 절 인터페이스 상속 중요 ★★

인터페이스는 인터페이스로부터만 상속받을 수 있으며 인터페이스 간의 상속에도 extends 키워드를 사용한다.

[JAVA 인터페이스 상속 예시]

```
1    //인터페이스 X
2    public interface X {
3      void x();
4    }
5
6    //인터페이스 MyInterface
7    public interface MyInterface extends X {          //인터페이스 X를 상속
8      void myMethod();
9    }
10
11   //MyInterface를 구현한 클래스
12   public class MyClass implements MyInterface {     //implements 키워드로 선언
13     //X 인터페이스의 x 메소드 오버라이드
14     public void x() {
15       System.out.println("x()메소드를 정의합니다.");
16     }
17
18     //MyInterface의 myMethod 메소드 오버라이드
19     public void myMethod() {
20       System.out.println("myMethod()");
21     }
22   }
```

7행에서는 인터페이스 X를 extends 키워드를 선언하여 상속받는 MyInterface를 정의하고 있다. 그리고 인터페이스 X를 상속받은 MyInterface 인터페이스를 12행의 MyClass에서 implements 키워드로 구현한다고 선언하고 있다. 따라서 MyClass는 인터페이스 X, MyInterface에서 명시된 메소드를 모두 구현해야 한다. 이처럼 인터페이스의 구현은 extends가 아닌 implements 키워드를 붙여서 선언한다. 인터페이스 선언 예시에서 정의하였던 Animal 인터페이스를 구현한 예제는 다음과 같다.

[JAVA 인터페이스 구현 예시]

```
1    //인터페이스 선언
2    public interface Animal {
3        public abstract void cry();
4    }
5
6    //인터페이스 구현 클래스 선언
7    class Cat implements Animal {
8      //cry 메소드 오버라이드
9      public void cry() {
10       System.out.println("고양이가 냐옹냐옹!");
11     }
12   }
13
14   //인터페이스 구현 클래스 선언
15   class Dog implements Animal {
16     //cry 메소드 오버라이드
17     public void cry() {
18       System.out.println("개가 멍멍!");
19     }
20   }
21
22   //실행 클래스
23   public class interfaceTest {
24     public static void main(String[] args) {
25       Cat c = new Cat();
26       Dog d = new Dog();
27       c.cry();
28       d.cry();
29     }
30   }
```

만약 인터페이스를 구현한 클래스에서 인터페이스에 정의된 추상 메소드를 오버라이드하지 않았다면 해당 클래스는 추상 클래스로 선언해야 한다. 다음은 예시에 대한 실행 결과이다.

[JAVA 인터페이스 구현 예시 코드의 실행 결과]

```
1    고양이가 냐옹냐옹!
2    개가 멍멍!
```

인터페이스 다중상속

인터페이스 간의 다중상속에도 extends 키워드를 사용하며, 인터페이스 상속은 구현 코드의 상속이 아니므로 타입 상속이라고 한다.

[JAVA 인터페이스 다중상속 예시]

```
1    //인터페이스 X
2    public interface X {
3       void x();
4    }
5
6    //인터페이스 Y
7    public interface Y {
8       void y();
9    }
10
11   //인터페이스 MyInterface
12   public interface MyInterface extends X, Y {        //인터페이스 X와 Y를 다중상속
13      void myMethod();
14   }
15
16   //MyInterface를 구현한 클래스
17   public class MyClass implements MyInterface {       //implements 키워드로 선언
18      //X 인터페이스의 x 메소드 오버라이드
19      public void x() {
20         System.out.println("x()메소드를 정의합니다.");
21      }
22
23      //Y 인터페이스의 y 메소드 오버라이드
24      public void y() {
```

```
25        System.out.println("y()메소드를 정의합니다.");
26      }
27
28      //MyInterface의 myMethod 메소드 오버라이드
29      public void myMethod() {
30        System.out.println("myMethod()");
31      }
32    }
```

12행에서 인터페이스 X, 인터페이스 Y를 다중상속받은 인터페이스 MyInterface를 정의했으며 extends 키워드를 이용하여 콤마(,)로 구분하여 선언하였다. 그리고 2개의 인터페이스를 상속받은 MyInterface 인터페이스를 17행의 MyClass에서 implements 키워드로 구현한다고 선언하고 있다. 따라서 MyClass는 인터페이스 X, Y, MyInterface에서 명시된 메소드를 모두 구현해야 한다.

제 3 장 다형성(polymorphism)

다형성은 객체지향 프로그래밍의 개념을 설명할 때 추상화와 더불어 가장 중요하게 등장하는 용어이다. 다형성은 서로 다른 객체가 동일한 메시지에 대하여 서로 다른 방법으로 응답할 수 있는 기능이라고 정의할 수 있다.

제 1 절 가상함수 선언(in C++)

C++에서 가상함수는 상속되지 않은 클래스 내에서 선언되어 파생 클래스에 의해서 재정의되는 멤버함수이다. 즉, 가상함수는 부모 클래스에서 상속받을 클래스에서 재정의할 것으로 기대하고 정의해놓은 함수이다. 가상함수 선언에는 다음과 같은 규칙이 있다.

가상함수 선언 규칙
• 클래스의 public 영역에 선언한다.
• 가상함수는 static일 수 없으며 다른 클래스의 friend 함수가 될 수 없다.
• 가상함수는 실행시간에 다형성을 얻기 위해 기본 클래스의 포인터 또는 참조를 통해 접근해야 한다.
• 가상함수의 반환형과 매개변수는 기본 클래스와 파생 클래스에서 동일해야 한다.
• 클래스는 가상 소멸자를 가질 수 있지만, 가상 생성자를 가질 수는 없다.

가상함수는 virtual이라는 예약어를 함수 앞에 붙여서 생성할 수 있으며, 이렇게 생성된 가상함수를 파생 클래스에서 재정의하면 이전에 정의되었던 내용들은 모두 새롭게 정의된 내용들로 교체된다.

[C++ 가상함수 선언 예시]

```
1   //가상함수 선언 방법
2   virtual 반환형식 메소드명
3
4   //가상함수 선언 예시
5   class Parent {
6   public:
7     //가상함수 선언
8     virtual void print() {
9       cout << "이곳은 Parent입니다." << endl;
10    }
11  };
```

가상함수를 사용하면 해당 함수를 가리키는 메모리의 주소가 컴파일 시에 결정되는 것이 아니라 프로그램 실행 중일 때 결정된다. 이를 동적 바인딩이라고 한다.

제 2 절 멤버함수 동적 바인딩 중요★

C++에서 컴파일을 수행할 때 함수를 호출하는 코드를 고정된 메모리 주소로 변환하는 방식을 정적 바인딩이라고 한다. C++에서 일반 함수의 경우 정적 바인딩을 수행한다. 이 경우 일반 함수를 오버라이딩하게 되면 정적 바인딩으로 문제가 발생할 수 있다.

[C++ 일반 함수 오버라이딩 시 문제점]

```
1    #include <iostream>
2    using namespace std;
3
4    class Parent {
5    public:
6      void print() {
7        cout << "이곳은 Parent입니다." << endl;
8      }
9    };
10
11   //Parent 클래스 상속
12   class Child : public Parent {
13   public:
14     //print 함수 오버라이딩
15     void print() {
16       cout << "이곳은 Child입니다." << endl;
17     }
18   };
19
20   void main() {
21     //Parent 포인터 선언
22     Parent* p = new Parent;
23
24     //Child 포인터 선언
25     Child* c = new Child;
26
```

```
27        p -> print();
28
29        //포인터 p의 주소를 Child 객체의 주소로 설정
30        p = c;
31
32        //실행 결과는?
33        p -> print();
34    }
```

정적 바인딩을 수행하는 일반함수를 오버라이딩하게 되면 포인터의 주소를 코드상에서 변경하더라도 이미 컴파일 수행 시에 호출될 함수의 주소가 결정되었기 때문에 문제가 발생한다. 위 예제 코드의 실행 결과는 다음과 같다.

[예시 코드의 실행 결과]

```
1    이곳은 Parent입니다.
2    이곳은 Parent입니다.
```

위의 예제를 보면 30행에서 Parent 타입으로 선언된 포인터 p에 Child 객체의 주소를 넣었다. 그 후에 33행에서 print 함수를 호출시켰는데 Parent 클래스의 함수가 호출되었다. p포인터의 주소를 Child로 변경했지만, 정적 바인딩(컴파일 당시 호출될 함수의 번지가 이미 결정)으로 인해 부모의 함수가 호출되는 것이다. 이를 해결하려면 정적 바인딩이 아닌 동적 바인딩을 해야 한다. C++에서 동적 바인딩을 하려면 일반 함수들을 가상함수로 바꾸면 된다.

[C++ 가상함수 사용 예시]

```
1    #include <iostream>
2    using namespace std;
3
4    class Parent {
5    public:
6      //가상함수 선언
7      virtual void print() {
8        cout << "이곳은 Parent입니다." << endl;
9      }
10   };
11
12   //Parent 클래스 상속
13   class Child : public Parent {
```

```
14    public:
15      //print 함수 오버라이딩
16      virtual void print() {
17        cout << "이곳은 Child입니다." << endl;
18      }
19    };
20
21  void main() {
22    //Parent 포인터 선언
23    Parent* p = new Parent;
24
25    //Child 포인터 선언
26    Child* c = new Child;
27
28    p -> print();
29
30    //포인터 p의 주소를 Child 객체의 주소로 설정
31    p = c;
32
33    //실행 결과는?
34    p -> print();
35  }
```

위와 같이 가상함수로 선언하면 포인터의 타입이 아닌 포인터가 가리키는 객체의 타입에 따라 멤버함수를 선택하게 된다. 가상함수를 사용했을 때의 예제 코드의 실행 결과는 다음과 같다.

[예시 코드의 실행 결과]

```
1    이곳은 Parent입니다.
2    이곳은 Child입니다.
```

이와 같이 동적 바인딩을 수행하면 가상함수는 실행시간(런타임)에 호출될 함수의 번지가 결정되게 된다.

제 3 절 　 동적 소멸자(in C++)

C와 C++, 그리고 JAVA 프로그래밍의 경우 필수적으로 동적 메모리 할당을 사용한다. 하지만 C/C++과 JAVA는 할당된 메모리를 처리할 때 차이가 있다. JAVA의 경우 할당받은 메모리의 해제를 자바가상머신 (JVM)의 가비지 컬렉터(GC)가 알아서 수행해주지만, C와 C++의 경우는 개발자가 직접 메모리를 해제해야 한다. C는 malloc()과 free()라는 함수를 통해서 메모리를 할당하고 해제하는데, C++에서는 new와 delete라 는 연산자를 활용하여 메모리를 관리한다.

[C++ 메모리 관리 방법]

```
1    //C++ 메모리 할당 및 해제 방법
2    //메모리 할당
3    타입 *변수명 = new 타입;
4
5    //메모리 할당 해제
6    delete 변수명;
```

C의 경우 메모리 관리에 malloc과 free를 사용하다가 C++로 발전되면서 new와 delete가 추가된 이유는 객체의 개념이 추가되었기 때문이다. 다음은 C++에서 malloc과 free만을 사용했을 때 생성자와 소멸자의 호출 여부를 확인하는 예제이다.

[malloc과 free만을 사용한 메모리 관리 예시]

```
1    #include <iostream>
2    using namespace std;
3
4    class Position {
5    public:
6      //생성자
7      Position() {
8        cout << "2) new에 의해 생성자 호출됨" << endl;
9      }
10
11     //소멸자
12     ~Position() {
13       cout << "3) delete에 의해 소멸자 호출됨" << endl;
14     }
15   };
16
```

```
17    //실행 함수
18    int main() {
19      //메모리 할당
20      Position* ptr = (Position*)malloc(sizeof(Position));
21
22      cout << "1) malloc - 메모리 할당 끝" << endl;
23
24        //메모리 해제
25        free(ptr);
26
27      system("pause");
28      return 0;
29    }
```

20행에서 malloc을 이용하여 메모리 할당을 하였고, 25행에서 ptr 포인터를 매개변수로 전달하여 메모리를 해제하였다. 이때 Position 클래스의 생성자와 소멸자가 호출되었을까? 다음은 예제 코드의 실행 결과이다.

[예시 코드의 실행 결과]

```
1    1) malloc - 메모리 할당 끝
```

실행 결과를 보면 생성자와 소멸자가 호출되지 않았다. 위의 예제 코드를 new와 delete를 이용하도록 수정한 예제는 다음과 같다.

[new와 delete를 사용한 메모리 관리 예시]

```
1    #include <iostream>
2    using namespace std;
3
4    class Position {
5    public:
6      //생성자
7      Position() {
8        cout << "2) new에 의해 생성자 호출됨" << endl;
9      }
10
11     //소멸자
12     ~Position() {
13       cout << "3) delete에 의해 소멸자 호출됨" << endl;
14     }
```

```
15    };
16
17    //실행 함수
18    int main() {
19      //new를 이용한 메모리 할당
20      Position* ptr = new Position();
21
22      cout << "1) malloc - 메모리 할당 끝" << endl;
23
24        //delete를 이용한 메모리 해제
25        delete(ptr);
26
27      system("pause");
28      return 0;
29    }
```

20행에서 new를 이용하여 메모리 할당을 하였고, 25행에서 delete를 이용하여 메모리 해제를 하였다. 다음은 예제 코드의 실행 결과이다.

[예시 코드의 실행 결과]

```
1    2) new에 의해 생성자 호출됨
2    1) malloc - 메모리 할당 끝
3    3) delete에 의해 소멸자 호출됨
```

위의 결과를 정리하자면 C++에서 new와 delete가 하는 일은 다음과 같다,

[C++ new와 delete의 역할]

new의 동작	메모리 할당(malloc) + 생성자 호출
delete의 동작	소멸자 호출 + 메모리 해제(free)

결국 new와 delete는 메모리 할당과 해제를 위해서 내부적으로 malloc()과 free()라는 함수를 호출하며, 추가로 객체의 생성자와 소멸자를 호출하는 역할을 한다. C++에서는 기존의 malloc과 free로는 동적 할당으로 생성되는 클래스 객체의 생성자와 소멸자를 호출할 방법이 없으며, 이를 해결하기 위해서 new와 delete를 사용해야 한다.

제 **4** 절 **복사 생성자(in C++)** 중요 ★★★

C++에서 복사 생성자란 자신과 같은 클래스 타입의 다른 객체에 대한 참조(reference)를 매개변수로 전달받아서 그 참조를 가지고 자신을 초기화하는 방법이다. C++에서 복사 생성자를 사용할 때 주의할 점은 다음과 같다.

복사 생성자 사용 시 주의할 점

- 같은 클래스의 레퍼런스 타입을 인자로 받는다.
- 복사 생성자는 정의하지 않으면 컴파일러에 의해 자동으로 생성된다.
- 자동으로 만들어지는 복사 생성자는 얕은 복사(shallow copy)를 이용한다.

컴파일러에 의해서 자동으로 생성되는 복사 생성자는 얕은 복사(shallow copy)를 이용하기 때문에, 객체를 복사할 때 완전한 독립성을 갖도록 하기 위해서는 깊은 복사(deep copy)를 이용하여 복사 생성자를 직접 정의해야 한다. 그렇다면 깊은 복사란 무엇인가? 복사 생성자를 설명할 때, 꼭 빠지지 않는 개념이 바로 얕은 복사(shallow copy)와 깊은 복사(deep copy)이다.

얕은 복사는 객체가 가진 멤버들의 값을 새로운 객체로 복사하는데, 만약 복사 대상객체가 참조타입의 멤버를 가지고 있다면 참조 값(참조변수의 주소)만 복사가 된다. 그렇기에 이 참조타입의 값이 변경될 경우 해당 객체로 복사한 모든 객체들의 값이 일괄적으로 바뀌는 문제가 발생한다.

[얕은 복사 예시]

```
1    #include <iostream>
2    using namespace std;
3
4    class Person {
5    public:
6      int age;
7      char* name;
8
9      Person(int _age, const char* _name) {
10        age = _age;
11        name = new char[strlen(_name) + 1];
12        strcpy(name, _name);
13     }
14
15     void infoPerson() {
16       cout << "이름: " << name << endl;
17       cout << "나이: " << age << endl;
18     }
19   };
```

```
20
21    void main() {
22      Person A = new Person(20, "홍길동");
23
24      //기본 복사 생성자 호출
25      Person B = A;
26
27      //Person B = new Person(A);
28
29      B.age = 30;
30      strcpy(B.name, "이순신");
31
32      A.infoPerson();
33      B.infoPerson();
34    }
```

22행에서 A라는 참조타입 변수에 Person 객체를 생성해서 저장하였고, 25행에서 B 참조타입 변수에 A를 대입하였다. 이 경우는 주석으로 처리한 27행의 구문과 같으며 컴파일러에 의해서 자동으로 추가된 기본 복사 생성자를 호출하게 된다. 다음은 얕은 복사 예제의 실행 결과이다.

[예시 코드의 실행 결과]

```
1    이름: 이순신
2    나이: 20
3    이름: 이순신
4    나이: 30
```

A라는 Person 객체와 B라는 Person 객체를 각각 생성하여, B라는 Person 객체의 이름을 이순신이라고 바꾸었는데, A라는 Person 객체의 이름까지 같이 변경된 것을 확인할 수 있다.

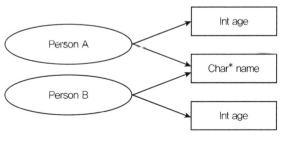

[얕은 복사 시 참조 상태]

int형 같은 변수의 경우에는 문제가 발생하지 않지만, 포인터 변수는 참조 값(참조변수의 주소)만 복사하기 때문에 B라는 Person 객체의 name 변수를 수정했을 때 A라는 Person 객체도 함께 변경되는 것이다. 이처럼 기본 복사 생성자는 얕은 복사로 인해 문제가 발생하기 때문에, 깊은 복사를 수행하는 복사 생성자를 오버라이딩하여 문제를 해결할 수 있다.

[깊은 복사 예시]

```
1    #include <iostream>
2    using namespace std;
3
4    class Person {
5    public:
6      int age;
7      char* name;
8
9      Person(int _age, const char* _name) {
10       age = _age;
11       name = new char[strlen(_name) + 1];
12       strcpy(name, _name);
13     }
14
15     //깊은 복사를 수행하는 "복사 생성자" 오버라이딩
16     Person(const Person& p) {
17       age = p.age;
18       name = new char[strlen(p.name) + 1];
19       strcpy(name, p.name);
20     }
21
22     void infoPerson() {
23       cout << "이름: " << name << endl;
24       cout << "나이: " << age << endl;
25     }
26   };
27
28   void main() {
29     Person A = new Person(20, "홍길동");
30
31     //복사 생성자 호출
32     Person B = A;
33     //Person B = new Person(A);
34
35     B.age = 30;
36     strcpy(B.name, "이순신");
```

```
37
38        A.infoPerson();
39        B.infoPerson();
40    }
```

16~20행에 복사 생성자를 정의했으며, 18행에서 name의 변수 공간 할당 후 strcpy 함수를 통해서 문자열 복사를 수행하였다. 깊은 복사 예제 코드의 실행 결과는 다음과 같다.

[예시 코드의 실행 결과]

```
1    이름: 홍길동
2    나이: 20
3    이름: 이순신
4    나이: 30
```

Person 객체 B를 생성할 때 복사 생성자에서 name 변수를 위한 공간 할당 후 문자열을 복사했기 때문에 A, B Person 객체가 독립적인 변수를 가지는 형태가 되었다.

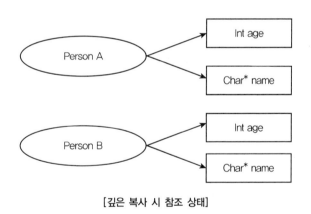

[깊은 복사 시 참조 상태]

checkpoint 해설 & 정답

01 C++은 클래스 다중상속을 허용하지만, JAVA에서는 클래스 다중상속을 허용하지 않는다.

02 자바의 경우 최상위 클래스인 Object가 제일 먼저 생성되고 그 후 부모, 자식의 순서로 생성자의 호출이 완료된다.

01 클래스의 상속에 대한 설명으로 옳지 <u>않은</u> 것은?

① 클래스 상속이란 기존의 클래스를 재사용하여 새로운 클래스를 작성하는 것이다.

② 상속을 이용하면 코드의 추가 및 변경이 용이하다.

③ 상속을 이용하면 보다 적은 양의 코드로 새로운 클래스를 작성할 수 있다.

④ C++과 JAVA 모두 클래스 다중상속을 허용한다.

02 다음은 상속과 관련된 JAVA 코드 예제이다. 예제에서 밑줄 친 ⓐ 구문이 실행될 때 생성자의 호출이 완료되는 순서를 바르게 연결한 것은?

```java
class Person {
    String name;
    String job;
    int age;

    Person() {}

    public void print() {
        System.out.println("이름: " + name);
        System.out.println("직업: " + job);
        System.out.println("나이: " + age);
    }
}

class Researcher extends Person {

    Researcher(String name, String job, int age) {
        super.name = name;
```

정답 01 ④

```
        super.job = job;
        super.age = age;
    }

    public void startResearch() {
    //부모 클래스의 멤버변수 접근
        System.out.println(name + "이(가) 리서치를 시작합
니다.");
    }
}

public class inheritenceTest {
    public static void main(String[] args) {
     ⓐ Researcher researcher = new Researcher("홍길동
", "연구원", 32);
        researcher.print();
        researcher.startResearch();
    }
}
```

① 부모(Person) → 자식(Researcher) → Object
② 자식(Researcher) → Object → 부모(Person)
③ Object → 부모(Person) → 자식(Researcher)
④ 자식(Researcher) → 부모(Person) → Object

03 멤버함수 재정의에 대한 설명으로 옳지 <u>않은</u> 것은?

① 부모 클래스에 정의된 함수(메소드)를 자식 클래스에서 다시 정의하는 것이다.
② 메소드 이름, 리턴타입, 매개변수의 개수, 자료형과 순서를 동일하게 해야 한다.
③ 재정의할 함수(메소드)의 접근 제한자는 부모 클래스와 동일하거나 넓게 지정한다.
④ 접근 제한자가 protected라면 자식 클래스에서는 protected, private으로 지정이 가능하다.

03 접근 제한자가 protected라면 자식 클래스에서는 부모보다 같거나 더 넓은 범위인 protected, public으로 지정이 가능하다.

checkpoint **해설 & 정답**

04 클래스의 메소드 중 1개라도 추상 메소드일 경우 추상 클래스로 선언한다.

04 추상 메소드와 추상 클래스에 대한 설명으로 옳지 <u>않은</u> 것은?

① abstract가 클래스 앞에 붙으면 추상 클래스, 메소드 앞에 붙으면 추상 메소드가 된다.

② 메소드의 선언부만 작성하고 구현부는 작성하지 않고 남겨둔 것이 추상 메소드이다.

③ 클래스의 메소드가 모두 추상 메소드일 경우에만 추상 클래스로 선언한다.

④ 추상 클래스는 오직 상속을 통하여 자손 클래스에 의해서만 완성될 수 있다.

05 C++에서 다중상속을 할 경우 다중상속의 모호성 문제가 발생할 수 있다.

05 다중상속에 대한 설명으로 옳지 <u>않은</u> 것은?

① C++에서는 여러 클래스로부터 상속받는 다중상속을 지원한다.

② JAVA의 경우 클래스 다중상속을 지원하지 않는다.

③ JAVA가 클래스 다중상속을 지원하지 않는 이유는 다중상속의 모호성 때문이다.

④ C++에서는 다중상속의 모호성이 나타나지 않는다.

06 인터페이스는 객체의 정보은닉이 아니라 다형성을 보장한다.

06 JAVA의 인터페이스에 대한 설명으로 옳지 <u>않은</u> 것은?

① 인터페이스는 오직 추상 메소드와 상수만을 멤버로 가질 수 있다.

② 인터페이스는 객체의 정보은닉을 보장한다.

③ 객체가 인터페이스를 상속하면 인터페이스의 메소드를 반드시 구현해야 한다.

④ 인터페이스는 다중상속이 가능하다.

정답 04 ③ 05 ④ 06 ②

해설 & 정답 checkpoint

07 다음은 C++의 가상함수를 이용한 멤버함수 동적 바인딩의 예제와 실행 결과이다. ⓐ와 ⓑ에 들어갈 내용을 올바르게 짝지은 것은?

```
#include <iostream>
using namespace std;

class Parent {
public:
    [    ⓐ    ] void print() {
        cout << "이곳은 Parent입니다." << endl;
    }
};

class Child : public Parent {
public:
    [    ⓐ    ] void print() {
        cout << "이곳은 Child입니다." << endl;
    }
};

void main() {

    Parent* p = new Parent;
    Child* c = new Child;

    p -> print();
    p = c;

    p -> print();
}
```

실행결과
이곳은 Parent입니다.
[ⓑ   ]

	ⓐ	ⓑ
①	function	이곳은 Child입니다.
②	virtual	이곳은 Child입니다.
③	virtual	이곳은 Parent입니다.
④	virtual Function	이곳은 Parent입니다.

07 가상함수를 선언하기 위한 키워드는 virtual이며, 가상함수를 이용하여 멤버함수의 동적 바인딩이 이루어졌기 때문에 Child 클래스의 print() 함수의 결과가 출력된다.

정답 07 ②

08 가상함수는 static일 수 없으며, 다른 클래스의 friend 함수가 될 수 없다.

08 C++의 가상함수의 선언 규칙으로 옳지 <u>않은</u> 것은?

① 클래스의 public 영역에 선언한다.
② 가상함수는 static으로 선언할 수 있으며, 다른 클래스의 friend 함수가 될 수 있다.
③ 가상함수는 기본 클래스의 포인터 또는 참조를 통해 접근해야 한다.
④ 가상함수의 반환형과 매개변수는 기본 클래스와 파생 클래스에서 동일해야 한다.

09 malloc과 free로는 동적 할당으로 생성되는 클래스 객체의 생성자와 소멸자를 호출할 수 없기 때문에 new와 delete를 사용한다.

09 C++의 메모리 할당과 관련한 설명으로 옳지 <u>않은</u> 것은?

① C++에서는 new와 delete라는 연산자를 활용하여 메모리를 관리한다.
② C++에서 new와 delete가 추가된 이유는 객체의 개념이 추가되었기 때문이다.
③ new와 delete는 메모리 할당/해제를 위해 내부적으로 malloc()과 free()를 호출한다.
④ malloc과 free로 동적 할당으로 생성되는 클래스 객체의 생성자와 소멸자를 호출할 수 있다.

정답 08② 09④

10 다음은 C++의 복사 생성자와 관련된 예제이다. C++ 복사 생성자에 대한 설명으로 옳지 <u>않은</u> 것은?

```
#include <iostream>
using namespace std;

class Person {
public:
    int age;
    char* name;

    Person(int _age, const char* _name) {
        age = _age;
        name = new char[strlen(_name) + 1];
        strcpy(name, _name);
    }

    void infoPerson() {
        cout << "이름: " << name << endl;
        cout << "나이: " << age << endl;
    }
};

void main() {
    Person A = new Person(20, "홍길동");

    Person B = new Person(A);

    B.age = 30;
    strcpy(B.name, "이순신");

    A.infoPerson();
    B.infoPerson();
}
```

① 위 예제는 얕은 복사(shallow copy)를 이용한 복사 생성자 코드이다.
② 위 예제는 컴파일러에 의해 자동적으로 생성되는 복사 생성자를 이용한다.
③ A와 B 객체는 서로 다른 이름을 출력한다.
④ A와 B 객체는 서로 다른 나이를 출력한다.

10 복사 생성자가 재정의되지 않았으므로 얕은 복사를 수행하는 복사 생성자를 이용하여 Person B 객체가 생성되었다. 얕은 복사를 수행하였으므로 문자열 참조변수가 같은 곳을 바라보고 있는 상태이기 때문에 Person A와 Person B는 같은 이름을 출력한다.

checkpoint   해설 & 정답

✔ 주관식 문제

01 다음은 C++과 JAVA에서 클래스 상속 예제이다. 부모 클래스는 Person, 자식 클래스는 Student라고 할 때, ⓐ와 ⓑ에 들어갈 구문을 각각 작성하시오.

C++	JAVA

class [ⓐ] {
 //클래스 구현
  ...
  ...
 }
	class [ⓑ] {
	 //클래스 구현
	  ...
	  ...
	 }

01 **정답**

ⓐ Student : Person
ⓑ Student extends Person

해설
클래스 상속은 C++의 경우 "자식 클래스 : 부모 클래스"로 선언하며, JAVA의 경우 "자식 클래스 extends 부모 클래스"로 선언한다.

02 다음은 JAVA의 인터페이스 선언 예시이다. ⓐ와 ⓑ에 들어갈 구문을 각각 작성하시오.

```
public interface Animal {
    [    ⓐ    ]  int AGE = 3;
    [    ⓑ    ]  void cry();
}
```

02 **정답**

ⓐ public static final
ⓑ public abstract

해설
인터페이스는 상수만을 멤버변수로 가질 수 있고, 추상 메소드만 멤버함수로 가질 수 있다.

03 다음은 JAVA의 인터페이스 상속의 예시이다. ⓐ와 ⓑ에 들어갈 구문을 각각 작성하시오.

```java
public interface X {
    void x();
}


public interface MyInterface      ⓐ      X {
    void myMethod();
}


public class MyClass      ⓑ      MyInterface {
    public void x() {
        System.out.println("x()메소드를 정의합니다.");
    }

    public void myMethod() {
        System.out.println("myMethod()");
    }
}
```

04 **정답**
new, delete

해설
- new의 동작 : 메모리 할당(malloc) + 생성자 호출
- delete의 동작 : 소멸자 호출 + 메모리 해제(free)

04 C의 경우 메모리 관리에 malloc, free를 사용하다가 객체의 개념이 추가되면서 C++에서 변경된 예약어는 각각 무엇인지 쓰시오.

제7편

기본 함수 및 클래스 라이브러리

단원 개요

JAVA 및 C/C++에서는 다양한 패키지 또는 기본 함수 및 클래스 라이브러리를 제공하여 개발자들이 어플리케이션을 쉽게 개발할 수 있도록 도와준다. 이번 단원에서는 다양한 기본 함수 및 클래스 라이브러리에 대해서 알아보겠다. C, C++, JAVA 언어에서 제공되는 기본 함수 및 클래스 라이브러리에 대한 개념과 사용방법을 알아보고 이를 활용한 화면 입출력, 문자열 제어, 파일 입출력, 자료구조에 사용되는 라이브러리 관련 명령어를 살펴본다. 또한 JAVA에서 가장 기본이 되는 Object, Wrapper 클래스에 대해 알아본다.

출제 경향 및 수험 대책

프로그램 언어에서 제공하는 함수 및 라이브러리에 대해 명령어별 사용법을 알아보고 이에 대한 활용을 학습한다. 특히 화면 입출력, 문자열 제어, 파일 입출력은 가장 많이 사용하는 명령어로 프로그램 작성을 위한 사용법을 살펴보고 자바에서 Import 없이 사용되는 가장 중요한 클래스에 대한 개념과 사용법을 학습한다.

혼자 공부하기 힘드시다면 방법이 있습니다.
SD에듀의 동영상강의를 이용하시면 됩니다.
www.sdedu.co.kr → 회원가입(로그인) → 강의 살펴보기

화면 입출력

I/O란 Input과 Output의 약자로 입력과 출력, 간단히 입출력이라고 한다. 입출력은 컴퓨터 내부 또는 외부의 장치와 데이터를 주고받는 것이다. 입출력 중에서 화면 입출력을 지원하는 C/C++ 및 JAVA의 함수(메소드)에 대하여 알아보자.

제 1 절 　C 라이브러리 – printf, scanf, puts, gets 등

1 　printf

C 언어 표준 함수인 printf 함수를 이용하면 변수의 값을 화면에 출력할 수 있다. printf 함수의 형식은 다음과 같으며 첫 번째 인자로 들어온 데이터는 표준 출력(stdout)해주고, 두 번째 인자부터는 첫 번째 인자의 서식문자의 개수와 종류에 따라서 변수가 들어오게 된다.

> 📇 **printf 함수의 형식**
> printf("출력할 데이터 및 서식", [변수1, 변수2, ..., 변수n]);

대괄호([]) 영역인 두 번째 인자부터는 옵션 사항으로 첫 번째 인자에 서식문자가 없다면 생략이 가능하다. 다음은 printf 함수를 이용하여 변수의 값을 화면에 출력하는 예제이다.

[printf 함수의 예시]

```
1    #include <stdio.h>
2
3    int main(void) {
4      int radius = 5;
5      double pi = 3.141592;
6      printf("반지름 = %d, 파이 = %f \n", radius, pi);
7      return 0;
8    }
```

4행과 5행에서 int, double형의 변수를 선언하고 값을 초기화하였으며, 6행의 printf 함수를 호출하면서 두 번째, 세 번째 인자로 int. double형의 변수를 대입하였다. 첫 번째 인자의 서식문자 %d는 int형 변수가 대치되고 서식문자 %f는 double형 변수가 대치된다.

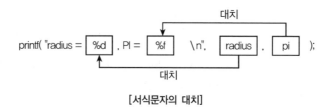

[서식문자의 대치]

위의 예제에서 서식문자에 각각의 변수가 대치되고 출력되는 결과는 다음과 같다.

[printf 함수의 예시 코드의 실행 결과]

1	반지름 = 5, 파이 = 3.141592 .

%d는 변수값을 정수형으로 출력하라는 의미이고 %f는 변수값을 부호 있는 십진수 실수형으로 출력하라는 의미이다. 이 밖에도 다음과 같이 여러 가지 서식문자가 존재한다.

서식문자	설명
%c	문자 표기
%s	문자열 표기
%d	부호 있는 10진 정수 표기
%u	부호 없는 10진 정수 표기
%f	부호 있는 10진 실수 표기
%x	부호 없는 16진 정수 표기
%e	부동소수점 표현 방식의 10진 실수 표기(가수e + 지수 형태)
%E	부동소수점 표현 방식의 10진 실수 표기(가수E + 지수 형태)
%p	메모리 주소 표기
%%	%기호 자체를 출력

또한 서식문자 %d, %f는 % 다음에 숫자를 넣어서 출력할 자릿수를 지정할 수 있다.

[printf 함수 출력할 자릿수 지정 예시]

```
1    #include 〈stdio.h〉
2
3    int main(void) {
4        int radius = 5;
5        double pi = 3.141592;
6        printf("반지름 = %05d, 파이 = %0.2f \n", radius, pi);
7        return 0;
8    }
```

%5d라고 하면 정수를 출력할 때 5자리로 맞춰서 출력할 수 있고, %05d라고 하면 5자리가 안 되는 정수는 앞을 0으로 채워서 5자리로 맞출 수 있다. 실수도 자릿수를 정할 수 있는데 %0.2f라고 하면 소수점 이하를 2자리까지만 출력하게 된다.

[printf 함수 출력할 자릿수 지정 예시 코드의 실행 결과]

```
1    반지름 = 00005, 파이 = 3.14
```

지금까지의 예제 코드에서 "\n"이 계속 등장하였다. \n은 줄바꿈을 의미하며 이와 같이 기호로 표현된 특수문자들은 다음 표와 같다.

기호	출력
\n	줄바꿈
\t	탭
\\	\(백슬래시)
\'	'(작은따옴표)
\"	"(큰따옴표)

다음은 위의 특수기호를 활용한 예시이다.

[printf 함수 특수기호 활용 예시]

```
 1    #include 〈stdio.h〉
 2
 3    int main(void) {
 4      printf("탭\t탭\n");
 5      printf("개행\n개행\n");
 6      printf("이것은 \'작은따옴표 \'입니다.\n");
 7      printf("이것은 \"큰따옴표 \"입니다.\n");
 8      printf("이것은 \\ 백슬래시 \\ 입니다.\n");
 9      printf("이것은 \? 물음표 \? 입니다.\n");
10      return 0;
11    }
```

특수기호들을 활용하면 printf 함수로 출력할 때 더 깔끔하게 출력할 수 있다.

[printf 함수 특수기호 활용 예시 코드의 실행 결과]

```
 1    탭 탭
 2    개행
 3    개행
 4    이것은 '작은따옴표 '입니다.
 5    이것은 "큰따옴표 "입니다.
 6    이것은 \ 백슬래시 \ 입니다.
 7    이것은 ? 물음표 ? 입니다.
```

2 scanf 중요 ★

C 언어 표준 함수인 scanf 함수를 이용하면 변수의 값을 사용자로부터 입력받을 수 있다. scanf 함수의 형식은 다음과 같으며 첫 번째 인자로 들어온 매개변수의 형식에 맞게 두 번째, 세 번째, n번째 매개변수가 가리키는 위치에 데이터를 저장한다.

> 📇 **scanf 함수의 형식**
>
> scanf("입력받을 문자의 서식", [변수의 주소1, 변수의 주소2, ..., 변수의 주소n])

scanf 함수의 첫 번째 매개변수는 어떤 종류를 어떤 식으로 입력받을 것인지 정하는 부분이다. 예를 들어, 변수 num에 숫자 1개를 입력받고 싶다면 scanf("%d", &num)과 같은 방식으로 첫 번째 매개변수를 설정한다. 만약 변수 2개에 숫자를 입력받을 때 공백을 구분자로 하여 입력받고 싶다면 scanf("%d %d", &num1, &num2)로 설정하면 된다. 콤마(,)를 구분자로 하여 입력받고 싶다면 scanf("%d, %d", &num1, &num2) 방식으로 첫 번째 매개변수를 설정하면 된다. scanf 함수의 첫 번째 인자인 서식문자는 printf 함수에서 설명한 서식문자와 같다. 그리고 두 번째 인자부터 변수의 주소를 입력받는데 변수 앞에 &를 붙이며 이는 해당 변수의 주소를 가리키게 된다.

[scanf 함수의 예시]

```
1    #include <stdio.h>
2
3    int main(void) {
4        int num;
5
6        printf("숫자를 입력하세요 : ");
7        scanf("%d", &num);
8        printf("입력한 숫자는 : %d 입니다.", num);
9
10       return 0;
11   }
```

7행에서 scanf 함수를 호출하고 있으며 %d를 첫 번째 인자로 정수를 입력받고 num 변수 앞에 &를 붙여서 num변수의 주소를 두 번째 인자로 전달하였다. 다음은 예제 코드의 실행 결과이다.

[scanf 함수의 예시 코드의 실행 결과]

```
1    숫자를 입력하세요 : 7777
2    입력한 숫자는 : 7777 입니다.
```

만약 문자를 입력받으려면 첫 번째 인자를 %c로, 문자열을 입력받으려면 첫 번째 인자를 %s로 선언하면 된다. 자세한 내용은 printf 함수에서 설명한 서식문자표를 참고하자.

3 puts

puts 함수는 C 언어 스타일의 문자열인 char*, char[] 타입을 표준 출력(stdout)으로 보내는 함수이다. puts 함수의 매개변수로 들어온 문자열 처음부터 문자열의 끝인 '\0'까지의 문자열을 출력한다. 또한 문자열 출력을 끝까지 하고 나면 개행(\n)도 보내기 때문에 자동적으로 줄이 바뀌게 된다.

[puts 함수의 형식]

```
1    puts("출력할 문자열");
2    puts(const char* str);
```

puts 함수는 매개변수로 들어온 char* 타입의 문자열의 주소값으로 가서 문자열의 끝이 나올 때까지 표준 출력을 수행하고, 문자열의 끝에 다다르면 개행문자까지 삽입해주는 함수이다.

[puts 함수의 예시]

```
1    #include <stdio.h>
2
3    int main(void) {
4        char str[100] = "puts 함수는 문자열을 출력합니다.";
5
6        //문자열을 표준 출력(콘솔창)으로 출력한다.
7        puts(str);
8
9        //문자열을 표준 출력(콘솔창)으로 출력한다.
10       puts("puts 함수는 오직 문자열만을 출력합니다.");
11
12       return 0;
13   }
```

puts와 printf 함수 모두 출력 함수이지만 puts는 오직 문자열만 출력하는 함수이다. 또한 puts 함수는 자동으로 개행문자를 삽입해준다. 다음은 예제 코드의 실행 결과이다.

[puts 함수의 예시 코드의 실행 결과]

```
1    puts 함수는 문자열을 출력합니다.
2    puts 함수는 오직 문자열만을 출력합니다.
```

4 gets

gets 함수는 표준 입력(stdin)으로 들어온 문자열을 C 언어 스타일의 문자열인 char*, char[] 타입으로 저장해 주는 함수이다. gets 함수는 개행문자(\n)를 구분자로 하여 문자열이라고 감지하며 문자열의 맨 마지막에는 '\0'을 붙여준다.

[gets 함수의 형식]

```
1    gets(입력받은 내용을 저장할 문자열 변수);
```

gets 함수는 표준 입력으로 들어온 문자열을 개행한 부분 앞까지 잘라서 char* 타입의 문자열로 저장해주고 자동으로 문자열 맨 끝에 '\0'을 넣어서 문자열을 완성해 주는 함수이다.

[gets 함수의 예시]

```
1    #include <stdio.h>
2
3    int main(void) {
4        //입력받을 내용을 저장할 변수
5        char str[100];
6
7        printf("input : ");
8        gets(str);
9
10       printf("output : ");
11       puts(str);
12   ·  printf("end");
13
14       return 0;
15   }
```

5행에서 입력받을 문자열을 저장할 변수를 선언하였고 8행에서 gets 함수를 호출하여 입력받은 문자열을 변수 str에 저장한다. 이 결과를 11행에서 puts를 호출하여 출력해주는 예제이다.

[gets 함수의 예시 코드의 실행 결과]

```
1    input : gets 함수를 통해서 문자열 입력받기
2    output : gets 함수를 통해서 문자열 입력받기
3    end
```

예시 코드의 실행 결과를 보면 마지막에 printf 함수로 출력한 end가 줄바꿈되어 출력되었다. puts 함수는 자동으로 개행문자가 붙는다는 것을 알 수 있다.

제 **2** 절 C++ 라이브러리 – cout, cin 등

C 언어에서는 〈stdio.h〉에 있는 scanf, printf를 통해서 입출력문을 사용한다. 물론 C++에서도 scanf, printf를 통해서 입력, 출력을 할 수도 있지만 C++의 표준 입력 및 출력은 cin, cout을 사용한다. std 네임스페이스에 속한 cin, cout 객체는 〈iostream〉 클래스 내에 있는 인스턴스이다.

1 cout

앞서 설명한 바와 같이 C++의 표준 출력은 std::cout을 이용한다. std::cout이란 코드를 봤을 때 알아두어야 할 것은 std 네임스페이스에 속해 있다는 것이다. cout은 시프트 연산자 〈〈 를 이용해서 출력할 대상을 출력한다.

> 📁 **cout 함수의 형식**
>
> $$\text{std::cout} \langle\langle \text{ [출력할 대상];}$$

C 언어의 printf와 달리 C++의 표준 출력인 cout에서는 서식문자를 사용하지 않아도 된다. 즉, %d, %s, %c 등의 서식문자 없이 바로 출력할 내용을 시프트 연산자 뒤에 명시하면 출력이 되며 개행은 \n 또는 std::endl;를 이용하여 삽입한다.

[cout 함수의 예시]

```
1    #include <iostream>
2
3    int main(void) {
4        std::cout << "출력 ";
5
6        int num = 99;
7
8        //cout은 서식문자 없이 바로 출력이 가능
9        std::cout << "숫자 : " << num << "\n";
10
11       //\n을 이용한 개행1
12       std::cout << "cout 개행1" << "\n";
13
14       //\n을 이용한 개행2
15       std::cout << "cout 개행2\n";
16
```

```
17        //std::endl을 이용한 개행
18        std::cout << "cout 개행3 " << std::endl;
19
20        std::cout << "개행 끝";
21
22        return 0;
23    }
```

9행에서 서식문자 없이 바로 int 타입의 변수를 인자로 넘겨 출력하고 있으며, 11행부터는 개행문자를 넣는 다양한 방법을 예제로 작성하였다.

[cout 함수의 예시 코드의 실행 결과]

```
1    출력 숫자 : 99
2    cout 개행1
3    cout 개행2
4    cout 개행3
5    개행 끝
```

실행 결과를 보면 예시에서 4행의 "출력 "과 9행의 "숫자 : "가 개행이 되어있지 않고 그대로 한 줄로 나와있는 것을 볼 수 있다. cout에서는 자동으로 개행을 해주지 않기 때문에 따로 개행을 뜻하는 std::endl; 또는 개행문자 \n을 사용해야 한다.

2 cin

C++의 표준 입력은 std::cin을 이용한다. cin 함수의 형식은 다음과 같다.

> 🗔 **cin 함수의 형식**
>
> std::cin >> [입력받을 변수];

cout의 시프트 연산자 <<와는 반대로 cin에서는 시프트 연산자 >>를 사용한다. 시프트 연산자가 나온 후에는 사용자한테 입력받는 데이터를 저장할 변수를 지정해 준다. cin 함수는 C 언어의 scanf와 다르며, cin에서는 입력받을 데이터 타입을 알려주는 서식문자 %d, %c 같은 것이 필요 없다. 또한 주소를 나타내는 주소 연산자 &도 필요가 없다.

[cin 함수의 예시]

```
1    #include <iostream>
2    #include <string>
3
4    int main(void) {
5        int num;
6        std::string str;
7
8        std::cout << "숫자 입력 : ";
9
10       //서식문자 없이 바로 입력, 주소를 나타내는 연산자도 없이 입력
11       std::cin >> num;
12
13       std::cout << "문자열 입력 : ";
14
15       //서식문자 없이 바로 입력, 주소를 나타내는 연산자도 없이 입력
16       std::cin >> str;
17
18       std::cout << "입력받은 숫자는 " << num << "입니다." << std::endl;
19       std::cout << "입력받은 문자열은 " << str << "입니다." << std::endl;
20       return 0;
21   }
```

11행과 16행에서 숫자와 문자열을 입력받을 때 서식문자와 &(주소 연산자)를 생략하고 입력받고 있다. 이렇게 cin 함수를 이용하면 사용자로부터 쉽게 데이터를 입력받을 수 있다.

[cin 함수의 예시 코드의 실행 결과]

```
1    숫자 입력 : 777
2    문자열 입력 : show me the money 10
3    입력받은 숫자는 777입니다.
4    입력받은 문자열은 show me the money 10입니다.
```

JAVA 라이브러리 – System.out, Scanner, InputStreamReader 등

JAVA에서는 표준 입출력을 지원하는 System 클래스가 존재하며 입출력을 위하여 다양한 클래스를 지원한다.

1 System.out

JAVA에서는 표준 입출력을 위해 3가지 입출력 스트림(System.in, System.out, System.err)을 제공한다. 이러한 System 클래스는 java.lang 패키지에 포함되어 제공된다. System 클래스에는 표준 입출력을 위해 다음과 같은 클래스 변수(static variable)가 정의되어 있다.

[System 클래스의 Static variable]

```
1    System.out
2    System.in
3    System.err
```

JAVA에서는 System.out 스트림이나 System.err 스트림을 사용하여 표준 출력 작업을 수행하고 System.in 스트림을 사용하여 표준 입력 작업을 수행한다. 대표적인 System.out 스트림을 이용하는 메소드의 활용 예시는 다음과 같다.

[System.out 스트림의 메소드 예시]

```
1    public class SystemOutTest {
2      public static void main(String[] args) {
3        //print() 메소드는 줄 바꿈을 하지 않음
4        System.out.print(7);
5
6        //정수 출력
7        System.out.println(3);
8
9        //실수 출력
10       System.out.println(3.14);
11
12       //문자열 출력
13       System.out.println("자바");
14       System.out.println("문자열끼리의 " + "연결도 가능합니다.");
15       System.out.println("숫자" + 3 + "과 문자열의 연결도 가능합니다.");
16     }
17   }
```

대표적인 System.out 스트림을 이용하는 메소드로는 print와 println이 있다. print 메소드는 줄바꿈을 하지 않지만, println 메소드는 자동 줄바꿈을 지원한다. 매개변수로 출력할 문자 또는 숫자를 전달하면 화면에 해당 내용이 출력된다.

[System.out 스트림의 메소드 예시 코드의 실행 결과]

```
1    73
2    3.14
3    자바
4    문자열끼리의 연결도 가능합니다.
5    숫자3과 문자열의 연결도 가능합니다.
```

2 Scanner 중요 ★

JAVA 외에 다른 언어들도 각각의 입력방식이 있고, 각 언어별로 대표하는 대중적인 입력방식이 하나씩 있다. 예를 들어, C 언어의 경우 scanf()가 있다면 JAVA에서는 가장 대중적인 입력 방법이 Scanner 클래스를 이용한 입력이다. Scanner 클래스의 경우 java.util 패키지에 포함되어 제공되며, Scanner의 메소드를 이용하여 기본적인 데이터 타입들을 입력받을 수 있다. Scanner 클래스가 데이터를 읽어들이는 기준은 공백(띄어쓰기) 또는 개행(줄 바꿈)이다.

[Scanner 클래스의 사용 예시]

```
1    import java.util.Scanner;
2
3    public class ScannerTest {
4      public static void main(String[] args) {
5        //scanner 객체 생성
6        Scanner scan = new Scanner(System.in);
7
8        //입력받은 내용을 저장할 변수
9        String name;
10       int age;
11
12       //입력받은 문자열을 name 변수에 저장
13       System.out.println("이름을 입력하세요.");
14       name = scan.nextLine();
15
16       //입력받은 숫자를 age 변수에 저장
```

```
17        System.out.println("나이를 입력하세요.");
18        age = scan.nextInt();
19
20        //입력받은 내용 출력
21        System.out.println("나이는 "+ age +" 입니다.");
22        System.out.println("이름은 "+ name + " 입니다.");
23        scan.close();
24    }
25  }
```

6행에서 Scanner 객체를 선언하고 생성하고 있으며 이때 생성자의 매개변수로 자바의 표준 입력 스트림인 System.in을 입력한다. 14행에서 문자열의 입력은 nextLine() 메소드를 사용하였고, 18행에서 숫자 입력의 경우는 nextInt() 메소드를 사용하였다. nextInt()의 경우 해당 int형 데이터만 입력받으며, nextLine()의 경우 줄바꿈을 구분자로 하여 문자열을 입력받는다.

[Scanner 클래스의 사용 예시 코드의 실행 결과]

```
1    이름을 입력하세요.
2    홍길동
3    나이를 입력하세요.
4    25
5    나이는 25 입니다.
6    이름은 홍길동 입니다.
```

3 InputStreamReader

Scanner 클래스를 이용한 입력 방법 외에도 InputStreamReader를 이용하여 사용자에게 입력을 받을 수 있다. InputStreamReader는 바이트 스트림을 캐릭터 스트림으로 변경해주는 역할을 하며, 생성자의 파라미터로 InputStream 객체를 전달받는다. 이 때 전달받는 InputStream의 객체의 종류에 따라서 키보드 입력을 받을 수 있고, 파일 입력을 받을 수도 있다. 또한 생성자의 파라미터로 charset 정보를 받아서 읽어들이는 스트림의 인코딩을 지정할 수 있나. InputStreamReader로 읽어들인 문자를 효율적으로 처리하기 위해 버퍼링이 필요한데, 이는 BufferedReader 클래스를 이용한다. BufferedReader 클래스는 기본 버퍼 사이즈를 그대로 이용해도 되고, 생성자를 이용하여 버퍼 사이즈를 지정해 줄 수도 있다.

[InputStreamReader 사용 예시]

```
1   public class UserInputTest {
2     public static void main(String[] args) throws IOException {
3       //InputStreamReader를 이용한 입력 스트림 생성
4       BufferedReader reader =
5         new BufferedReader(new InputStreamReader(System.in));
6       //입력 데이터 읽기
7       String str = reader.readLine();
8       //입력 데이터 출력
9       System.out.println("입력한 데이터: " + str);
10    }
11  }
```

4행에서 BufferedReader, InputStreamReader, System.in을 이용하여 키보드 사용자 입력을 받을 수 있는 객체를 생성하였다. 7행에서 BufferedReader의 readLine() 메소드를 이용하여 사용자 입력 한 줄을 받은 후 출력해주는 예제이다.

[InputStreamReader 사용 예시 코드의 실행 결과]

```
1   InputStreamReader를 이용한 입력 테스트
2   입력한 데이터: InputStreamReader를 이용한 입력 테스트
```

제 **2** 장   문자열 제어

사람은 문자를 사용하여 정보를 표현하므로 문자열 제어는 프로그램에서 중요한 위치를 차지한다. 이번 장에서는 C/C++과 JAVA에서의 문자열 처리 방법에 대해 알아보자.

제 **1** 절   C 라이브러리 – strlen, strcpy, strcat, sprintf 등

C 언어는 문자열 제어를 위하여 strlen, strcpy, strcat, sprintf 등의 다양한 함수를 제공한다.

1   strlen

strlen은 C 언어 스타일의 문자열을 받아서 해당 문자열의 길이를 반환하는 함수이다. C 언어 스타일의 문자열인 char*, char[] 타입의 문자열에는 문자열의 끝을 의미하는 '\0' 문자가 포함된다. 즉, strlen 함수는 char*가 가리키는 주소에서 시작해서 '\0' 문자가 나올 때까지 문자의 길이를 세서 반환하는 함수이다.

[strlen의 사용 예시]

```
1    #include 〈stdio.h〉
2    #include 〈string.h〉
3    int main(void) {
4        //1. 문자열 포인터의 길이 측정 예제
5        const char* name = "홍길동";
6        printf("1. const char* name = \"홍길동\"");
7        printf("\t길이 : %d\n",  (int)strlen(name));
8
9        //2. 문자열 배열의 길이 측정 예제
10       char arr1[50] = "홍길동";
11       printf("2. char arr1[50]  = \"홍길동\"");
12       printf("\t길이 : %d\n", (int)strlen(arr1));
13
14       //3. 중간에 '\0'가 존재할 때의 strlen의 반환
15       char arr2[100] = "홍길동\0길동길동";
16       printf("3. char arr2[100] = \"홍길동\\0길동길동\"");
```

```
17        printf("\길이 : %d\n", (int)strlen(arr2));
18
19        return 0;
20    }
```

strlen 함수를 사용하기 위해서는 2행과 같이 string.h를 include해야 한다. 문자열 포인터, 문자열 배열을 인자로 전달하여 해당 문자열의 길이를 측정하고 있으며 문자열 중간에 '\0'이 있는 경우에 어떻게 되는지를 보여주는 예제이다.

[strlen의 사용 예시 코드의 실행 결과]

```
1    1. const char* name = "홍길동"      길이: 3
2    2. char arr1[50]  = "홍길동"      길이: 3
3    3. char arr2[100] = "홍길동\0길동길동"      길이: 3
```

실행 결과의 3행에서 실제 문자열의 길이는 3보다 크지만 문자열 중간에 '\0'이 있기 때문에 앞에서부터 strlen이 홍길동 이렇게 읽다가 '\0' 만나서 문자열 끝이라고 인식하고 반환을 해버리기 때문에 길이가 3이 나오게 된다.

2 strcpy, strncpy 중요 ★

C 언어의 strcpy와 strncpy 함수는 문자열을 복사하는 함수이다. strcpy는 str(string)과 cpy(copy)의 약어의 조합으로 구성되며 문자열의 복사를 수행한다. strncpy는 str(string)과 n(number), cpy(copy)의 약어의 조합으로 분자열을 복사할 때 n만큼만 복사하는 함수이다. 해낭 함수들의 사용 방법은 다음과 같다.

[strcpy와 strncpy 함수의 사용 방법]

```
1    //origin을 복사해서 dest에 저장한다.
2    strcpy(char* dest, char* origin);
3
4    //origin을 복사해서 dest에 저장하는데 n만큼만 복사한다.
5    strncpy(char* dest, char* origin, size_t n);
```

strcpy와 strncpy 함수를 사용하기 위해서는 strlen과 마찬가지로 string.h를 include해야 한다. 다음은 strcpy와 strncpy의 사용 예시이다.

[strcpy와 strncpy의 사용 예시]

```
1    #include <stdio.h>
2    #include <string.h>
3
4    int main(void) {
5        char origin[] = "TEST_STR_COPY";
6        char dest1[20];
7        char dest2[20];
8
9        //case1 : strcpy
10       strcpy(dest1, origin);
11
12       //case2 : strncpy
13       strncpy(dest2, origin, sizeof(origin));
14
15       printf("case1 : %s\n", dest1);
16       printf("case2 : %s\n", dest2);
17       return 0;
18   }
```

strncpy의 경우 마지막 인자로 sizeof(origin)을 호출하여 전체 사이즈를 넘겨줬으나 복사할 길이를 지정할 수도 있다. 단, n의 크기는 origin과 dest의 길이보다 작거나 같아야 한다.

[strcpy와 strncpy의 사용 예시 코드의 실행 결과]

```
1    case1 : TEST_STR_COPY
2    case2 : TEST_STR_COPY
```

3 strcat, strncat 중요 ★

C 언어의 strcat과 strncat 함수는 문자열을 이어서 붙이는 기능을 하는 함수이며 사용 방법은 다음과 같다.

[strcat, strncat 함수의 사용 방법]

```
1    //origin 문자열을 dest 문자열 뒤에 이어 붙인다.
2    strcat(char* dest, char* origin);
3
4    //origin 문자열을 dest 문자열 뒤에 이어 붙이는데 n 만큼만 이어 붙인다.
5    strncat(char* dest, char* origin, size_t n);
```

strcat, strncat 함수를 호출하면 dest 문자열 끝에 있는 '\0' 문자는 사라지고 그 위치에 origin이 붙어 버린다.

[strcat, strncat 함수의 사용 예시]

```
1   #include <stdio.h>
2   #include <string.h>
3
4   int main(void) {
5       char origin[] = "STRCAT_TEST";
6       char dest1[100] = "ABCDEFG";
7       char dest2[10] = "ABCDEFG";
8       char dest3[100] = "ABCDEFG";
9       char dest4[100] = "ABCDEFG";
10
11      //case1 : 넉넉한 dest 배열 뒤에 붙여 넣는 경우
12      strcat(dest1, origin);
13
14      //case2 : 넉넉하지 않은 dest 배열 뒤에 넘치게 붙여 넣는 경우
15      //strcat(dest2, origin);    //run time error
16
17      //case3 : origin 문자열 모두를 이어 붙이는 경우
18      strncat(dest3, origin, sizeof(origin));
19
20      //case4 : origin 문자열 6개만 붙여 넣는 경우
21      strncat(dest4, origin, 6);
22
23      printf("strcat case1 : %s\n", dest1);
24          //printf("strcat case2 : %s\n", dest2);    //error
25      printf("strncat case3 : %s\n", dest3);
26      printf("strncat case4 : %s\n", dest4);
27      return 0;
28  }
```

주석 처리한 15행의 strcat(dest2, origin)의 경우에는 dest2 배열의 길이가 10이고 ABCDEFGSTRCAT_TEST는 길이가 10을 넘기 때문에 strcat 함수를 이용해서 문자열을 붙이려고 할 때, 배열의 길이를 넘게 되어서 프로그램 실행 중에(run time) 에러가 발생하게 된다. strncat의 경우에도 strcat과 마찬가지로 dest의 길이에 주의해야 한다. 다음은 예시 코드의 실행 결과이다.

[strcat, strncat 함수의 사용 예시 코드의 실행 결과]

```
1    strcat case1 : ABCDEFGSTRCAT_TEST
2    strncat case3 : ABCDEFGSTRCAT_TEST
3    strncat case4 : ABCDEFGSTRCAT
```

4 sprintf

C 언어의 sprintf 함수는 printf처럼 서식을 지정하여 문자열로 출력하는 함수이다. 우리가 알고 있는 printf 함수는 문자열을 표준 출력(화면)하는 함수이다. 이와 유사한 sprintf 함수를 사용하면 서식을 지정하여 문자열을 만들 수 있다.

[sprintf 함수의 사용 방법]

```
1    //dest에 서식의 내용을 저장할 때 서식문자를 치환하여 저장한다.
2    sprintf(char* dest, 서식, [값1, 값2, ..., 값n]);
```

서식에 있는 서식문자의 개수에 따라서 값1, 값2, 값n의 개수가 달라질 수 있다. 서식문자는 printf 함수에서 설명한 서식문자표를 참고하자.

[sprintf 함수의 사용 예시]

```
1    #include <stdio.h>
2
3    int main() {
4        int integer = 123;
5        char character = 'c';
6        char string[] = "hello, world";
7        int* pointer = &integer;
8        double pi = 3.141592;
9        char buf[100];
10
11       sprintf(buf, "integer : (decimal) %d \n", integer);
12       printf("%s \n", buf);
13
14       sprintf(buf, "character : %c \n", character);
15       printf("%s \n", buf);
16
```

```
17        sprintf(buf, "string : %s \n", string);
18        printf("%s \n", buf);
19
20        sprintf(buf, "pointer addr : %p \n", pointer);
21        printf("%s \n", buf);
22
23        sprintf(buf, "floating point : %e //%f \n", pi, pi);
24        printf("%s \n", buf);
25
26        sprintf(buf, "percent symbol : %% \n");
27        printf("%s \n", buf);
28
29        return 0;
30    }
```

10행부터 26행까지 sprintf 함수를 이용하여 정수, 문자, 문자열, 포인터, 실수 등을 문자열에 저장하고 출력하고 있다. 다음은 예시 코드의 실행 결과이다.

[sprintf 함수의 사용 예시 코드의 실행 결과]

```
1     integer : (decimal) 123
2
3     character : c
4
5     string : hello, world
6
7     pointer addr : 0024FEE8
8
9     floating point : 3.141592e+000 //3.141592
10
11    percent symbol : %
```

이와 같이 sprintf 함수를 이용하면 문자열 변수에 문자열을 저장할 때 서식문자를 활용하여 저장할 수 있다.

제 **2** 절 C++ 라이브러리 – string 클래스

String 클래스는 C++ STL에서 제공하는 클래스로 말 그대로 string(문자열)을 다루는 클래스이다. C에서는 char* 또는 char[] 의 형태로 문자열을 다뤘다면, C++에서는 문자열을 하나의 변수 type처럼 사용하며 문자열을 훨씬 다양하고 쉽게 다룰 수 있게 해 준다. char*, char[]와는 달리, 문자열의 끝에 '\0' 문자가 들어가지 않으며, 문자열의 길이를 동적으로 변경할 수 있다.

1 string 클래스의 입출력

C++ 입출력 방식인 cin, cout으로 입출력이 가능하며 getline 함수도 이용할 수 있다. 단, C에서의 scanf와 printf는 사용이 불가능하다.

[string 클래스의 입출력 예시]

```
1    #include <iostream>
2    #include <string>
3    using namespace std;
4
5    int main() {
6
7        //string 클래스의 변수 선언
8        string str;
9
10       //'\n' 이전까지의 문자열, 즉 한 줄을 통째로 입력받는다(공백 포함).
11       getline(cin, str);
12       cout << "str1 : " << str << '\n';
13
14       getline(cin, str, 'd');
15       cout << "str2 : " << str << '\n';
16
17       cin >> str;
18       cout << "str3 : " << str << '\n';
19
20       return 0;
21   }
```

8행에서 문자열 생성 후 getline 및 cin으로 문자열을 입력받아 cout으로 출력하는 예제이다. 예제 코드의 실행 결과는 다음과 같다.

[string 클래스의 입출력 예시 코드의 실행 결과]

```
1    abcdef ghi
2    str1 : abcdef ghi
3    abcdef ghi
4    str2 : abc
5    str3 : ef
```

예시의 14행에서 getline(cin, str, 'd') 구문에서 'd'가 나올 때까지 문자열을 입력받아서 str에 저장 후 출력하고, 17행의 cin >> str 구문에서 현재까지 입력받은 위치부터 공백(space)이 나올 때까지 입력받으므로 ef만 저장되는 것을 알 수 있다.

2 string 클래스 생성

string 클래스를 이용하기 위해서는 먼저 string.h 헤더 파일을 include해야 한다. string을 생성하는 방법은 다음과 같다.

[string 클래스의 생성 예시]

```
1    #include <iostream>
2    #include <string>
3    using namespace std;
4
5    int main() {
6        //빈 문자열 str 생성
7        string str1;
8
9        //"abcdef"로 선언된 str 생성
10       string str2 = "abcdef";
11       string str3;
12       str3 = "abcdef";
13
14       //"abcdef"로 선언된 str 생성
15       string str4("abcdef");
16
17       //str4 문자열을 복사한 str5 생성
18       string str5(str4);
19
```

```
20      //C에서의 문자열과 호환 가능
21      char s[ ] = {'a', 'b', 'c', 'd', 'e', 'f'};
22      string str6(s);
23
24      //new를 이용한 동적 할당
25      string *str7 = new string("abcdef");
26
27      return 0;
28   }
```

18행에서 string str5(str4); 구문은 주소값을 복사하는 것이 아니라 문자열의 내용을 복사한다.

3 string 클래스 연산자 활용

string 클래스는 〈, 〉, ==, + 등과 같은 연산자들을 사용할 수 있다. 〈, 〉, == 연산자를 통해서는 두 문자열 간의 사전상의 순서 비교 또는 동일 여부를 확인하는 문자열 비교 연산을 수행한다. + 연산자는 두 문자열을 이어주는 연산을 수행한다.

[string 클래스의 연산자 활용 예시]

```
1    #include <iostream>
2    #include <string>
3    using namespace std;
4
5    int main() {
6        string str1 = "abcdef";
7        string str2 = "bbbbbb";
8        string str3 = "aaaa";
9        string str4 = "abcdef";
10
11       //문자열 비교 연산 (1 : true , 0 : false)
12       cout << (str1 < str2) << ' ' << (str1 < str3) << ' ' << (str1 == str4);
13
14       //문자열 이어 붙이기
15       str1 += "A";
16       //str1 = str1 + "A";
17       cout << str1 << '\n';
18
```

```
19          //문자열 이어 붙이기
20      str1 = str1 + str2;
21      cout << str1 << '\n';
22
23      return 0;
24  }
```

12행의 (str1 < str2) 구문은 str1보다 str2가 사전 순서가 더 느리기 때문에 true(1)를 반환하고, (str1 < str3) 구문은 str3은 사전 순서가 str1보다 더 빠르기 때문에 false(0)를 반환하며, (str1 == str4) 구문은 str1과 str4는 문자열이 동일하기 때문에 true(1)를 반환하는 것을 볼 수 있다. 또한, 15행과 20행에서 str1에 "A"를 더해주게 되면 "A"가 str1 맨 뒤에 붙게 되고, str2를 더해주면 str2가 str1의 맨 뒤에 붙게 되는 것도 볼 수 있다. 참고로 str1 += "A"; 구문은 str1 = str1 + "A";와 같다.

[string 클래스의 연산자 활용 예시 코드의 실행 결과]

```
1   1 0 1
2   abcdefA
3   abcdefAbbbbbb
```

이처럼 C에서의 문자열보다 훨씬 간편하게 두 문자열에 대한 연산을 할 수 있다.

4 string 클래스의 멤버함수

string 클래스에는 유용한 멤버함수들이 정말 많다. string str;로 선언되어 있다고 가정하고 멤버힘수들을 살펴보자.

구분	멤버함수	설명
string의 특정 원소 접근	str.at(index)	index 위치의 문자 반환. 유효한 범위인지 체크 ○
	str[index]	index 위치의 문자 반환. 유효한 범위인지 체크 ×, 따라서 at 함수보다 접근이 빠름
	str.front()	문자열의 가장 앞 문자 반환
	str.back()	문자열의 가장 뒤 문자 반환
string의 크기	str.length()	문자열 길이 반환
	str.size()	문자열 길이 반환(length와 동일)
	str.capacity()	문자열이 사용 중인 메모리 크기 반환

	str.resize(n)	string을 n의 크기로 만듦. 기존의 문자열 길이보다 n이 작다면 남은 부분은 삭제하고, n이 크다면 빈 공간으로 채움
	str.resize(n, 'a')	n이 string의 길이보다 더 크다면, 빈 공간을 'a'로 채움
	str.shrink_to_fit()	string의 capacity가 실제 사용하는 메모리보다 큰 경우 낭비되는 메모리가 없도록 메모리를 줄여줌
	str.reserve(n)	size = n만큼의 메모리를 미리 할당해줌
	str.empty()	str이 빈 문자열인지 확인
	str.append(str2)	str 뒤에 str2 문자열을 이어 붙여줌('+'와 같은 역할)
	str.append(str2, n, m)	str 뒤에 'str2의 n index부터 m개의 문자'를 이어 붙여줌
	str.append(n, 'a')	str 뒤에 n개의 'a'를 이어 붙여줌
string 삽입, 추가, 삭제	str.insert(n, str2)	n번째 index 앞에 str2 문자열을 삽입함
	str.replace(n, k, str2)	n번째 index부터 k개의 문자를 str2로 대체함
	str.clear()	저장된 문자열을 모두 지움
	str.erase(n, m)	n~m index의 문자열을 지움
	str.erase()	clear와 같은 동작
	str.push_back(c)	str의 맨 뒤에 c 문자를 붙여줌
	str.pop_back()	str의 맨 뒤의 문자를 제거
	str.assign(str2)	str에 str2 문자열을 할당(변수 정의와 동일)
	str.find("abcd")	"abcd"가 str에 포함되어 있는지를 확인. 찾으면 해당 부분의 첫번째 index를 반환
	str.find("abcd", n)	n번째 index부터 "abcd"를 find
	str.substr()	str 전체를 반환
	str.substr(n)	str의 n번째 index부터 끝까지의 문자를 부분문자열로 반환
그 외 유용한 멤버함수	str.substr(n, k)	str의 n번째 index부터 k개의 문자를 부분문자열로 반환
	str.compare(str2)	str과 str2가 같은지를 비교하여 같다면 0, str < str2인 경우 음수, str > str2인 경우 양수를 반환
	swap(str1, str2)	str1과 str2를 바꿔줌. reference를 교환하는 방식
	isdigit(c)	c 문자가 숫자이면 true, 아니면 false를 반환
	isalpha(c)	c 문자가 영어이면 true, 아니면 false를 반환
	toupper(c)	c 문자를 대문자로 변환
	tolower(c)	c 문자를 소문자로 변환

string 클래스의 멤버함수를 통해서 문자열의 제어가 쉽게 가능하다. 다음의 예시 코드와 실행 결과를 통해서 사용법을 파악하도록 하자.

[string 특정 원소 접근 함수 사용 예시]

```
1    #include <iostream>
2    #include <string>
3    using namespace std;
4
5    int main() {
6        string str = "abcdefgh";
7
8        //인덱스는 0부터 시작함. 즉, 2번째 원소는 a(0), b(1), c(2). c임
9        cout << str.at(2) << '\n';
10       cout << str[4] << '\n';
11       cout << str.front() << '\n';
12       cout << str.back() << '\n';
13
14       return 0;
15   }
```

[string 특정 원소 접근 함수 사용 예시 코드의 실행 결과]

```
1    c
2    e
3    a
4    h
```

[string 크기 관련 함수 사용 예시]

```
1    #include <iostream>
2    #include <string>
3    using namespace std;
4
5    int main() {
6        string str = "abcdefgh";
7
8        cout << str.length() << '\n';
9        cout << str.size() << '\n';
10       cout << str.capacity() << '\n';
11
12       str.resize(6);
13       cout << str << '\n';
14
```

```
15        str.resize(8, 'a');
16        cout << str << '\n';
17
18        str.reserve(20);
19        cout << str.capacity() << '\n';
20
21        str.shrink_to_fit();
22        cout << str.capacity() << '\n';
23        cout << str.empty() << '\n';
24        return 0;
25    }
```

[string 크기 관련 함수 사용 예시 코드의 실행 결과]

```
1    8
2    8
3    15
4    abcdef
5    abcdefaa
6    31
7    15
8    0
```

[string 삽입, 추가, 삭제 관련 함수 사용 예시]

```
1    #include <iostream>
2    #include <string>
3    using namespace std;
4
5    int main() {
6        string str = "apple";
7        string str2 = "banana";
8
9        str.append(str2);
10       cout << str << '\n';
11
12       str.append(str2, 1, 3);
13       cout << str << '\n';
14
15       str.append(3, 'k');
16       cout << str << '\n';
```

```
17
18        str.clear();
19        cout << str << '\n';
20
21        str.assign("apple");
22        cout << str << '\n';
23
24        str.insert(2, str2);
25        cout << str << '\n';
26
27        str.replace(3, 3, "ttt");
28        cout << str << '\n';
29
30        str.erase(0, 2);
31        cout << str << '\n';
32
33        str.erase();
34        cout << str << '\n';
35
36        str.push_back('a');
37        cout << str << '\n';
38
39        str.push_back('b');
40        cout << str << '\n';
41
42        str.pop_back();
43        cout << str << '\n';
44
45        return 0;
46    }
```

[string 삽입, 추가, 삭제 관련 함수 사용 예시 코드의 실행 결과]

```
1    applebanana
2    applebananaana
3    applebananaanakkk
4
5    apple
6    apbananaple
7    apbtttnaple
8    btttnaple
9
```

```
10    a
11    ab
12    a
```

[그 외 유용한 string 멤버함수 사용 예시]

```cpp
1    #include <iostream>
2    #include <string>
3    using namespace std;
4
5    int main() {
6        string str = "apple";
7        string str2 = "banana";
8
9        cout << str.find("ppl") << '\n';
10       cout << str.find("appl", 0) << '\n';
11       cout << str.find("appl", 1) << '\n';
12
13       cout << str.substr() << '\n';
14       cout << str.substr(2) << '\n';
15       cout << str.substr(1, 3) << '\n';
16
17       cout << str.compare(str2) << '\n';
18
19       swap(str, str2);
20       cout << str << ' ' << str2 << '\n';
21
22       cout << isdigit(str[0]) << '\n';
23       cout << isalpha(str[0]) << '\n';
24
25       toupper(str[0]);
26       cout << str << '\n';
27
28       tolower(str[0]);
29       cout << str << '\n';
30
31       return 0;
32   }
```

[그 외 유용한 string 멤버함수 사용 예시 코드의 실행 결과]

```
1    1
2    0
3    18446744073709551615
4    apple
5    ple
6    ppl
7    −1
8    banana apple
9    0
10   2
11   Banana
12   banana
```

제 3 절 JAVA 라이브러리 – String, StringBuffer 등

C++과 같이 JAVA에서도 문자열을 위한 클래스를 제공한다. 문자열을 위한 클래스인 String 클래스와 보다 쉽게 문자열을 다룰 수 있게 해주는 StringBuffer 클래스에 대해 알아보도록 하자.

1 String 클래스

JAVA의 String 클래스는 문자열을 저장하고 다루는 데 필요한 다양한 메소드를 제공하며 java.lang 패키지에 포함되어 제공된다. JAVA에서 String은 원시타입(primitive type)처럼 쓰이지만, 사실 참조형 클래스 객체이며, 불변 객체(immutable object)이다. String 인스턴스는 한 번 생성되면 그 값을 읽기만 할 수 있고 변경할 수는 없는데, 이러한 객체를 자바에서는 불변 객체(immutable object)라고 한다. 즉, 자바에서 덧셈 (+) 연산자를 이용하여 문자열 결합을 수행하면, 기존 문자열의 내용이 변경되는 것이 아니라 내용이 합쳐진 새로운 String 인스턴스가 생성되는 것이다.

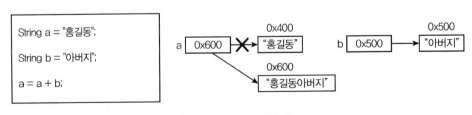

[불변 객체 String 클래스]

위 그림은 + 연산자로 문자열을 이어붙일 때 각 참조변수의 메모리 상태를 도식화한 것이다. String 클래스의 메소드는 매우 다양한데 그중에서 많이 사용되는 메소드는 다음과 같다.

메소드	설명
char charAt(int index)	해당 문자열의 특정 인덱스에 해당하는 문자를 반환
int compareTo(String str)	해당 문자열을 인수로 전달된 문자열과 사전 편찬 순으로 비교
int compareToIgnoreCase(String str)	해당 문자열을 인수로 전달된 문자열과 대소문자를 구분하지 않고 사전 편찬 순으로 비교
String concat(String str)	해당 문자열의 뒤에 인수로 전달된 문자열을 추가한 새로운 문자열을 반환
int indexOf(int ch) int indexOf(String str)	해당 문자열에서 특정 문자나 문자열이 처음으로 등장하는 위치의 인덱스를 반환
int indexOf(int ch, int fromIndex) int indexOf(String str, int fromIndex)	해당 문자열에서 특정 문자나 문자열이 전달된 인덱스 이후에 처음으로 등장하는 위치의 인덱스를 반환
int lastIndexOf(int ch)	해당 문자열에서 특정 문자가 마지막으로 등장하는 위치의 인덱스를 반환
int lastIndexOf(int ch, int fromIndex)	해당 문자열에서 특정 문자가 전달된 인덱스 이후에 마지막으로 등장하는 위치의 인덱스를 반환
String[] split(String regex)	해당 문자열을 전달된 정규 표현식(regular expression)에 따라 나눠서 반환
String substring(int beginIndex)	해당 문자열의 전달된 인덱스부터 끝까지를 새로운 문자열로 반환
String substring(int begin, int end)	해당 문자열의 전달된 시작 인덱스부터 마지막 인덱스까지를 새로운 문자열로 반환
String toLowerCase()	해당 문자열의 모든 문자를 소문자로 변환
String toUpperCase()	해당 문자열의 모든 문자를 대문자로 변환
String trim()	해당 문자열의 맨 앞과 맨 뒤에 포함된 모든 공백 문자를 제거
length()	해당 문자열의 길이를 반환
isEmpty()	해당 문자열의 길이가 0이면 true를 반환하고, 아니면 false를 반환

위와 같은 String 클래스의 메소드를 통해서 쉽게 문자열을 제어할 수 있다. 다음의 예시 코드와 실행 결과를 통해서 사용법을 파악하도록 하자.

[String 클래스의 메소드 사용 예시]

```
1    public class StringClassTest {
2      public static void main(String[] args) {
3
4        //charAt
5        String str1 = new String("Java");
6        System.out.println("케이스1. 원본 문자열 : " + str1);
7        System.out.println("str1.charAt(1): " + str1.charAt(1));
8        System.out.println("");
9
```

```
10      //compareTo
11      String str2 = new String("abcd");
12      System.out.println("케이스2. 원본 문자열 : " + str2);
13      System.out.println("str2.compareTo(\"bcef\"): " + str2.compareTo("bcef"));
14      System.out.println("str2.compareTo(\"abcd\"): " + str2.compareTo("abcd"));
15      System.out.println("str2.compareTo(\"Abcd\"): " + str2.compareTo("Abcd"));
16      System.out.println("str2.compareToIgnoreCase(\"Abcd\"): " +
17          str2.compareToIgnoreCase("Abcd"));
18      System.out.println("");
19
20      //concat
21      String str3 = new String("Java");
22      System.out.println("케이스3. 원본 문자열 : " + str3);
23      System.out.println("str3.concat(\"수업\"): " + str3.concat("수업"));
24      System.out.println("");
25
26      //indexOf
27      String str4 = new String("Oracle Java");
28      System.out.println("케이스4. 원본 문자열 : " + str4);
29      System.out.println("str4.indexOf('o'): " + str4.indexOf('o'));
30      System.out.println("str4.indexOf('a'): " + str4.indexOf('a'));
31      System.out.println("str4.indexOf('Java'): " + str4.indexOf("Java"));
32      System.out.println("");
33
34      //trim
35      String str5 = new String("   Java      ");
36      System.out.println("케이스5. 원본 문자열 : " + str5);
37      System.out.println("str5 + '|': " + str5 + '|');
38      System.out.println("str5.trim() + '|':" + str5.trim() + '|');
39      System.out.println("");
40
41      //toLowerCase, toUpperCase
42      String str6 = new String("Java");
43      System.out.println("케이스6. 원본 문자열 : " + str6);
44      System.out.println("str6.toLowerCase(): " + str6.toLowerCase());
45      System.out.println("str6.toUpperCase(): " + str6.toUpperCase());
46  }
47 }
```

[String 클래스의 메소드 사용 예시 코드의 실행 결과]

```
 1    케이스1. 원본 문자열 : Java
 2    str1.charAt(1): a
 3
 4    케이스2. 원본 문자열 : abcd
 5    str2.compareTo("bcef"): -1
 6    str2.compareTo("abcd"): 0
 7    str2.compareTo("Abcd"): 32
 8    str2.compareToIgnoreCase("Abcd"): 0
 9
10    케이스3. 원본 문자열 : Java
11    str3.concat(\"수업\"): Java수업
12
13    케이스4. 원본 문자열 : Oracle Java
14    str4.indexOf('o'): -1
15    str4.indexOf('a'): 2
16    str4.indexOf('Java'): 7
17
18    케이스5. 원본 문자열 :  Java
19    str5 + '|':  Java      |
20    str5.trim() + '|': Java|
21
22    케이스6. 원본 문자열 : Java
23    str6.toLowerCase(): java
24    str6.toUpperCase(): JAVA
```

2 StringBuffer 클래스

String 클래스의 인스턴스는 한 번 생성되면 그 값을 읽기만 할 수 있고 변경할 수 없지만 StringBuffer 클래스의 인스턴스는 그 값을 변경할 수도 있고 추가할 수도 있다. StringBuffer 클래스는 값을 변경하기 위해서 내부적으로 버퍼(buffer)라고 하는 독립적인 공간을 가지고 있다. 버퍼 크기의 기본값은 16개의 문자를 저장할 수 있는 크기이며, 생성자를 통해 그 크기를 별도로 설정할 수도 있다. String 클래스에서 설명한 바와 같이 덧셈(+) 연산자를 이용해 String 인스턴스의 문자열을 결합하게 되면 내용이 합쳐진 새로운 String 인스턴스를 생성하게 된다. 따라서 문자열을 많이 결합하면 결합할수록 메모리 공간의 낭비뿐만 아니라 속도 또한 매우 느려지게 되는 것이다. 이 때 StringBuffer 인스턴스를 사용하면 문자열을 바로 추가할 수 있으므로 메모리 공간을 절약할 수 있으며 보다 빠른 실행 속도를 제공할 수 있다. StringBuffer 클래스의 메소드는 매우 다양한데 그중에서 많이 사용되는 메소드는 다음과 같다.

메소드	설명
StringBuffer append(boolean b) StringBuffer append(char c) StringBuffer append(char[] str) StringBuffer append(CharSequence s) StringBuffer append(double d) StringBuffer append(float f) StringBuffer append(int i) StringBuffer append(long lng) StringBuffer append(Object obj) StringBuffer append(String str) StringBuffer append(StringBuffer sb)	인수로 전달된 값을 문자열로 변환한 후, 해당 문자열의 마지막에 추가
int capacity()	현재 버퍼 크기를 반환
StringBuffer delete(int start, int end)	전달된 인덱스에 해당하는 부분 문자열을 해당 문자열에서 제거
StringBuffer deleteCharAt(int index)	전달된 인덱스에 해당하는 문자를 해당 문자열에서 제거
StringBuffer insert(int offset, boolean b) StringBuffer insert(int offset, char c) StringBuffer insert(int offset, char[] str) StringBuffer insert(int offset, CharSequence s) StringBuffer insert(int offset, double d) StringBuffer insert(int offset, float f) StringBuffer insert(int offset, int i) StringBuffer insert(int offset, long lng) StringBuffer insert(int offset, Object obj) StringBuffer insert(int offset, String str)	인수로 전달된 값을 문자열로 변환한 후, 해당 문자열의 지정된 인덱스 위치에 추가
StringBuffer reverse()	해당 문자열의 인덱스를 역순으로 재배열

위와 같은 StringBuffer 클래스의 메소드를 통해서 쉽게 문자열을 제어할 수 있다. 다음의 예시 코드와 실행 결과를 통해서 사용법을 파악하도록 하자.

[StringBuffer 클래스의 메소드 사용 예시]

```
1   public class StringClassTest2 {
2     public static void main(String[] args) {
3
4       //append
5       StringBuffer str1= new StringBuffer("Java");
6       System.out.println("케이스1. 원본 문자열 : " + str1);
7       System.out.println("str1.append: " + str1.append("수업"));
8       System.out.println("append() 메소드 호출 후 원본 문자열 : " + str1);
9       System.out.println("");
10
```

```
11          //capacity
12          StringBuffer str2 = new StringBuffer();
13          StringBuffer str3 = new StringBuffer("Java");
14          System.out.println("str2.capacity(): " + str2.capacity());
15          System.out.println("str3.capacity(): " + str3.capacity());
16          System.out.println("");
17
18          //delete, deleteCharAt
19          StringBuffer str4 = new StringBuffer("Java Oracle");
20          System.out.println("케이스2. 원본 문자열 : " + str4);
21          System.out.println("str4.delete(4, 8): " +str4.delete(4, 8));
22          System.out.println("str4.deleteCharAt(1): " + str4.deleteCharAt(1));
23          System.out.println("deleteCharAt() 메소드 호출 후 원본 문자열 : " + str4);
24          System.out.println("");
25
26          //insert
27          StringBuffer str5 = new StringBuffer("Java 만세!!");
28          System.out.println("케이스3. 원본 문자열 : " + str5);
29          System.out.println("str5.insert(4, \"Script\"): " + str5.insert(4, "Script"));
30          System.out.println("insert() 메소드 호출 후 원본 문자열 : " + str5);
31      }
32  }
```

[StringBuffer 클래스의 메소드 사용 예시 코드의 실행 결과]

```
 1  케이스1. 원본 문자열 : Java
 2  str1.append: Java수업
 3  append() 메소드 호출 후 원본 문자열 : Java수업
 4
 5  str2.capacity(): 16
 6  str3.capacity(): 20
 7
 8  케이스2. 원본 문자열 : Java Oracle
 9  str4.delete(4, 8): Javacle
10  str4.deleteCharAt(1): Jvacle
11  deleteCharAt() 메소드 호출 후 원본 문자열 : Jvacle
12
13  케이스3. 원본 문자열 : Java 만세!!
14  str5.insert(4, \"Script\"): JavaScript 만세!!
15  insert() 메소드 호출 후 원본 문자열 : JavaScript 만세!!
```

파일 입출력

지금까지의 입력은 사용자가 입력하게 하는 방식을 사용했고, 출력은 모니터 화면에 결과값을 출력하는 방법만 알아봤다. 이번 장에서는 파일을 이용한 입출력 방법에 대해서 알아보도록 하자.

제 1 절 C 라이브러리 – fopen, fscanf, fprintf 등

C 언어는 파일 입출력을 위하여 fopen, fscanf, fprint 등의 다양한 함수를 제공한다.

1 fopen, fclose

fopen 함수는 파일을 여는 동작을 수행하며 사용 방법은 다음과 같다.

[fopen 함수의 사용 방법]

```
1    FILE* fopen (파일명, 동작모드);
2
3    //파일명 : 경로를 포함한 파일명
4    //동작모드 : r, w, a 등
```

첫 번째 인자는 파일명으로 경로를 포함한 파일의 이름을 받는다. 두 번째 인자는 파일 오픈 함수의 동작 모드이며 fopen 함수는 정상적인 동작을 수행하면 파일의 포인터를 반환하게 된다. 이렇게 반환된 포인터를 가지고 파일에 접근해서 파일의 내용을 읽거나 쓰거나 추가, 삭제를 수행할 수 있다. 두 번째 인자인 fopen 함수의 동작 모드는 다음과 같다.

동작 모드	설명
r	읽기 모드로 파일이 열린다. 파일이 존재하지 않으면 NULL을 반환한다.
w	쓰기 모드로 파일이 열린다. 파일이 존재한다면 그 내용을 파괴하고 없으면 새로 만든다.
a	추가 모드로 파일이 열린다. 파일이 존재하지 않으면 만든다.
r+	기존 파일을 대상으로 읽기/쓰기 모드 모두에서 열린다. 파일이 존재하지 않으면 NULL을 반환한다.
w+	파일을 만들고 읽기/쓰기 모드 모두에서 열린다. 파일이 존재한다면 그 내용을 파괴한다.

a+	읽기/쓰기 모드의 두 가지 모드로 열린다. 파일이 있으면 추가하고, 존재하지 않는 경우 만든다.
t	텍스트 모드로 열린다.
b	이진 모드로 열린다.

이미 있는 파일을 편집만 하고 싶다면 append 모드로 열어서 맨 뒤에부터 편집하면 되고, 새롭게 생성하거나 파일 내용을 전부 바꾸고 싶다면 write 모드로 열어서 덮어씌우면 된다. 파일을 읽기만 할 거라면 read 모드로 해서 열면 된다.

fclose 함수는 열린 파일을 닫는 동작을 수행하며 사용 방법은 다음과 같다.

[fclose 함수의 사용 방법]

```
1    int fclose (FILE* filePointer)
2
3    //반환형: int형 정수
4    //첫 번째 인자: 파일 포인터
```

fclose 함수는 파일 포인터를 매개변수로 받는다. 즉, fopen으로 열 때 반환형으로 받은 파일 포인터를 fclose의 매개변수로 넣으면 열었던 파일을 닫을 수 있다. fclose의 반환형은 int인데 정상적으로 파일을 닫았을 땐 0을 반환하고 그렇지 않을 땐 -1을 반환한다.

[fopen, fclose 함수의 사용 예시]

```
1    #include <stdio.h>
2    using namespace std;
3
4    int main() {
5       FILE *file;
6
7       //파일 열기 : 읽기 모드
8       file = fopen("test.txt", "r");
9
10      if (file == NULL) {
11        printf("%s: 파일이 열리지 않습니다.\n", "test.txt");
12        return 0;
13      }
14
15      printf("%s: 파일이 열립니다.\n", "test.txt");
16
17      //파일 닫기
```

```
18      fclose(file);
19
20      return 0;
21  }
```

8행에서 fopen 함수를 호출하여 파일을 열었으며, 10행에서 파일이 정상적으로 열렸는지 확인한 후에, 18행에서 파일을 닫는 예제이다. 실행 결과는 다음과 같다.

[fopen, fclose 함수의 사용 예시 코드의 실행 결과]

```
1   test.txt: 파일이 열립니다.
```

2 fscanf

fscanf는 파일에서 형식화된 문자열을 읽는 함수이다. scanf 함수의 경우 사용자가 입력하지만, fscanf는 파일에서 그 입력값을 받아오게 된다. fscanf 함수의 사용 방법은 다음과 같다.

> 📁 **fscanf 함수의 사용 방법**
> fscanf(파일포인터, 서식문자, 저장할 변수의 주소);

첫 번째 인자로 파일 객체를 가리키는 포인터를 받으며, 두 번째 인자로 서식문자를 받는다. 마지막으로 세 번째 인자로는 서식문자열에 정의된 순서에 대응하는 데이터를 담을 변수의 주소값을 전달한다.

[fscanf 함수의 사용 예시]

```
1   #include <stdio.h>
2   using namespace std;
3
4   int main() {
5       FILE * fp;
6
7       //fscanf를 통해 읽어들인 값을 저장할 변수
8       int i;
9
10      //파일 열기 : 파일의 내용에는 12345라는 내용이 입력됨
```

```
11        fp = fopen("file.txt", "r");
12
13        if(fp == NULL) {
14          printf("파일이 열리지 않습니다.\n");
15        } else {
16
17          printf("파일을 열었습니다.\n");
18
19          //파일에서 내용 입력받기
20          fscanf(fp, "%d", &i);
21
22          //입력받은 내용 출력
23          printf("i = %d \n", i);
24
25          //파일 닫기
26          fclose(fp);
27        }
28
29        return 0;
30    }
```

파일 오픈 후 20행에서 fscanf 함수를 호출하여 변수 i의 주소에 파일에서 읽어들인 정수값을 저장하고 있다. file.txt 파일에는 12345라는 내용이 기록되어 있다.

[fscanf 함수의 사용 예시 코드의 실행 결과]

```
1    파일을 열었습니다.
2    i = 12345
```

3 fprintf

fprintf는 파일에서 형식화된 문자열을 쓰는 함수이다. printf 함수의 경우 문자열이 화면에 출력되지만 fprintf는 문자열이 파일에 출력된다. fprintf 함수의 사용 방법은 다음과 같다.

> 📠 **fprintf 함수의 사용 방법**
>   fprintf(파일포인터, 출력할 데이터 및 서식, [변수1, 변수2, ..., 변수n]);

첫 번째 인자로 파일 객체를 가리키는 포인터를 받으며, 두 번째 인자로 서식문자가 포함된 출력할 데이터를 받는다. 마지막으로 세 번째 인자부터는 서식문자의 개수와 종류에 따라서 변수가 들어오게 된다. 파일 포인터를 제외하면 printf 함수의 사용 방법과 동일하다.

[fprintf 함수의 사용 예시]

```
1    #include <stdio.h>
2    using namespace std;
3
4    int main() {
5        FILE * fp;
6
7        //fprintf를 통해 파일에 출력할 변수
8        int i = 12345;
9
10       //파일 열기 : 쓰기모드+
11       fp = fopen("file.txt", "w+");
12
13       if(fp == NULL) {
14          printf("파일이 열리지 않습니다.\n");
15       } else {
16
17          //파일에 내용 출력하기
18          fprintf(fp, "파일에 변수의 내용을 출력 : %d \n ", i);
19
20          //파일 닫기
21          fclose(fp);
22       }
23
24       return 0;
25    }
```

파일 오픈 후 18행에서 fprintf 함수를 호출하여 변수 i의 내용을 파일에 출력하고 있다. 예제 코드 실행 후 생성된 file.txt 파일을 열었을 때의 내용은 다음과 같다.

[fprintf 함수의 사용 예시 코드의 실행 결과]

```
1    [file.txt 파일의 내용]
2    파일에 변수의 내용을 출력 : 12345
```

제 2 절   C++ 라이브러리 – ifstream, ofstream 등

C 언어에서 파일을 다루기 위해서 fopen, fclose 함수를 사용했었다. C++에서는 파일 입출력을 지원하기 위해서 ifstream, ofstream 클래스를 제공한다.

1 ifstream 중요 ★

ifstream을 풀어쓰면 input file stream이다. 즉, 파일로부터 어떠한 것들을 가지고 와서 프로그램에 입력할 수 있게 도와주는 클래스이다. C++의 ifstream을 사용하려면 〈fstream〉 헤더를 추가해야 하며 여러 가지 멤버함수가 존재한다.

멤버함수	설명
open	파일을 열어주는 동작을 하는 함수
is_open	파일이 열렸는지 확인하는 함수
close	열린 파일을 닫는 동작을 하는 함수
get	파일에서 char 하나씩 프로그램으로 읽어오는 함수
getline	파일에서 한 줄씩 문자열을 읽어서 프로그램으로 읽어오는 함수
eof	파일의 끝이 나오면 true를 반환하고 아니면 false를 반환하는 함수

멤버함수의 매개변수 등의 자세한 사용 방법은 다음 예제 코드를 통해서 확인하도록 하자.

[ifstream 클래스의 사용 예시]

```
1    #include 〈iostream〉
2    #include 〈fstream〉
3    using namespace std;
4
5    int main(void) {
6
7        //ifstream 선언
8        ifstream readFile;
9
10       //파일 열기
11       readFile.open("test.txt");
12
13       //파일이 열렸는지 확인(열렸으면 true, 아니면 false)
14       if (readFile.is_open()) {
15
```

```
16        //파일의 끝이 아니라면 반복 (파일의 끝이면 true, 아니면 false)
17        while (!readFile.eof()) {
18
19          //파일로부터 읽은 문자를 저장할 변수
20          char tmp[256];
21
22          //파일에서 한 줄씩 읽어옴
23          readFile.getline(tmp, 256);
24
25          //읽어온 문자열 출력
26          cout << tmp << endl;
27        }
28
29        //파일 닫기
30        readFile.close();
31     }
32     return 0;
33 }
```

11행에서 파일을 열고, 14행에서 파일이 열렸는지 확인한 후에, 파일의 끝까지 반복문을 돌면서 파일의 내용을 한 줄씩 읽어서 변수에 저장한 후 출력하는 예제이다.

[ifstream 클래스의 사용 예시 코드의 실행 결과]

```
1  [파일의 내용]
2  파일의 내용을 한 줄씩 읽어서
3  변수에 담은 후 출력하기
4  예제 코드입니다.
5
6  [실행 결과]
7  파일의 내용을 한 줄씩 읽어서
8  변수에 담은 후 출력하기
9  예제 코드입니다.
```

2 ofstream

ofstream을 풀어쓰면 output file stream이다. 즉, 프로그램의 출력을 파일에 할 수 있도록 도와주는 클래스이다. C++의 ofstream을 사용하려면 역시 <fstream> 헤더를 추가해야 하며 여러 가지 멤버함수가 존재한다. ifstream과 동일하게 open, is_open, close 함수가 존재한다.

멤버함수	설명
open	파일을 열어주는 동작을 하는 함수
is_open	파일이 열렸는지 확인하는 함수
close	열린 파일을 닫는 동작을 하는 함수
write	첫 번째 매개변수로 받은 캐릭터 포인터 타입의 문자열에서 n의 길이만큼 파일에 write하는 함수

멤버함수의 자세한 동작은 예제 코드를 통하여 확인하도록 하자.

[ofstream 클래스의 사용 예시]

```
1    #include <iostream>
2    #include <fstream>
3    #include <string>
4    using namespace std;
5
6    int main(void) {
7        //ofstream 선언
8        ofstream writeFile;
9
10       //파일 열기
11       writeFile.open("test.txt");
12
13       //1. char[] 문자열 쓰기
14       char arr[8] = "Bananas";  //실제로 크기는 8임 "Bananas\0"
15       writeFile.write(arr, 7);
16
17       //2. string 문자열 쓰기
18       string str = " are delicious.";
19       writeFile.write(str.c_str(), str.size());
20
21       //str.c_str() : C++ string -> const char*으로 변환해주는 함수
22
23       //파일 닫기
24       writeFile.close();
25       return 0;
26   }
```

15행에서 실제 문자열의 크기는 8인데 두 번째 인자로 7을 넘겼다. 그 이유는 C 언어 배열로 나타내는 문자열은 문자열 끝에 '\0'이 들어가 있기 때문에 배열의 '총 길이 − 1'을 write의 두 번째 인자로 넣어야 한다. 따라서 "Bananas\0"는 char[] 배열의 길이는 8이지만, 실제로 문자는 7개이므로 7을 넣어야 정상적으로 파일

에 출력된다. 19행에서처럼 C++ string 타입의 문자열로 사용한다면 이런 걸 신경쓰지 않아도 되서 매우 편해진다.

[ofstream 클래스의 사용 예시 코드의 실행 결과]

```
1   [파일의 내용]
2   Bananas are delicious.
```

제 **3** 절   JAVA 라이브러리 – FileReader, FileWriter 등

JAVA에서 파일을 다루기 위해서 FileReader, FileWriter 클래스를 제공하며, 이 클래스를 이용하여 파일로 부터 텍스트 데이터를 읽고 파일에 쓸 수 있다.

1 FileReader 중요 ★

FileReader 클래스는 문자 데이터를 파일로부터 읽는 클래스로, FileInputStream과 유사한 기능을 제공하지만 바이트 단위가 아닌 문자 단위로 입력을 수행한다. FileReader의 생성자는 다음과 같다.

[FileReader의 생성자]

```
1   new FileIReader(File file);
2   new FileReader(FileDescriptor jdObj);
3   new FileReader(String name);
```

FileReader 클래스는 파일 객체를 매개변수로 전달받아서 생성할 수 있고, 직접 경로가 포함된 파일명을 매개변수로 받아 생성할 수도 있다. 이 클래스는 java.io.InputStreamReader 클래스를 상속받기 때문에, InputStreamReader 클래스의 read() 메소드를 사용하여, char를 한 글자씩 읽어올 수 있다. read() 메소드는, 텍스트 파일에서 한 글자씩 글자를 읽어서, 하나의 char를 리턴한다. 더 이상 읽을 글자가 없으면 −1을 리턴하게 된다.

[FileReader 클래스의 사용 예시]

```
1    import java.io.FileReader;
2    import java.io.IOException;
3
4    public class ReadFileTest {
5      public static void main(String[] args) throws IOException {
6        //FileReader 객체 생성
7        FileReader reader = new FileReader("D:\\file.txt");
8
9        //한 글자를 읽어서 저장할 변수
10       int ch;
11
12         //한 글자를 읽어서 ch 변수에 저장하고 그 값이 -1이 아니면 반복
13         while ((ch = reader.read()) != -1) {
14           System.out.print((char) ch);
15       }
16     }
17   }
```

FileReader를 사용하여, 파일의 글자를 한 글자씩 읽어서 출력하는 예제이다. read() 메소드는 stream의 끝에서 -1을 리턴하므로, read()의 값이 -1이면 더 이상 파일을 읽지 않고, 반복문을 종료하게 된다.

[FileReader 클래스의 사용 예시 코드의 실행 결과]

```
1    [파일의 내용]
2    JAVA FileReader 사용
3    한 글자씩 읽어서
4    출력하기 예제입니다.
5
6    [실행 결과]
7    JAVA FileReader 사용
8    한 글자씩 읽어서
9    출력하기 예제입니다.
```

2 FileWriter

FileWriter 클래스는 문자열을 파일에 쓰는 동작을 지원하는 클래스로 FileOutputStream과 유사한 기능을 제공하지만 바이트 단위가 아닌 문자 단위로 출력을 수행한다. FileWriter의 생성자는 다음과 같다.

[FileWriter의 생성자]

```
1    new FileWriter(File file)
2    new FileWriter(FileDescriptor jdObj)
3    new FileWriter(String name)
4    new FileWriter(File file, boolean append) - 추가모드
5    new FileWriter(String name, boolean append) - 추가모드
```

FileOutputStream 클래스의 생성자와 동일하다. 파일 객체를 매개변수로 받아서 생성할 수 있고 경로를 포함한 파일명을 매개변수로 받아서도 해당 객체를 생성할 수 있다. 만약 기존의 파일에 내용을 추가하는 경우 추가 모드로 열지 않으면 기존 파일 내용은 모두 삭제되고 새로 덮어쓰기 모드로 열리게 된다. 파일을 잘못 열면 기존 파일 내용이 모두 날아갈 수 있으니 주의해야 한다.

[FileWriter 클래스의 사용 예시]

```
1    import java.io.BufferedWriter;
2    import java.io.FileWriter;
3    import java.io.IOException;
4
5    public class WriteFileTest {
6      public static void main(String[] args) throws IOException {
7
8          //FileWriter 객체 생성
9          FileWriter fw = new FileWriter("file_writer.txt");
10
11         //파일에 출력
12         fw.write("JAVA FileWriter를 사용하여 파일에 문자열 입력하기");
13
14            //파일 객체 닫기
15         fw.close();
16      }
17    }
```

9행에서 FileWriter 생성자를 통해서 객체를 생성하고 있으며 기존 파일이 있다면 덮어쓰기(Override)를 수행한다. 15행에서처럼 close 메소드를 사용하지 않으면 파일 작성이 완료되지 않는다는 점을 주의해야 한다.

[FileWriter 클래스의 사용 예시 코드의 실행 결과]

```
1    [파일의 내용]
2    JAVA FileWriter를 사용하여 파일에 문자열 입력하기
```

제 4 장 자료구조

자료구조란 자료(Data)의 집합을 의미하며, 각 원소들이 논리적으로 정의된 규칙에 의해 나열되어 자료에 대한 처리를 효율적으로 수행할 수 있도록 자료를 구분하여 표현한 것이다. 자료구조를 사용하는 이유는 자료를 더 효율적으로 저장하고 관리하기 위함이며, 잘 선택된 자료구조는 실행시간을 단축시키고 메모리 용량을 절약할 수 있게 해준다. 자료구조는 크게 선형 자료구조와 비선형 자료구조로 나눌 수 있다. 선형 자료구조의 경우 데이터가 일렬로 나열되어 있는 것을 뜻하고, 비선형 자료구조는 특정한 형태를 띠고 있는 것을 뜻하는데 각각에 해당하는 자료구조는 다음과 같다.

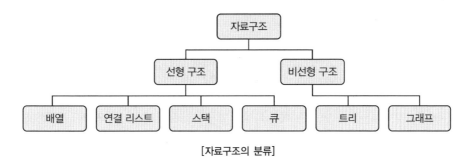

[자료구조의 분류]

C++과 JAVA에서는 자료구조를 지원하기 위하여 STL과 컬렉션 프레임워크를 제공하고 있다.

제 1 절   C++ 라이브러리 - STL library : vector, set 등

STL(Standard Template Library)은 표준 C++ 라이브러리로 컨테이너(Container, 자료구조) Class, 반복자, 알고리즘 간의 협력에 기반한 템플릿 라이브러리이다. 사실 C++ 표준 라이브러리를 보면 꽤 많은 종류의 라이브러리들이 있다. 예를 들어, 입출력 라이브러리(iostream 등), 시간 관련 라이브러리(chrono), 정규표현식 라이브러리(regex) 등 다양한 라이브러리가 있다. 하지만 보통 C++ 템플릿 라이브러리(STL)를 일컫는다면 다음과 같은 세 개의 라이브러리들을 의미한다.

표준 템플릿 라이브러리	설명
container	임의 타입의 객체를 보관할 수 있는 컨테이너
iterator	컨테이너에 보관된 원소에 접근할 수 있는 반복자
algorithm	반복자들을 가지고 일련의 작업을 수행하는 알고리즘

C++ STL의 Container인 vector와 set에 대해 알아보자.

1 vector 중요 ★★

vector는 C++ 표준 라이브러리(STL)에 있는 컨테이너로 사용자가 손쉽게 사용하기 위해 정의된 class이다. vector의 가장 큰 장점은 동적으로 원소를 추가할 수 있으며 크기가 자동으로 늘어난다는 점이다. 쉽게 말해 크기가 가변적으로 변하는 배열이라고 할 수 있다. 속도적인 측면에서는 배열에 비해 느리지만 메모리를 효율적으로 관리할 수 있다는 장점이 있어 굉장히 많이 사용된다. vector는 배열과 마찬가지로 원소들이 하나의 메모리 블록에 연속하게 저장되는 구조이다. 그렇기에 원소가 추가되거나 삽입될 때 메모리 재할당이 발생할 수 있고 상당한 부하가 발생하게 된다는 단점이 있다.

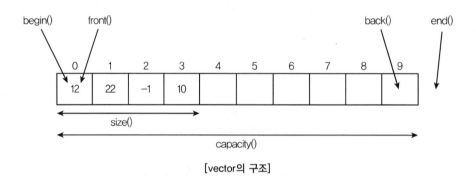

[vector의 구조]

vector를 사용하기 위해서는 〈vector〉라는 헤더 파일을 먼저 include한 뒤에 다음과 같이 선언하여 사용하면 된다.

[vector의 선언 예시]

```
1    //vector가 들어있는 헤더파일
2    #include 〈vector〉
3
4    //int타입 벡터 생성
5    vector〈int〉 v;
6
7    //int형 벡터 생성 후 11, 12, 13 으로 초기화
8    vector〈int〉 v = { 11, 12, 13};
9
10   //int타입 벡터 배열(크기 : 10) 생성
11   vector〈int〉 v[10];
12
13   //int형 벡터 배열 생성(행은 가변이지만 열은 고정)
14   vector〈int〉 v[] = { {1, 2}, {3, 4}};
15
16   //2차원 벡터 생성(행과 열 모두 가변)
17   vector〈vector〈int〉〉 v;
```

```
18
19    //7개의 원소를 0으로 초기화
20    vector<int> v(7);
21
22    //7개의 원소를 3으로 초기화
23    vector<int> v(7, 3);
24
25    //벡터 v를 복사하여 벡터 v2 생성
26    vector<int> v2(v);
```

편의상 예시의 자료형은 모두 int이며 안에 다른 자료형이나 class를 넣어도 된다. 그리고 vector 클래스는 원소를 추가, 삭제할 수 있는 다양한 멤버함수를 제공한다(vector<int> v; 라고 가정).

멤버함수	설명
v.assign(5, 2);	2의 값으로 5개의 원소 할당
v.at(idx);	• idx번째 원소를 리턴 • v[idx] 보다 속도는 느리지만, 범위를 점검하므로 안전
v[idx];	• idx번째 원소를 리턴 • 범위를 점검하지 않으므로 속도가 v.at(idx)보다 빠름
v.front();	첫 번째 원소를 리턴
v.back();	마지막 원소를 리턴
v.clear();	• 모든 원소를 제거 • size만 줄어들고 capacity는 그대로 남아있음
v.push_back(7);	마지막 원소 뒤에 원소 7을 삽입
v.pop_back();	마지막 원소를 제거
v.begin();	첫 번째 원소를 가리킴(iterator와 사용)
v.end();	마지막의 '다음'을 가리킴(iterator와 사용)
v.rbegin();	reverse begin을 가리킴(거꾸로 해서 첫 번째 원소를 가리킴)
v.rend();	reverse end를 가리킴(거꾸로 해서 마지막의 다음을 가리킴)
v.reserve(n);	n개의 원소를 저장할 위치를 예약
v.resize(n);	크기를 n으로 변경
v.resize(n,3);	• 크기를 n으로 변경 • 더 커졌을 경우 인자의 값을 3으로 초기화
v.size();	원소의 개수를 리턴
v.capacity();	할당된 공간의 크기를 리턴
v2.swap(v1);	v1과 v2의 원소와 capacity swap
v.insert(2, 3, 4);	2번째 위치에 3개의 4를 삽입
v.insert(2, 3);	2번째 위치에 3을 삽입
v.erase(iter);	iter가 가리키는 원소를 제거
v.empty();	vector가 비었으면 true 리턴

새로운 원소가 들어올 때마다 매번 새로운 메모리가 할당되는 것은 비효율적이다. 그렇기에 vector는 새로운 원소가 벡터에 추가되면 메모리 공간을 추가적으로 할당되는 방식으로 이루어져 있다. 좀 더 정확하게는 capacity가 모자랄 경우 capacity/2 만큼의 capacity를 늘려나가게 된다. 만약 입력될 원소의 개수를 알 수 있다면, reserve를 사용하여 미리 capapcity 메모리를 할당해놓는 경우 좀 더 효율적으로 vector를 사용할 수 있다. 이와 같은 이유로 size와 capacity는 다르다. size는 할당된 메모리 안에 원소가 들어가 있는 것의 개수, capacity는 할당된 메모리의 크기(개수)가 된다. vector의 각 원소에 접근하는 방식은 다음의 예시와 같이 iterator를 이용하는 방식과 vector의 size를 이용한 방식이 있다.

[vector의 활용 예시]

```cpp
1    #include <iostream>
2    #include <vector>
3
4    using namespace std;
5
6    int main() {
7        //1~5의 숫자를 Vector에 저장
8        vector<int> v1;
9
10       for (int i = 1; i <= 5; i++)
11           v1.push_back(i);
12
13       //Iterator로 vector의 아이템을 출력
14       //begin() : 첫 번째 위치의 Iterator를 리턴
15       //v1.end() : 마지막 아이템 다음 위치의 Iterator를 리턴
16       for (auto i = v1.begin(); i != v1.end(); ++i)
17           cout << *i << " ";
18
19       //반대 방향으로 아이템을 출력
20       //rbegin(), rend()는 역순(reverse)의 Iterator를 리턴
21       cout << "\n";
22       for (auto ir = v1.rbegin(); ir != v1.rend(); ++ir)
23           cout << *ir << " ";
24
25       //배열처럼 Vector[index] 으로 아이템 출력
26       cout << "\n";
27       for (int i = 0; i < v1.size(); i++)
28           cout << v1[i] << " ";
29
30       //Vector.at(index)로 아이템 출력
31       cout << "\n";
32       for (int i = 0; i < v1.size(); i++)
```

```
33          cout << v1.at(i) << " ";
34
35      return 0;
36  }
```

8행에서 vector 선언 후 10행에서 for문을 수행하면서 1, 2, 3, 4, 5값을 넣고 있다. 16행은 iterator를 이용하여 vector의 각 원소에 접근하는 방법을 보여주며, 22행은 reverse하여 각 원소에 접근하는 방법을 보여주고 있다. 27행에서는 vector의 사이즈를 구하여 배열처럼 각 원소에 접근하고 있고, 32행에서는 at(i)를 통하여 각 원소에 접근하고 있는 방법을 보여주고 있다.

[vector의 활용 예시 코드의 실행 결과]

```
1     1 2 3 4 5
2     5 4 3 2 1
3     1 2 3 4 5
4     1 2 3 4 5
```

2 set 중요 ★★

set 또한 C++ 표준 라이브러리(STL)에 있는 연관 컨테이너 중 하나로, 노드 기반 컨테이너 이며 균형 이진트리로 구현되어 있다. set 컨테이너는 key값 1개를 저장하는 형태의 노드 집합으로 이루어져 있다. key값은 중복이 될 수 없고 원소가 insert 멤버함수에 의해 삽입이 되면, 원소는 자동으로 정렬된다. 이때 default 정렬 기준은 less(오름차순)이다.

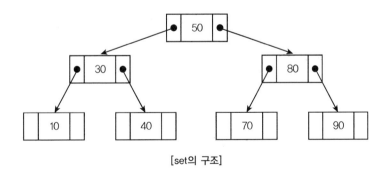

[set의 구조]

set을 사용하기 위해서는 ⟨set⟩이라는 헤더 파일을 먼저 include한 뒤에 다음과 같이 선언하여 사용하면 된다.

[set의 선언 예시]

```
1    //set이 들어있는 헤더파일
2    #include 〈set〉
3
4    //int타입 set 생성
5    set〈int〉 s;
6
7    //pred를 통해 정렬기준을 세움
8    set〈int〉 s(pred);
9
10   //set s1을 복사하여 set s2 생성
11   set〈int〉 s2(s1);
```

편의상 예시의 자료형은 모두 int이며 안에 다른 자료형이나 class를 넣어도 된다. 그리고 set 클래스는 원소를 관리할 수 있는 다양한 멤버함수를 제공한다(set〈int〉 s; 기준으로 작성).

멤버함수	설명
s.begin();	맨 첫 번째 원소를 가리키는 반복자를 리턴
s.end();	맨 마지막 원소(의 다음)를 가리키는 원소의 끝부분을 리턴
s.rbegin(); s.rend();	• begin(), end()와 반대로 작동하는 멤버함수 • 역으로 출력하고 싶을때 사용
s.clear();	모든 원소를 제거
s.count(k);	원소 k의 개수를 반환
s.empty();	set s가 비어있는지 확인
s.insert(k);	• 원소 k를 삽입 • 삽입 시에 자동으로 정렬된 위치에 삽입
s.insert(iter, k);	iter가 가리키는 위치부터 k를 삽입할 위치를 탐색하여 삽입
s.erase(iter);	iter가 가리키는 원소를 제거
s.erase(start, end);	(start, end) 범위의 원소를 모두 제거
s.find(k);	원소 k를 가리키는 반복자를 반환
s2.swap(s1);	s1과 s2를 swap
s.upper_bound(k);	원소 k가 끝나는 구간의 반복자
s.lower_bound(k);	원소 k가 시작하는 구간의 반복자
s.equal_range(k);	원소 k가 시작하는 구간과 끝나는 구간의 반복자 pair 객체를 반환
s.value_comp(); s.key_comp();	정렬 기준 조건자를 반환
s.size();	사이즈(원소의 개수)를 반환
s.max_size();	최대 사이즈(남은 메모리 크기)를 반환

set을 선언하여 활용하는 예제는 다음과 같다.

[set의 활용 예시]

```
1   #include <iostream>
2   #include <set>
3   using namespace std;
4
5   int main(void) {
6       set<int> s;
7
8       s.insert(40);
9       s.insert(10);
10      s.insert(80);
11      s.insert(30);
12      s.insert(70);
13      s.insert(60);
14      s.insert(20);
15      s.insert(50);
16
17      set<int>::iterator iter;
18      for(iter = s.begin(); iter != s.end(); iter++) {
19          cout << *iter << " " ;
20      }
21      cout << endl;
22
23
24      //중복값 넣어보기
25      s.insert(20);
26      for(iter = s.begin(); iter != s.end(); iter++) {
27          cout << *iter << " " ;
28      }
29      cout << endl;
30
31      //존재하는 원소 찾기
32      iter = s.find(30);
33      if(iter != s.end()) {
34          cout << *iter << " : 존재 " << endl;
35      } else {
36      cout << "존재하지 않음 " << endl;
37      }
38
39      //존재하지 않는 원소 찾기
```

```
40      iter = s.find(333);
41      if(iter != s.end()) {
42          cout << *iter << " : 존재 " << endl;
43      } else {
44          cout << "존재하지 않음 " << endl;
45      }
46
47      return 0;
48  }
```

6행에서 set 선언 후 8개의 값을 저장하였으며 18행에서 iterator를 통하여 각 원소에 접근하여 출력하고 있다.
또한 set은 key의 중복을 허용하지 않으므로 이를 확인할 수 있는 예제 코드이며 실행 결과는 다음과 같다.

[set의 활용 예시 코드의 실행 결과]

```
1    10 20 30 40 50 60 70 80
2    10 20 30 40 50 60 70 80
3    30 : 존재
4    존재하지 않음
```

제 2 절 JAVA 라이브러리 – Vector<E>, ArrayList<E> 등

JAVA에서는 다수의 데이터를 쉽게 처리할 수 있는 표준화된 방법을 제공하는 클래스들을 제공하는데 이를
컬렉션 프레임워크(Collection Framework)라고 한다. JAVA의 컬렉션 프레임워크에는 다음과 같이 3가지
타입의 핵심 인터페이스가 있다.

핵심 인터페이스	설명	구현 클래스
List	데이터의 중복을 허용하며 순서가 있는 데이터의 집합	ArrayList LinkedList Stack Vector
Set	데이터의 중복을 허용하지 않으며 순서를 유지하지 않는 데이터의 집합	HashSet TreeSet
Map	• 키 중복은 허용하지 않으면 값의 중복은 허용 • 순서를 유지하지 않는 Key, Value로 이루어진 데이터의 집합	HashMap TreeMap HashTable Properties

1 Vector〈E〉

JAVA에서 Vector는 ArrayList와 동일한 내부구조를 가지고 있다. ArrayList와 마찬가지로 Vector 내부에 값이 추가되면 자동으로 크기가 조절되며 그 다음 객체들은 한 자리씩 뒤로 이동된다. Vector의 구조는 다음과 같다.

0	1	2	3	4	5	6	7	8	9
A	B	C	D						

[Vector의 구조]

Vector와 ArrayList는 한 가지 다른 점이 있다. Vector는 동기화된 메소드로 구성되어 있기 때문에 멀티 스레드가 동시에 이 메소드들을 실행할 수 없고, 하나의 스레드가 실행을 완료해야만 다른 스레드들이 실행할 수 있다. 즉, Vector는 동기화를 제공하기 때문에 멀티 스레드 환경에서 안전(Thread Safe)하다. 동기화로 인해 일반적으로 Vector는 ArrayList보다 낮은 성능을 보인다. 그렇기 때문에 동기화가 필요하지 않을 때는 ArrayList를 사용하는 것이 더 성능이 좋다. Vector는 다음과 같이 선언하여 사용한다.

[Vector의 선언 예시]

```
1    import java.util.Vector;
2
3    //타입 미설정 Object로 선언된다.
4    Vector v = new Vector();
5
6    //타입설정 Student 객체만 사용 가능
7    Vector〈Student〉 student = new Vector〈Student〉();
8
9    //타입설정 int 타입만 사용 가능
10   Vector〈Integer〉 num2 = new Vector〈Integer〉();
11
12   //new에서 타입 파라미터 생략 가능
13   Vector〈Integer〉 num3 = new Vector〈〉();
14
15   //초기 용량(capacity) 지정
16   Vector〈String〉 v2 = new Vector〈String〉(10);
17
18   //초기값 지정
19   Vector〈Integer〉 v3 = new Vector〈Integer〉(Arrays.asList(1,2,3));
```

1행을 보면 알 수 있듯이 Vector 클래스를 사용하기 위해서는 java.util.Vector를 import해야 한다. 또한 Vector 선언 시 내부값을 형변환해야 하는 수고를 덜기 위해 Generic을 사용하면 편하게 코딩할 수 있다. Vector에 값을 추가하고 변경하며 제거하는 활용 예제를 통하여 사용법을 알아보도록 하자.

[Vector 값 추가 예시]

```
1    import java.util.Vector;
2
3    public class VectorTest {
4
5      public static void main(String[] args) {
6          Vector v = new Vector();
7          v.add("Hello");
8          v.add("Hello");
9          v.add(1, "World");
10         v.add(null);
11         System.out.print(v);
12      }
13   }
```

Vector의 값을 추가하기 위해서는 add() 메소드를 사용하며, 사용 방법에는 2가지가 있다. 7행과 같이 add(Object)를 사용하여 Vector의 마지막에 데이터를 추가하는 방법이 있고, 9행과 같이 add(int Index, Object)를 사용하여 Vextor의 Index 위치에 데이터를 추가할 수 있다. 그리고 10행과 같이 Vector는 null을 허용하여 null 값도 추가할 수 있다.

[Vector 값 추가 예시 코드의 실행 결과]

```
1    [Hello, World, Hello, null]
```

위의 코드를 실행하면 v.add(1, "World");를 처리하여 "Hello"와 "Hello" 사이에 "World"가 추가된 것을 확인할 수 있다.

[Vector 값 변경 예시]

```
1    import java.util.Vector;
2
3    public class VectorTest {
4
5      public static void main(String[] args) {
6          Vector v = new Vector();
7          v.add("Hello");
8          v.add("Hello");
9          v.add(1, "World");
10
```

```
11        System.out.println(v);
12
13        v.set(1, "Hello");
14
15        System.out.println(v);
16    }
17 }
```

Vector의 값을 변경하는 방법은 set() 메소드를 사용한다. 값을 바꾸려면 조건이 필요한데 Index를 알아야 원하는 값을 변경할 수 있다. 13행과 같이 set(int Index, Object)로 변경할 수 있다.

[Vector 값 변경 예시 코드의 실행 결과]

```
1    [Hello, World, Hello]
2    [Hello, Hello, Hello]
```

위의 예제를 실행하면 "Hello", "World", "Hello"를 set(1, "Hello")를 사용하여 "Hello", "Hello", "Hello"로 변경한다.

[Vector 값 제거 예시]

```
1    import java.util.Vector;
2
3    public class VectorTest {
4
5        public static void main(String[] args) {
6            Vector V = new Vector();
7            v.add("Hello");
8            v.add("World");
9            v.add("Hello");
10           v.add("World");
11           System.out.println(v);
12
13           //Index 1의 값 제거
14           v.remove(1);
15           System.out.println(v);
16
17           //모든 데이터 제거
18           v.removeAllElements();
19           System.out.println(v);
```

```
20
21          v.add("Hello");
22          v.add("World");
23
24          //모든 데이터 제거
25          v.clear();
26          System.out.println(v);
27      }
28  }
```

Vector에서 원하는 값을 삭제하려면 14행과 같이 remove(int Index)를 사용하여 삭제한다. 또한 값을 한꺼번에 삭제하려면 18행, 25행과 같이 removeAllElements(), clear() 메소드를 사용하여 삭제할 수 있다.

[Vector 값 제거 예시 코드의 실행 결과]

```
1   [Hello, World, Hello, World]
2   [Hello, Hello, World]
3   []
4   []
```

실행 결과에서 removeAllElements()와 clear() 메소드를 실행하면 Vector의 전체가 삭제된 것을 확인할 수 있다.

[Vector 크기 구하기 예시]

```
1   import java.util.Vector;
2
3   public class VectorTest {
4
5       public static void main(String[] args) {
6           Vector v = new Vector();
7           v.add("Hello");
8           v.add("World");
9           v.add("Hello");
10          v.add("World");
11
12          //Vector의 크기 구하기
13          System.out.println("Size : " + v.size());
14
15          //Vector의 용량 구하기
```

```
16            System.out.println("Capacity : " + v.capacity());
17        }
18    }
```

13행과 같이 Vector의 size() 메소드를 사용하면 Vector 데이터의 개수를 구할 수 있고 16행과 같이 capacity() 메소드를 사용하면 Vector의 용량을 구할 수 있다.

[Vector 크기 구하기 예시 코드의 실행 결과]

```
1    Size : 4
2    Capacity : 10
```

size와 capacity가 있는 이유는 동적으로 Vector의 크기를 구하기 때문이며, 자세한 내용은 C++의 Vector에서 설명하였다.

[Vector 값 출력 예시]

```
1    import java.util.Vector;
2
3    public class VectorTest {
4
5        public static void main(String[] args) {
6            Vector<String> v = new Vector<>();
7            v.add("Hello");
8            v.add("World");
9            v.add("Hello");
10           v.add("World");
11
12           //get(i)를 사용하여 값 출력
13           for(int i = 0; i < v.size(); i++) {
14               System.out.print(v.get(i) + " ");
15           }
16
17           System.out.println();
18
19           //향상된 for문을 사용하여 값 출력
20           for(String s : v) {
21               System.out.print(s + " ");
22           }
23           System.out.println();
```

```
24
25          //Iterator 사용값 출력
26          Iterator iter = v.iterator();
27
28          while(iter.hasNext()) {
29            System.out.print(iter.next() + " ");
30          }
31
32      }
33    }
```

Vector에서 값을 출력하는 방법은 get() 메소드를 사용한다. 14행과 같이 get(int Index)로 원하는 Index의 값을 호출하면 된다. 다른 방법으로는 20행과 같이 향상된 for문을 사용하는 방법이 있으며, 26행과 같이 Iterator 클래스를 사용하여 출력하는 방법도 있다.

[Vector 값 출력 예시 코드의 실행 결과]

```
1    Hello  World  Hello  World
2    Hello  World  Hello  World
3    Hello  World  Hello  World
```

2 ArrayList〈E〉 중요 ★★★

ArrayList는 List 인터페이스를 상속받은 클래스로, 크기가 가변적으로 변하는 선형 리스트이다. 일반적인 배열과 같은 순차 리스트이며 인덱스로 내부의 객체를 관리한다는 점 등이 유사하지만, 한 번 생성되면 크기가 변하지 않는 배열과는 달리 ArrayList는 객체들이 추가되어 저장용량(capacity)을 초과한다면 자동으로 부족한 크기만큼 저장용량(capacity)이 늘어난다는 특징을 가지고 있다. ArrayList의 구조는 Vector의 구조와 같다.

0	1	2	3	4	5	6	7	8	9
A	B	C	D						

[ArrayList의 구조]

위에서 설명한 바와 같이 동기화가 필요하지 않을 때는 Vector보다는 ArrayList를 사용하는 것이 더 성능이 좋으며 ArrayList는 다음과 같이 선언하여 사용한다.

[ArrayList의 선언 예시]

```
1    import java.util.ArrayList;
2
3    //타입 미설정 Object로 선언된다.
4    ArrayList list = new ArrayList();
5
6    //타입 설정 Student객체만 사용 가능
7    ArrayList<Student> members = new ArrayList<Student>();
8
9    //타입 설정 int타입만 사용 가능
10   ArrayList<Integer> num = new ArrayList<Integer>();
11
12   //new에서 타입 파라미터 생략 가능
13   ArrayList<Integer> num2 = new ArrayList<>();
14
15   //초기 용량(capacity) 지정
16   ArrayList<Integer> num3 = new ArrayList<Integer>(10);
17
18   //생성 시 값 추가
19   ArrayList<Integer> list2 = new ArrayList<Integer>(Arrays.asList(1,2,3));
```

1행을 보면 알 수 있듯이 ArrayList 클래스를 사용하기 위해서는 java.util.ArrayList를 import해야 한다. ArrayList에 값을 추가하고 변경하며 제거하는 활용 예제를 통하여 사용법을 알아보도록 하자.

[ArrayList 값 추가/변경 예시]

```
1    import java.util.ArrayList;
2
3    public class ArrayListTest {
4
5        public static void main(String[] args) {
6            ArrayList<String> colors = new ArrayList<>();
7
8            //add() method
9            colors.add("Black");
10           colors.add("White");
11           colors.add(0, "Green");
12           colors.add("Red");
13
14           //set() method
15           colors.set(0, "Blue");
```

```
16
17          System.out.println(colors);
18      }
19   }
```

9행의 add() 메소드는 기본적으로 리스트의 가장 끝에 값을 추가한다. 11행과 같이 별도로 인덱스를 지정하면 해당 인덱스에 값이 추가되고 그 인덱스부터의 값들이 1칸씩 밀리게 된다. 결과는 다음과 같이 출력된다.

[ArrayList 값 추가/변경 예시 코드의 실행 결과]

```
1    [Blue, Black, White, Red]
```

Black과 White는 순서대로 추가가 되며 Green이 첫 번째에 추가되면서 Black과 White는 각각 한 칸씩 밀리게 된다. 그리고 Red가 맨 끝에 다시 추가되는 것을 확인할 수 있다. 마지막으로 set() 메소드를 통해 가장 앞(Index : 0)의 Green이 Blue로 변경되었다.

[ArrayList 값 삭제 예시]

```
1    import java.util.ArrayList;
2    import java.util.Arrays;
3
4    public class ArrayListTest {
5
6        public static void main(String[] args) {
7          ArrayList<String> colors =
8            new ArrayList<>(Arrays.asList("Black", "White", "Green", "Red"));
9          String removedColor = colors.remove(0);
10         System.out.println("Removed color is " + removedColor);
11
12         colors.remove("White");
13         System.out.println(colors);
14
15         colors.clear();
16         System.out.println(colors);
17     }
18   }
```

추가했던 값을 삭제할 때는 remove() 메소드를 호출한다. 삭제할 때는 9행과 같이 엘레멘트의 인덱스를 입력하거나 12행과 같이 엘레멘트를 직접 입력할 수 있다. 인덱스를 통해 삭제할 경우 삭제되는 엘레멘트를 리턴받을 수 있다. 값을 지움과 동시에 해당 값으로 별도의 작업이 필요한 경우 리턴을 받아서 사용하면 된다. 또한 전체 삭제 시에는 15행과 같이 clear()를 호출한다.

[ArrayList 값 삭제 예시 코드의 실행 결과]

```
1    Removed color is Black
2    [Green, Red]
3    []
```

인덱스와 값으로 해당 요소를 삭제하였고 clear 메소드로 전체 요소를 삭제한 결과를 확인할 수 있다.

[ArrayList 값 출력 예시]

```
1    import java.util.ArrayList;
2    import java.util.Arrays;
3
4    public class ArrayListTest {
5
6        public static void main(String[] args) {
7            ArrayList<String> colors =
8                new ArrayList<>(Arrays.asList("Black", "White", "Green", "Red"));
9
10           //for-each loop
11           for (String color : colors) {
12               System.out.print(color + " ");
13           }
14           System.out.println();
15
16           //for loop
17           for (int i = 0; i < colors.size(); ++i) {
18               System.out.print(colors.get(i) + " ");
19           }
20           System.out.println();
21
22           //using iterator
23           Iterator<String> iterator = colors.iterator();
24           while (iterator.hasNext()) {
25               System.out.print(iterator.next() + " ");
26           }
27           System.out.println();
28
29           //using listIterator
30           ListIterator<String> listIterator = colors.listIterator(colors.size());
```

```
31          while (listIterator.hasPrevious()) {
32              System.out.print(listIterator.previous() + "  ");
33          }
34          System.out.println();
35      }
```

ArrayList의 모든 값들을 순회해서 출력하고 싶은 경우 다양한 방법을 사용할 수 있다. 11행과 같이 for-each 반복문으로 각각의 값을 순회해서 출력하는 것이 가능하다. 또한 17행과 같이 get() 메소드로 각 인덱스의 값을 순차적으로 탐색하는 방법도 가능하다. 그리고 23행과 30행과 같이 iterator나 listIterator를 통해 값들을 순회하는 것도 가능하다. listIterator의 경우 생성 시 ArrayList의 크기를 입력해주고 역방향으로 출력할 수 있다.

[ArrayList 값 출력 예시 코드의 실행 결과]

```
1   Black White Green Red
2   Black White Green Red
3   Black White Green Red
4   Red Green White Black
```

마지막의 경우 역순서로 출력이 되는 것을 확인할 수 있다.

[ArrayList 값 존재 유무 확인 예시]

```
1   import java.util.ArrayList;
2   import java.util.Arrays;
3
4   public class ArrayListTest {
5
6       public static void main(String[] args) {
7           ArrayList<String> colors =
8               new ArrayList<>(Arrays.asList("Black", "White", "Green", "Red"));
9           boolean contains = colors.contains("Black");
10          System.out.println(contains);
11
12          int index = colors.indexOf("Blue");
13          System.out.println(index);
14
15          index = colors.indexOf("Red");
16          System.out.println(index);
17      }
```

ArrayList의 안에 값이 존재하는지, 존재한다면 어느 위치에 존재하는지 알고 싶은 경우가 있다. 먼저 값이 존재하는지만 알고 싶은 경우 9행과 같이 contains()를 사용한다. 그리고 값이 존재할 때 어느 위치에 존재하는지 알고 싶은 경우 12행과 같이 indexOf()를 사용할 수 있다. contains()는 값이 있는 경우 true를, 값이 없는 경우 false를 리턴한다. indexOf()는 값이 존재하는 경우 해당 엘레멘트의 인덱스를 리턴한다. 값이 존재하지 않을 경우 −1을 리턴하기 때문에 별도로 처리가 가능하다.

[ArrayList 값 존재 유무 확인 예시 코드의 실행 결과]

```
1    true
2    −1
3    3
```

Black은 해당 ArrayList에 존재하기 때문에 true를 리턴하였고 Blue의 경우는 존재하지 않아서 −1을 리턴 Red는 3번째 index에 위치하기 때문에 3을 리턴한 결과를 확인할 수 있다.

제 5 장 자바 기본 클래스

java.lang 패키지는 JAVA에서 기본이 되는 클래스들을 포함하고 있으며 별도의 import문 없이도 사용할 수 있다. 지금까지 String 클래스 및 System 클래스를 import 없이 사용할 수 있었던 이유가 해당 클래스들이 java.lang 패키지에 속하기 때문이다. java.lang 패키지에 속한 클래스 중 자주 사용되는 클래스인 Object 클래스와 Wrapper 클래스에 대해 알아보도록 하자.

제 1 절 Object 클래스

java.lang 패키지 중에서도 가장 많이 사용되는 클래스는 바로 Object 클래스이다. Object 클래스는 모든 JAVA 클래스의 최고 조상 클래스가 된다. 따라서 JAVA의 모든 클래스는 Object 클래스의 모든 메소드를 바로 사용할 수 있다. 이러한 Object 클래스는 멤버변수를 가지지 않으며, 총 11개의 메소드만으로 구성되어 있다.

메소드	설명
protected Object clone()	해당 객체의 복제본을 생성하여 반환
boolean equals(Object obj)	해당 객체와 전달받은 객체가 같은지 여부를 반환
protected void finalize()	해당 객체를 더는 아무도 참조하지 않아 GC(Garbage Collector)가 객체의 리소스를 정리하기 위해 호출
Class<T> getClass()	해당 객체의 클래스 타입을 반환
int hashCode()	해당 객체의 해시코드값을 반환
void notify()	해당 객체의 대기(wait)하고 있는 하나의 스레드를 다시 실행할 때 호출
void notifyAll()	해당 객체의 대기(wait)하고 있는 모든 스레드를 다시 실행할 때 호출
String toString()	해당 객체의 정보를 문자열로 반환
void wait()	해당 객체의 다른 스레드가 notify()나 notifyAll() 메소드를 실행할 때까지 현재 스레드를 일시적으로 대기(wait)시킬 때 호출
void wait(long timeout)	해당 객체의 다른 스레드가 notify()나 notifyAll() 메소드를 실행하거나 전달받은 시간이 지날 때까지 현재 스레드를 일시적으로 대기(wait)시킬 때 호출
void wait(long timeout, int nanos)	해당 객체의 다른 스레드가 notify()나 notifyAll() 메소드를 실행하거나 전달받은 시간이 지나거나 다른 스레드가 현재 스레드를 인터럽트(interrupt)할 때까지 현재 스레드를 일시적으로 대기(wait)시킬 때 호출

toString() 메소드는 해당 인스턴스에 대한 정보를 문자열로 반환한다. 이때 반환되는 문자열은 클래스 이름과 함께 구분자로 '@'가 사용되며, 그 뒤로 16진수 해시코드(hash code)가 추가된다. 16진수 해시코드값은 인스턴스의 주소를 가리키는 값으로 인스턴스마다 모두 다르게 반환된다. 다음은 toString() 메소드를 이용하여 인스턴스의 정보를 출력하는 예시이다.

[Object 클래스의 toString() 사용 예시]

```
1    public class ObjectClassTest {
2      public static void main(String[] args) {
3          Car car01 = new Car();
4          Car car02 = new Car();
5          String str = new String("Apple");
6
7          System.out.println(car01.toString());
8          System.out.println(car02.toString());
9          System.out.println(str.toString());
10     }
11   }
```

7행과 8행과 같이 toString()을 override하지 않고 사용하면 '클래스풀네임@해시코드'가 출력된다. 이것이 toString()의 원형이다. 하지만 9행과 같이 String 객체를 출력하면 String 객체가 저장하고 있는 문자열이 출력된다. 그 이유는 JDK의 String 클래스는 toString()을 override하고 있기 때문이다. JAVA에서 toString() 메소드는 기본적으로 각 API 클래스마다 자체적으로 오버라이딩을 통해 재정의되어 있다.

[Object 클래스의 toString() 사용 예시 코드의 실행 결과]

```
1    Car@15db9742
2    Car@6d06d69c
3    Apple
```

equals() 메소드는 해당 인스턴스를 매개변수로 전달받는 참조변수와 비교하여, 그 결과를 반환한다. 이때 참조변수가 가리키는 값을 비교하므로, 서로 다른 두 객체는 언제나 false를 반환하게 된다. 다음은 equals() 메소드를 이용하여 두 인스턴스를 서로 비교하는 예시이다.

[Object 클래스의 equals() 사용 예시]

```
1    public class ObjectClassTest {
2      public static void main(String[] args) {
3          Car car01 = new Car();
4          Car car02 = new Car();
```

```
 5
 6          System.out.println(car01.equals(car02));
 7
 8          //두 참조변수가 같은 주소를 가리킴
 9          car01 = car02;
10
11          System.out.println(car01.equals(car02));
12      }
13  }
```

equals()의 기본 동작은 '==' 연산이기 때문에 6행과 같이 서로 다른 인스턴스를 가리키는 참조변수를 equals()로 비교하면 false가 리턴된다. 9행에서 car01 참조변수에 car02가 가리키는 값을 대입하였고, 11행에서 equals()의 결과는 true가 나오게 된다. equals() 메소드 역시 기본적으로 각 API 클래스마다 자체적으로 오버라이딩을 통해 재정의되어 있다.

[Object 클래스의 equals() 사용 예시 코드의 실행 결과]

```
1    false
2    true
```

clone() 메소드는 해당 인스턴스를 복제하여, 새로운 인스턴스를 생성해 반환한다. 하지만 Object 클래스의 clone() 메소드는 단지 필드의 값만을 복사하므로, 필드의 값이 배열이나 인스턴스면 제대로 복제할 수 없다. 따라서 이러한 경우에는 해당 클래스에서 clone() 메소드를 오버라이딩해서 복제가 제대로 이루어지도록 재정의해야 한다.

이러한 clone() 메소드는 private 필드도 복제할 수 있기 때문에 정보은닉에 위배될 수 있다. 따라서 데이터의 보호를 이유로 Cloneable 인터페이스를 구현한 클래스의 인스턴스만이 사용할 수 있다. 다음은 clone() 메소드를 이용하여 인스턴스를 복제하는 예시이다.

[Object 클래스의 clone() 사용 예시]

```
1    import java.util.*;
2
3    class Car implements Cloneable {
4      private String modelName;
5      private ArrayList<String> owners = new ArrayList<String>();
6
7
8      //modelName의 값을 반환함
9      public String getModelName() {
```

```
10          return this.modelName;
11      }
12
13      //modelName의 값을 설정함
14      public void setModelName(String modelName) {
15        this.modelName = modelName;
16      }
17
18      //owners의 값을 반환함
19      public ArrayList getOwners() {
20        return this.owners;
21      }
22
23      //owners의 값을 추가함
24      public void setOwners(String ownerName) {
25        this.owners.add(ownerName);
26      }
27
28      //clone 메소드 재정의
29      public Object clone() {
30        try {
31          Car clonedCar = (Car)super.clone();
32          //clonedCar.owners = (ArrayList)owners.clone();
33          return clonedCar;
34        } catch(CloneNotSupportedException ex) {
35          ex.printStackTrace();
36          return null;
37        }
38      }
39  }
40
41  //실행 클래스
42  public class CarTest {
43      public static void main(String[] args) {
44
45        Car car01 = new Car();
46        car01.setModelName("아반떼");
47        car01.setOwners("홍길동");
48        System.out.println("Car01 : " + car01.getModelName() + ", "
49          + car01.getOwners() + "\n");
50
51        Car car02 = (Car)car01.clone();
52        car02.setOwners("이순신");
53        System.out.println("Car01 : " + car01.getModelName() + ", "
```

```
54              + car01.getOwners());
55          System.out.println("Car02 : " + car02.getModelName() + ", "
56              + car02.getOwners());
57      }
58  }
```

위 예제의 31행에서는 부모 클래스의 clone() 메소드를 호출하여 clone() 메소드를 오버라이딩하고 있다. 45행에서는 Car 클래스의 인스턴스인 car01을 생성하고, 51행에서는 오버라이딩한 clone() 메소드를 호출하여 복제를 수행하고 있다. 하지만 31행처럼 clone() 메소드를 재정의하면, 멤버변수의 값이 5행처럼 인스턴스일 때는 제대로 된 복제를 수행할 수 없다.

52행에서는 복제된 인스턴스인 car02의 owners 필드에 새로운 값을 하나 추가한다. 하지만 55행의 실행 결과를 보면 원본 인스턴스인 car01의 owners 필드에도 새로운 값이 추가되었음을 확인할 수 있다. 이처럼 단순히 부모 클래스의 clone() 메소드를 호출하여 clone() 메소드를 재정의하면, 배열이나 인스턴스인 필드는 복제되는 것이 아닌 해당 배열이나 인스턴스를 가리키는 주소값만이 복제되는 것이다.

[Object 클래스의 clone() 사용 예시 코드의 실행 결과1]

```
1   Car01 : 아반떼, [홍길동]
2
3   Car01 : 아반떼, [홍길동, 이순신]
4   Car02 : 아반떼, [홍길동, 이순신]
```

따라서 정확한 복제를 위해서는 32행처럼 배열이나 인스턴스인 필드에 대해서는 별도로 clone() 메소드를 구현하여 호출해야 한다. 32행의 주석을 해제하고 실행한다면 실행 결과는 다음과 같다.

[Object 클래스의 clone() 사용 예시 코드의 실행 결과2]

```
1   Car01 : 아반떼, [홍길동]
2
3   Car01 : 아반떼, [홍길동]
4   Car02 : 아반떼, [홍길동, 이순신]
```

제 2 절　Wrapper 클래스

JAVA의 자료형은 크게 기본 타입(primitive type)과 참조 타입(reference type)으로 나누어진다. 대표적으로 기본 타입에는 char, int, float, double, boolean 등이 있고, 참조 타입에는 class, interface 등이 있는데 프로그램에 따라 기본 타입의 데이터를 객체로 표현해야 하는 경우가 종종 있다. 예를 들어, 메소드의 매개변수로 객체 타입만이 요구되면, 기본 타입의 데이터를 그대로 사용할 수는 없다. 이때에는 기본 타입의 데이터를 먼저 객체로 변환한 후 작업을 수행해야 한다. 이럴 때에 기본 자료 타입(primitive type)을 객체로 다루기 위해서 사용하는 클래스들을 래퍼 클래스(wrapper class)라고 한다. JAVA에서 모든 기본 타입(primitive type)은 값을 갖는 객체를 생성할 수 있다. 이런 객체를 포장 객체라고도 하는데 그 이유는 기본 타입의 값을 내부에 두고 포장하기 때문이다. Wrapper 클래스로 감싸고 있는 기본 타입값은 외부에서 변경할 수 없다. 만약 값을 변경하고 싶다면 새로운 포장 객체를 만들어야 한다. 이러한 래퍼 클래스는 모두 java.lang 패키지에 포함되어 제공된다. JAVA의 기본 타입에 대응하여 제공하고 있는 래퍼 클래스는 다음과 같다.

기본 타입	Wrapper 클래스
byte	Byte
short	Short
int	Integer
long	Long
float	Float
double	Double
char	Character
boolean	Boolean

Wrapper 클래스 중에서 Integer 클래스와 Character 클래스만이 자신의 기본 타입과 이름이 다름을 주의해야 한다.

1 박싱(Boxing)과 언박싱(UnBoxing) 중요 ★★

앞에서 설명한 바와 같이 래퍼 클래스(Wrapper class)는 산술 연산을 위해 정의된 클래스가 아니므로 인스턴스에 저장된 값을 변경할 수 없다. 단지 값을 참조하기 위해 새로운 인스턴스를 생성하고, 생성된 인스턴스의 값만을 참조할 수 있다.

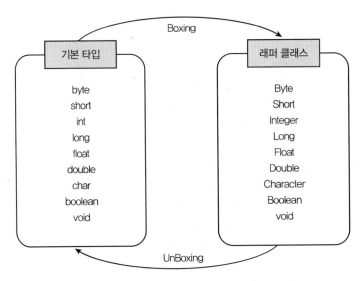

[박싱(Boxing)과 언박싱(UnBoxing)]

위의 그림과 같이 기본 타입의 데이터를 래퍼 클래스의 인스턴스로 변환하는 과정을 박싱(Boxing)이라고 한다. 반면 래퍼 클래스의 인스턴스에 저장된 값을 다시 기본 타입의 데이터로 꺼내는 과정을 언박싱 (UnBoxing)이라고 한다.

[Boxing과 UnBoxing 예시]

```
1   public class WrapperTest {
2       public static void main(String[] args) {
3         //박싱
4         Integer num = new Integer(17);
5
6         //언박싱
7         int n = num.intValue();
8         System.out.println(n);
9       }
10   }
```

4행에서 int형 정수를 Integer 객체로 Boxing하고 있으며 7행에서 Integer 객체를 int형 변수로 UnBoxing 하고 있다.

2 오토박싱(AutoBoxing)과 오토언박싱(AutoUnBoxing)

JDK 1.5부터는 박싱과 언박싱이 필요한 상황에서 JAVA 컴파일러가 이를 자동으로 처리해 준다. 예를 들어, int 타입의 값을 Integer 클래스 변수에 대입하면 자동으로 박싱이 일어나 힙 영역에 Integer 객체가 생성된다. 이렇게 자동화된 박싱과 언박싱을 오토박싱(AutoBoxing)과 오토언박싱(AutoUnBoxing)이라고 부른다.

[오토박싱, 오토언박싱 예시]

```
1   public class WrapperTest {
2       public static void main(String[] args) {
3
4       //박싱
5       Integer num = new Integer(17);
6
7       //언박싱
8       int n = num.intValue();
9
10      System.out.println(n);
11
12      //오토박싱
13      Character ch = 'X';
14      //Character ch = new Character('X');
15
16      //오토언박싱
17      char c = ch;
18      //char c = ch.charValue();
19
20      System.out.println(c);
21      }
22  }
```

위 예시 코드의 8행과 18행에서 볼 수 있듯이 래퍼 클래스인 Interger 클래스와 Character 클래스에는 각각 언박싱을 위한 intValue() 메소드와 charValue() 메소드가 포함되어 있다. 또한, 오토박싱을 이용하면 13행과 같이 new 키워드를 사용하지 않고도 자동으로 Character 인스턴스를 생성할 수 있다. 반대로 17행과 같이 charValue() 메소드를 사용하지 않고도, 오토언박싱을 이용하여 인스턴스에 저장된 값을 바로 참조할 수 있다.

[오토박싱, 오토언박싱 예시 코드의 실행 결과]

```
1   17
2   X
```

01 %d는 변수값을 정수형으로 출력하라는 의미이고 %f는 변수값을 부호 있는 십진수 실수형으로 출력하라는 의미이다.

01 다음은 C 언어의 printf 함수 예제이다. ⓐ와 ⓑ에 들어갈 구문으로 적절한 것은?

```
#include 〈stdio.h〉

int main(void) {
    int radius = 5;
    double pi = 3.141592;
    printf("반지름 = [      ⓐ      ],
파이 = [      ⓑ      ] \n", radius, pi);
    return 0;
}
```

	ⓐ	ⓑ
①	%c	%s
②	%d	%f
③	%e	%p
④	%%	%E

02 다음은 C 언어의 scanf 함수 예제이다. ⓐ와 ⓑ에 들어갈 구문으로 적절한 것은?

```
#include 〈stdio.h〉

int main(void) {
    int num;

    printf("숫자를 입력하세요 : ");
    scanf("        ⓐ        ",        ⓑ        );
    printf("입력한 숫자는 :        ⓐ        입니다.",
num);

    return 0;
}
```

	ⓐ	ⓑ
①	%s	num
②	%d	num
③	%d	&num
④	%s	&num

02 scanf(입력받을 변수의 자료형, 저장할 변수의 주소)이다. 숫자를 입력받아야 하므로 %d, 저장할 변수의 주소는 위에서 선언한 num 변수의 주소인 &num이 된다.

정답 02 ③

03 문자열만을 출력하는 함수는 puts 이다.

03 다음은 C 언어의 출력 함수 예제이다. ⓐ에 들어갈 함수로 적절한 것은?

```
#include <stdio.h>

int main(void) {
    char str[100] = "다음 함수는 문자열을 출력합니다.";

    [    ⓐ    ](str);
    [    ⓐ    ]("해당 함수는 오직 문자열만을 출
력합니다.");

    return 0;
}
```

실행결과
다음 함수는 문자열을 출력합니다.
해당 함수는 오직 문자열만을 출력합니다.

① printf
② scanf
③ gets
④ puts

정답 03 ④

04 다음은 C++의 표준 출력 함수 예제이다. ⓐ에 들어갈 함수로 적절한 것은?

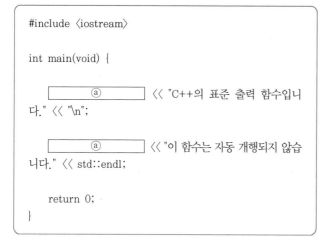

```
#include 〈iostream〉

int main(void) {

        ⓐ        << "C++의 표준 출력 함수입니
다." << "\n";

        ⓐ        << "이 함수는 자동 개행되지 않습
니다." << std::endl;

    return 0;
}
```

① gets
② puts
③ std::cout
④ std::cin

05 cou에서는 〈〈, 반대로 cin에서는 〉〉 시프트 연산자를 사용한다.

05 다음은 C++언어의 표준 입출력 함수 예제이다. ⓐ와 ⓑ에 들어갈 연산자로 적절한 것은?

```
#include 〈iostream〉
#include 〈string〉

int main(void) {
    int num;
    std::string str;

    std::cout  ⓐ  "숫자 입력 : ";
    std::cin  ⓑ  num;

    std::cout  ⓐ  "문자열 입력 : ";
    std::cin  ⓑ  str;

    std::cout  ⓐ  "입력받은 숫자는 "  num  ⓐ  "입
니다."  ⓐ  std::endl;
    std::cout  ⓐ  "입력받은 문자열은 "  ⓐ  str
 ⓐ  "입니다."  ⓐ  std::endl;
    return 0;
}
```

	ⓐ	ⓑ
①	〈〈	〉〉
②	〈〈	〈〈
③	〉〉	〉〉
④	〉〉	〈〈

06 JAVA에서 표준 입출력을 지원하는 System 클래스의 정적변수는 out, in, err이다.

06 다음 중 JAVA의 표준 입출력을 지원하는 System 클래스의 정적 변수가 <u>아닌</u> 것은?

① System.out
② System.in
③ System.err
④ System.get

정답 05 ① 06 ④

07 다음은 C 언어의 문자열 제어함수 예제이다. ⓐ에 들어갈 함수로 적절한 것은?

```
#include <stdio.h>
#include <string.h>
int main(void) {
    const char* name = "홍길동";

    printf("1. const char* name = \"홍길동\"");

    printf("\t길이 : %d\n", (int)      ⓐ
(name));

    return 0;
}
```

① sprintf
② strncpy
③ strcpy
④ strlen

07 C 언어에서 문자열의 길이를 반환하는 함수는 strlen이다.

정답 07 ④

08 C 언어에서 문자열을 복사하는 함수와 인자는 strcpy(저장할 배열, 복사할 대상)이다.

08 다음은 C 언어의 문자열 복사 함수 예제이다. ⓐ에 들어갈 구문으로 적절한 것은?

```c
#include <stdio.h>
#include <string.h>

int main(void) {
    char origin[] = "TEST_STR_COPY";
    char dest1[20];

        ⓐ

    printf("case1 : %s\n", dest1);

    return 0;
}
```

실행결과
case1 : TEST_STR_COPY

① strncpy(dest1, origin);
② strncpy(origin, dest1);
③ strcpy(dest1, origin);
④ strcpy(origin, dest1);

09 empty()는 문자열이 비었는지 확인하는 함수이다.

09 C++의 string 클래스의 멤버함수에 대한 설명으로 옳지 <u>않은</u> 것은?

① front()는 문자열의 가장 앞 문자를 반환한다.
② pop_back()은 문자열의 맨 뒤 문자를 제거한다.
③ reserve(n)는 n만큼의 메모리를 미리 할당한다.
④ empty()는 문자열을 비운다.

정답 08 ③ 09 ④

10 다음은 JAVA의 StringBuffer 클래스의 사용 예제이다. ⓐ와 ⓑ에 들어갈 구문으로 적절한 것은?

```
public class StringClassTest2 {
  public static void main(String[] args) {

    //append
    StringBuffer str1= new StringBuffer("Java");
    System.out.println("케이스1. 원본 문자열 : " + str1);

          ⓐ          ;

    System.out.println("해당 메소드 호출 후 원본 문자열
: " + str1);
    System.out.println("");


    //delete, deleteCharAt
    StringBuffer  str4  =  new  StringBuffer("Java
Oracle");
    System.out.println("케이스2. 원본 문자열 : " + str4);

          ⓑ          ;

    System.out.println("해당 메소드 호출 후 원본 문자열
: " + str4);
    System.out.println("");
  }
}
```

[실행결과]
케이스1. 원본 문자열 : Java
해당 메소드 호출 후 원본 문자열 : Java수업

케이스2. 원본 문자열 : Java Oracle
해당 메소드 호출 후 원본 문자열 : Javacle

	ⓐ	ⓑ
①	str1.insert("수업")	str4.deleteCharAt(1)
②	str1.append("수업")	str4.delete(4, 8)
③	str1.append("수업")	str4.reverse(4, 8)
④	str1.insert("수업")	str4.delete(4, 8)

정답 10 ②

11 C 언어에서 파일을 여는 함수는 fopen 이며 파일을 닫는 함수는 fclose이다.

11 다음은 C 언어의 파일 입출력 함수 예제이다. ⓐ와 ⓑ에 들어갈 구문으로 적절한 것은?

```
#include 〈stdio.h〉
using namespace std;

int main() {
    FILE *file;

    file = [        ⓐ        ] ("test.txt", "r");

    if (file == NULL) {
        printf("%s: 파일이 열리지 않습니다.\n", "test.txt");
        return 0;
    }

    printf("%s: 파일이 열립니다.\n", "test.txt");

    [        ⓑ        ] (file);

    return 0;
}
```

	ⓐ	ⓑ
①	fopen	fclose
②	fstart	fend
③	FileReader	FireWriter
④	fileOpen	filcClose

12 다음은 C 언어의 파일 입출력 함수의 예제이다. ⓐ에 들어갈 구문으로 적절한 것은?

```
#include <stdio.h>
using namespace std;

int main() {
    FILE * fp;
    int i;

    //파일 열기: 파일의 내용에는 12345라는 내용이 입력되어
있음
    fp = fopen("file.txt","r");

    if(fp == NULL) {
        printf("파일이 열리지 않습니다.\n");
    } else {

        printf("파일을 열었습니다.\n");

    //파일에서 내용 입력받기
            ⓐ

        printf("i = %d \n",i);

        fclose(fp);
    }

    return 0;
}
```

① fscanf("%d", &i, fp);
② cin(fp, "%d", &i);
③ scanf("%d", &i);
④ fscanf(fp, "%d", &i);

12 C 언어에서 파일의 내용을 입력받는 함수는 fscanf이며, 그 사용법은 fscanf(파일포인터, 서식문자, 저장할 변수의 주소)이다.

정답 12 ④

13 C 언어에서 파일에 출력하기 위한
    함수는 fprintf 함수이다.

13 다음은 C 언어의 파일 입출력 함수의 예제이다. ⓐ에 들어갈 구문
    으로 적절한 것은?

```
#include 〈stdio.h〉
using namespace std;

int main() {
    FILE * fp;

  //파일에 출력할 변수
    int i = 12345;

  //파일 열기 : 쓰기모드+
    fp = fopen("file.txt", "w+");

    if(fp == NULL) {
       printf("파일이 열리지 않습니다.\n");
    } else {
  //파일에 내용 출력하기
          ⓐ          (fp, "파일에 변수의 내용을 출력
: %d \n ", i);

       fclose(fp);
   }

    return 0;
}
```

① fprintf
② printf
③ fscanf
④ scanf

정답   13 ①

14 다음은 C++의 파일 입출력 함수의 예제이다. ⓐ와 ⓑ에 들어갈 구문으로 적절한 것은?

```cpp
#include <iostream>
#include <fstream>
using namespace std;

int main(void) {

        [    ⓐ    ]  readFile;

    readFile.open("test.txt");

      if (readFile.is_open()) {
        while (!readFile.eof()) {
          char tmp[256];

    //파일에서 한 줄씩 읽어옴
          [    ⓑ    ] (tmp, 256);

        cout << tmp << endl;
      }
        readFile.close();
    }
      return 0;
}
```

	ⓐ	ⓑ
①	ifstream	readFile.getline
②	ofstream	readFile.readLine
③	ifstream	readFile.readLine
④	ofstream	readFile.getline

14 C++에서 파일의 내용을 읽기 위한 클래스는 ifstream이고 ifstream에서 파일을 한 줄씩 읽기 위한 함수는 getline이다.

정답 14 ①

15 vector는 속도적인 측면에서는 배열
에 비해 느리지만 메모리를 효율적
으로 관리할 수 있다는 장점이 있어
굉장히 많이 사용된다.

15 C++ STL의 컨테이너인 vector에 대한 설명으로 옳지 <u>않은</u> 것은?

① vector는 동적으로 원소를 추가할 수 있다.

② vector의 데이터 처리 속도는 배열보다 우수하다.

③ vector는 배열보다 메모리를 더 효율적으로 사용한다.

④ 원소가 추가될 때 메모리 재할당이 발생할 수 있다.

16 set의 키값은 중복을 허용하지 않는다.

16 C++ STL의 컨테이너인 set에 대한 설명으로 옳지 <u>않은</u> 것은?

① set은 균형 이진트리로 구성되어 있다.

② set은 key값 1개를 저장하는 형태의 노드의 집합으로 구성
된다.

③ key값의 경우 중복을 허용한다.

④ set에 원소가 추가되면 자동으로 정렬된다.

정답 15 ② 16 ③

17 다음은 JAVA의 컬렉션 프레임워크 중 Vector에 대한 예제이다.
예제의 실행 결과로 올바른 것은?

```java
import java.util.Vector;

public class VectorTest {

    public static void main(String[] args) {
        Vector v = new Vector();
        v.add("Hello");
        v.add("Friend");
        v.add(1, "World");
        v.set(1, "Hello");
        v.remove(1);
        System.out.println(v);
    }
}
```

① [Hello, World]

② [Hello, Hello]

③ [World, Friend]

④ [Hello, Friend]

17 [Hello] → [Hello, Friend] → [Hello, World, Friend] → [Hello, Hello, Friend] → [Hello, Friend]

18 JAVA의 Object 클래스에 대한 설명으로 옳지 <u>않은</u> 것은?

① Object 클래스는 모든 JAVA 클래스의 최고 조상 클래스이다.

② Object 클래스는 멤버변수를 가지지 않는다.

③ equals 메소드는 해당 객체와 전달받은 객체의 내용 자체를 비교한다.

④ clone 메소드는 해당 객체의 복제본을 생성한다.

18 equals 메소드는 해당 객체와 전달받은 객체의 참조변수가 가리키는 값을 비교한다.

정답 17 ④ 18 ③

checkpoint 해설 & 정답

19 int - Integer

19 JAVA의 자료형의 기본타입과 Wrapper 클래스가 <u>잘못</u> 연결된 것은?

① byte - Byte

② int - Int

③ long - Long

④ char - Character

정답 19 ②

주관식 문제

01 다음은 C 언어의 문자열 제어함수 예제이다. ⓐ와 ⓑ에 들어갈 구문을 작성하시오.

```
#include ⟨stdio.h⟩
#include ⟨string.h⟩

int main(void) {
    char origin[] = "STRCAT_TEST";
    char dest1[100] = "ABCDEFG";
    char dest4[100] = "ABCDEFG";

        ⓐ          (dest1, origin);
        ⓑ          (dest4, origin, 6);

    printf("case1 : %s\n", dest1);
    printf("case2 : %s\n", dest4);

    return 0;
}
```

실행결과

case1 : ABCDEFGSTRCAT_TEST
case2 : ABCDEFGSTRCAT

01 정답
ⓐ strcat
ⓑ strncat

해설
- strcat(char* dest, char* origin) : origin 문자열을 dest 문자열 뒤에 이어 붙인다.
- strncat(char* dest, char* origin, size_t n) : origin 문자열을 dest 문자열 뒤에 이어 붙이는데 n만큼만 이어 붙인다.

02 **정답**
ⓐ FileReader
ⓑ reader.read()

해설
JAVA에서 파일을 읽기 위한 클래스는 FileReader 클래스이며, 한 글자씩 읽기 위한 메소드는 read()이다.

02 다음은 JAVA의 파일 입출력 예제이다. ⓐ와 ⓑ에 들어갈 구문을 작성하시오.

```
import java.io.[    ⓐ    ] ;
import java.io.IOException;

public class ReadFileTest {
    public static void main(String[] args) throws
IOException {

        [        ⓐ        ]  reader = new
[        ⓐ        ]("D:\\file.txt");

        int ch;

        //한글자를 읽어서 ch변수에 저장하고 그 값이 −1이
아니면 반복
        while ((ch = [        ⓑ        ]) != −1) {
            System.out.print((char) ch);
        }
    }
}
```

03 다음은 JAVA의 표준 입출력 예제이다. ⓐ와 ⓑ에 들어갈 구문을 작성하시오.

```java
import java.util.[    ⓐ    ];

public class TestClass {
    public static void main(String[] args) {
        [    ⓐ    ] scan = new
        [    ⓐ    ] (System.in);

        String name;

        System.out.println("이름을 입력하세요.");
        name = [    ⓑ    ];

        System.out.println("나이는 "+ age +" 입니다.");
          scan.close();
    }
}
```

03 **정답**
ⓐ Scanner
ⓑ scan.nextLine()

해설
JAVA에서 표준 입력은 Scanner 클래스를 이용하며, Scanner 클래스에서 키보드로부터 입력된 문자열을 가져오는 방법은 nextLine()이다.

checkpoint 해설 & 정답

04 정답

strncpy, strncat

해설

strncpy는 대상 문자열을 일정 길이만큼 복사하고, strncat 함수는 문자열을 이어 붙이는데 n(number)만큼 이어 붙인다.

04 C 언어에서 문자열을 복사할 때 n만큼만 복사하는 함수와 두 개의 문자열을 지정한 부분만큼 문자열을 이어서 붙이는 함수가 무엇인지 모두 쓰시오.

05 정답

equals

해설

equals()는 두 변수에 대한 데이터값 자체를 비교한다.

05 JAVA에서 해당 인스턴스를 매개변수로 전달받는 참조변수와 내용을 비교하여 두 객체값이 같은지 확인 후 그 결과를 반환하는 것이 무엇인지 쓰시오.

제8편

예외 처리

단원 개요

프로그램을 만들다 보면 수없이 많은 에러가 난다. 하지만 상황에 따라서 이러한 에러를 무시하고 싶을 때도 있고, 에러가 날 때 그에 맞는 적절한 처리를 하고 싶을 때도 있다. 이 단원에서는 프로그램 레벨에서 해당 에러를 처리할 수 있는 방법에 대해서 알아본다. 예외 클래스와 표준 예외 클래스 및 예외 클래스 사용자 정의에 대한 이해와 예외 처리 방법에 대해 알아본다.

출제 경향 및 수험 대책

프로그램 실행 중 의도치 않는 오류가 발생했을 때 해당 오류를 대처하는 기법을 살펴보고 예외 클래스를 이용하여 프로그램에 적용하는 방법을 학습한다. 또한 개발자가 직접 예외 클래스를 작성하여 적용하는 방법을 학습한다.

혼자 공부하기 힘드시다면 방법이 있습니다.
SD에듀의 동영상강의를 이용하시면 됩니다.
www.sdedu.co.kr ➜ 회원가입(로그인) ➜ 강의 살펴보기

예외 클래스

예외를 처리하기 위한 클래스와 예외 처리의 개념 및 예외 처리 구문에 대해서 알아본다.

제 1 절 예외 처리 개념

오류는 시스템에 비정상적인 상황이 생겼을 때 발생한다. 이는 시스템 레벨에서 발생하기 때문에 심각한 수준의 오류이다. 따라서 개발자가 미리 예측하여 처리할 수 없기 때문에 애플리케이션에서 오류에 대한 처리를 신경 쓰지 않아도 된다. 오류가 시스템 레벨에서 발생한다면, 예외는 개발자가 구현한 프로그램에서 발생한다. 즉, 예외는 발생할 상황을 미리 예측하여 처리할 수 있다. 예외는 개발자가 처리할 수 있기 때문에 예외를 구분하고 그에 따른 처리 방법을 명확히 알고 적용하는 것이 중요하다.

에러(Error)	발생 시 수습할 수 없는 심각한 오류
예외(Exception)	예외 처리를 통해 수습할 수 있는 덜 심각한 오류
예외 처리	• 프로그램 실행 시 발생할 수 있는 예외에 대비하는 것 • 프로그램의 비정상 종료를 막고 실행 상태를 유지하는 것

제 2 절 예외 처리 문법(try~catch, throw) 중요 ★★★

예외 처리 코드는 갑작스러운 예외 Exeption 발생으로 인해 시스템 및 프로그램이 불능상태에 빠지지 않고 시스템 및 프로그램이 정상 실행되도록 유지시켜 준다. 다음과 같이 예외 처리 코드에는 크게 3가지 블록이 존재한다.

예외 처리 코드 블록	설명
try {}	실제 코드가 들어가는 곳으로써 예외(Exeption)가 발생할 가능성이 있는 코드
catch {}	Try 블록에서 Exeption이 발생하면 코드 실행 순서가 Catch 쪽으로 넘어옴. 즉, 예외에 대한 후 처리 코드
finally {}	Try 블록에서의 Exeption의 발생 유무와 상관없이 무조건 수행되는 코드(옵션이라 생략이 가능)

try, catch, finally 블록으로 구성되며 예외 처리 코드에 대한 실행 흐름은 다음과 같다.

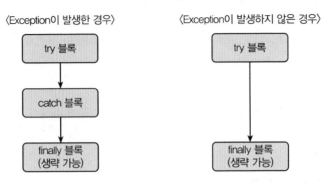

[예외 처리 코드의 실행 흐름]

예외 클래스의 구조에서 설명했듯이 예외 처리 코드는 예외 종류(checked, unchecked)에 따라 예외 처리 코드(try-catch-finally)의 강제 여부가 결정된다. 다시 말해, 컴파일 시 예외 검사 대상이 되는 checked exception은 예외 처리 코드(try, catch, finally)를 반드시 작성하거나 throw 구문을 이용하여 던져야 한다. 반면 프로그램 실행 이후 발생하는 unchecked exception은 따로 컴파일러가 예외 처리 코드를 강제하라고 하지 않기 때문에 온전히 개발자의 경험에 의해서 예외 처리 코드를 사용해야 한다. 다음은 예외 처리 코드의 사용 예시이다.

[예외 처리 코드의 사용 예시]

```java
1   public class ExceptionTest {
2
3    public static void main(String[] args) {
4      try {
5        int [] num = new int[3];
6
7        System.out.println("num 배열의 최대 길이는 3입니다.");
8
9        num[4] = 0;
10       System.out.println("num[4] 에 값을 입력했습니다.");
11     } catch (ArrayIndexOutOfBoundsException e) {
12       System.out.println("배열 길이가 맞지 않습니다.");
13     } catch (Exception e) {
14       System.out.println("예외가 발생했습니다.");
15     } finally {
16       System.out.println("배열을 다시 선언합니다.");
17       int [] num = new int[5];
18       num[4] = 0;
19       System.out.println(num[4]);
20     }
```

```
21
22          System.out.println("프로그램을 종료합니다.");
23      }
24
25  }
```

위 예시 코드의 5행에서 크기가 3인 int형 배열을 선언하였고 9행에서 배열의 4번째 요소에 접근하려고 하고 있다. 이때 RuntimeException의 자식인 ArrayIndexOutOfBoundsException이 발생하며 실행은 catch 블록으로 넘어간다. catch 블록에서는 해당 exception이 명시된 11행에서 예외 처리를 수행하게 된다. 만약 처음 catch 블록에서 잡히지 않는 예외라면 다음 catch 블록으로 실행 흐름이 넘어가며 catch 블록의 순서는 자식에서 부모의 순서로 나열한다. catch 블록이 수행된 후에 15행의 finally 블록으로 실행 흐름이 넘어가며 해당 블록을 처리한 후에 22행을 출력하고 종료하게 된다. 실행 결과를 보면 10행은 Exception으로 인해서 출력되지 않았음을 확인할 수 있다.

[예외 처리 코드의 사용 예시 코드의 실행 결과]

```
1      num 배열의 최대 길이는 3입니다.
2      배열의 길이가 맞지 않습니다.
3      배열을 다시 선언합니다.
4      0
5      프로그램을 종료합니다.
```

위에서 CheckedException을 설명할 때 throw 구문을 이용하여 던진다는 표현을 했는데 그 의미가 무엇일까? throw는 예외를 여기서 처리하지 않을 것이니 나를 불러다가 쓰는 녀석에게 에러 처리를 전가하겠다는 의미이다. 또한 코드를 작성하는 개발자가 선언부를 보고 어떤 예외가 발생할 수 있는지도 알 수 있도록 해준다.

[예외 처리 throw의 사용 예시]

```
1   public class ExceptionTest {
2
3     //devide 힘수 선언 시 throws 뒤에 어떤 예외를 던지고 있다고 명시
4     public static void divide(int a,int b) throws ArithmeticException {
5       if(b==0) {
6         //강제로 throw 구문으로 예외를 던짐
7         throw new ArithmeticException("0으로 나눌 수는 없다니까?");
8       }
9       //강제로 던지는 throw 구문이 없다면 이곳에서 예외 발생
10      int c = a / b;
```

```
11          System.out.println(c);
12      }
13
14      public static void main(String[] args) {
15        try {
16            //divide를 호출하는 부분에서 예외 처리 코드(try~catch, finally)를 작성
17            //이유는??
18            //divide()에서 처리하지 않고 throws 구문으로 해당 예외를 던졌기 때문
19            divide(a,b);
20        } catch(ArithmeticException e) {
21            System.out.println("던진 예외를 main의 catch에서 처리합니다.");
22            e.getMessage();
23        }
24      }
25
26  }
```

divide() 메소드는 a와 b를 나눈 후에 출력하는 역할을 하는데, 이 나누기 부분에서 0으로 나누려고 한다면 예외가 발생할 수 있다. 그래서 try, catch로 예외 처리를 해야 하지만, divide()를 호출하는 부분에서 처리하기를 원한다. 그 이유는 divide()를 호출한 곳에서 예외가 발생한 다음의 처리를 divide() 메소드가 정하지 않기 때문이다. 예를 들어 main 메소드에서는 예외가 발생하면 다시 divide()를 호출하거나, 프로그램을 끝내거나, b의 값을 다시 입력받거나 해야 하기 때문이고, divide() 메소드가 그 결정을 할 수 없다는 의미이다. 그래서 4행과 같이 devide 메소드 선언 시 throws ArithmeticException을 divide를 호출한 곳에 던진다는 명시를 해준다. 그리고 실제로 5행에서 b의 값이 0인지 검사했고, 7행에서 throw 구문으로 해당 예외를 던지고 있다. 5~8행이 없더라도 10행에서 실제 예외가 발생하여 호출하는 곳으로 해당 예외를 던지게 된다. 하지만 throw의 사용법을 보여주기 위해 7행에서 호출하는 곳으로 강제로 던지는 구문인 throw를 사용하였다. 정리하자면 throws는 메소드 선언부에 해당 메소드는 이러한 예외를 던지고 있다고 명시하는 구문이고, throw는 코드 상에서 예외를 강제로 던지는 구문이다. 다음은 예시 코드의 실행 결과이다.

[예외 처리 throw의 사용 예시 코드의 실행 결과]

```
1   던진 예외를 main의 catch에서 처리합니다.
2   java.lang.ArithmeticException: 0으로 나눌 수는 없다니까?
```

제 2 장 표준 예외 클래스

C++과 JAVA에서는 예외를 처리하기 위한 다양한 표준 예외 클래스들을 제공하고 있다.

제 1 절 C++ 예외 클래스 – exception 등

C++은 여러 예외를 처리하기 위해 exception 헤더 파일을 통해서 다양한 예외 클래스를 제공하고 있다. 이러한 예외 클래스는 오류 코드값을 가지는 멤버변수 및 오류 코드를 검사하거나 오류 메시지를 출력하는 멤버함수 등 오류에 대한 모든 처리가 가능하도록 다양한 멤버를 포함하고 있다. 이와 같은 예외 클래스도 클래스이므로, 상속할 수 있으며 다형성도 성립한다. 또한 C++에서는 생성자와 연산자에서도 예외 처리 기능을 사용할 수 있다.

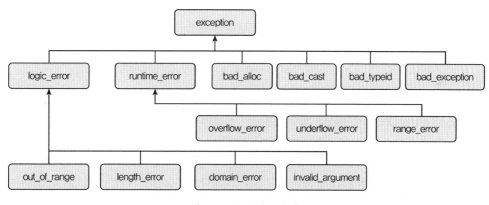

[C++ 표준 예외 클래스]

C++은 여러 예외 클래스의 기초 클래스로 사용할 수 있는 exception 클래스를 제공한다. exception 클래스는 시스템에 따라 하나의 문자열 포인터를 반환하는 what()이라는 가상 멤버함수를 제공하는데 exception 클래스로부터 파생된 클래스 내에서 재정의할 수 있다. exception 클래스의 what() 멤버함수는 별다른 일을 하지는 않지만, 파생 클래스에서는 원하는 문자열을 출력할 수 있도록 재정의할 수 있다. 이러한 C++의 표준 예외 클래스는 stdexcept 헤더 파일을 통해 제공되며 논리 오류와 런타임 오류로 나눌 수 있다. logic_error 클래스는 일반적인 논리에 관한 오류들을 처리할 수 있고, runtime_error 클래스는 프로그램이 실행하는 동안 발생할 수 있는 다양한 오류들을 처리할 수 있다. JAVA에서 학습했던 예외 처리 구문 중 finally 블록을 제외하고 try~catch, throw는 C++에서도 동일하게 사용하면 된다. 다음은 C++의 예외 처리 예시이다.

[C++ 예외 처리 예시]

```
1    #include <iostream>
2    using namespace std;
3
4    void func(int a, int b) {
5      if (b == 0) {
6      throw b;
7      }
8      cout << a << "를 " << b << "로 나눈 몫은 " << a/b << "입니다." << endl;
9    }
10
11   int main() {
12      int a, b;
13      cout << "두 개의 정수를 입력하세요: ";
14      cin >> a >> b;
15
16      try {
17        func(a, b);
18      } catch (int exception) {
19        cout << "예외 발생, 나누는 수는 " << b << "가 될 수 없습니다." << endl;
20      }
21      return 0;
22   }
```

4~9행에 func란 함수가 정의되어 있다. 함수 선언부를 보면 알 수 있듯이 C++은 JAVA와 달리 throws로 어떤 예외를 던지는지 정의하지 않는다. 함수 내부에는 전달받은 b의 값이 0일 경우에 예외를 던지고 있다. 하지만 func 함수 내에는 예외를 처리하는 영역이 없기 때문에 func 함수가 호출된 영역으로 예외를 던지게 된다. main 함수 내부로 들어가면, 17행에서 try 내에 func 함수가 호출되었는데, func 함수에서 예외가 발생하면, 예외 데이터를 호출 영역으로 다시 전달한다. 그럼 다시 전달된 예외 데이터를 catch 영역이 잡아 처리하게 되는 것이다(JAVA의 실행 흐름과 동일하다). 그리고 예외는 기본 데이터형뿐만 아니라 객체도 예외로 던질 수 있다. 다음은 예시 코드의 실행 결과이다.

[C++ 예외 처리 예시 코드의 실행 결과]

```
1    두 개의 정수를 입력하세요: 7 0
2    예외 발생, 나누는 수는 0가 될 수 없습니다.
```

제 2 절 JAVA 예외 클래스 – Exception, RuntimeException 등 중요 ★

JAVA에서도 예외 처리를 위하여 예외 클래스인 Exception 클래스를 제공하고 있으며 예외 클래스의 구조는 다음과 같다.

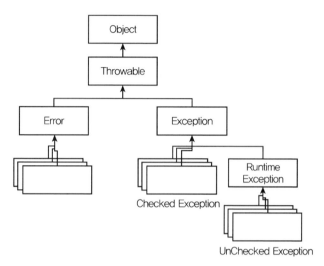

[JAVA 예외 클래스의 구조]

그림과 같이 JAVA에서 모든 예외 클래스는 Throwable 클래스를 상속받고 있으며, Throwable은 최상위 클래스인 Object 클래스의 자식 클래스이다. Exception의 자식 클래스 중 RuntimeException을 제외한 모든 클래스는 CheckedException이며, RuntimeException과 그 자식 클래스들을 UnCheckedException이라 부른다.

차이점	CheckedException	UnCheckedException
클래스	Runtime Exception을 제외한 모든 클래스	Runtime Exception 클래스와 그 자식 클래스
예외 처리	반드시 예외 처리해야 함	명시적 처리 강제하지 않음
확인 시점	컴파일 단계	실행 단계
대표 예외	IOException SqlException	NullPointerException IndexOutOfBoundException

CheckedException은 컴파일 단계에서 예외 발생 여부를 확인하며, 해당 Exception이 발생할 가능성이 있다면 반드시 해당 프로그램 코드를 try/catch로 감싸거나 throw로 던져서 처리해야 한다. UnCheckedException은 실행 단계에서 예외 발생 여부를 확인하며 명시적으로 예외 처리를 하지 않아도 된다.

[CheckedException과 UnCheckedException의 예시]

```
1    //CheckdException 예시
2    public class CheckedExceptionTest {
3      public static void main(String[] args) {
4        try {
5        //Exception 클래스로 예외를 던진다.
6        throw new Exception();
7        } catch (Exception e) {
8          //Checked Exception은 예외 처리를 해주지 않으면 컴파일 실패
9          System.out.println("Exception 발생");
10       }
11     }
12   }
13
14
15   //UnCheckdException 예시
16   public class UnCheckedExceptionTest {
17     public static void main(String[] args) {
18       //에러가 발생하지만 컴파일은 가능하다.
19       throw new RuntimeException();
20     }
21   }
```

6행은 CheckedException을 throw하고 있으므로 예외 처리 구문(try~catch) 없이는 컴파일이 되지 않는다. 반면 19행은 UnCheckedException을 throw하고 있으므로 컴파일은 가능하지만 실제 프로그램 실행 시에 에러가 발생하게 된다.

제3장 예외 클래스 사용자 정의

프로그램을 개발하다 보면 표준 API에서 제공하는 예외 클래스만으로는 다양한 종류의 예외를 표현할 수가 없다. 따라서 JAVA와 C++에서는 개발자가 직접 예외 클래스를 작성할 수 있도록 지원하고 있다.

제 1 절 사용자 정의 예외

위에서 설명한 것과 같이 JAVA의 표준 API에서 제공하는 예외 클래스만으로 다양한 종류의 예외를 표현할 수 없다. 이와 같이 애플리케이션 서비스와 관련된 예외를 애플리케이션 예외(Application Exception)라고 한다. 이 예외는 개발자가 직접 정의해서 만들어야 하므로 사용자 정의 예외(User Define Exception)라고도 한다. 사용자 정의 예외 클래스는 컴파일러가 체크하는 CheckedException으로 선언할 수도 있고 Unchecked Exception으로 선언할 수도 있다. 각각의 Exception, RuntimeException을 상속해서 다음과 같이 작성하면 된다.

[JAVA 사용자 정의 예외 작성 방법]

```
1    //Exception 또는 RuntimeException을 상속받아서 작성
2    public class 예외 클래스명 extends [ Exception | RuntimeException ] {
3        //기본 생성자
4        public 예외 클래스명() {}
5
6        //에러 메시지를 인자로 받는 생성자
7        public 예외 클래스명(String message) {
8            super(message);
9        }
10   }
```

클래스의 선언부에서 Exception 클래스를 상속받는다면 CheckedException이 되고, RuntimeException을 상속받는다면 UnCheckedException이 된다. Exception 클래스를 상속받아 정의한다면 반드시 예외 처리를 해야 하고, 예외 처리를 하지 않으면 컴파일 오류를 발생시키게 된다. 반면 RuntimeException 클래스를 상속받아 정의한다면 예외 처리를 하지 않아도 컴파일 시에는 오류를 발생시키지 않는다. 다음은 RuntimeException을 상속받는 사용자 정의 예외의 예시이다.

[JAVA 사용자 정의 예외 예시]

```
1    public class BizException extends RuntimeException {
2       public BizException(String msg) {
3          super(msg);
4       }
5       public BizException(Exception ex) {
6          super(ex);
7       }
8    }
```

RuntimeException을 상속받아 BizException 클래스를 정의하였다. 이번에는 사용자가 작성한 프로그램에서 위에서 정의한 사용자 정의 예외를 발생시켜보도록 하자.

[JAVA 사용자 정의 예외 사용 예시1]

```
1    public class BusinessService {
2       public void bizMethod(int i) throws BizException {
3          System.out.println("사용자가 작성한 비지니스 로직이 시작합니다.");
4          if(i < 0) {
5             throw new BizException("매개변수 i는 0 이상이어야 합니다.");
6          }
7          System.out.println("비지니스 로직이 종료됩니다.");
8       }
9    }
```

작성한 프로그램 코드에서 2행의 bizMethod가 호출되었을 때 매개변수 i가 0보다 작다면 5행과 같이 사용자 정의 예외를 throw하는 예시이다. 프로그램 코드를 작성할 때 업무 규칙에 따라 특정 예외를 발생시킬 필요성이 있다면 위와 같이 처리할 수 있다. 이제 해당 코드를 실행시키는 클래스를 정의하여 실행해보도록 하자.

[JAVA 사용자 정의 예외 사용 예시2]

```
1    public class BizExam {
2       public static void main(String[] args) {
3          BizService biz = new BizService();
4          biz.bizMethod(5);
5          try {
6             biz.bizMethod(-3);
7          } catch(Exception ex) {
8             System.out.println("던진 예외를 main의 catch에서 처리합니다.");
9                e.getMessage();
```

```
10        }
11     }
12  }
```

3행에서 업무 처리를 위해 작성한 클래스를 생성하였고, 4행에서 매개변수 5를 넣어서 호출하였다. 6행에서 bizMethod에 −3을 인자로 하여 전달하고 있고 이에 따라 사용자 정의 Exception이 발생하고 catch 블록에서 해당 에러를 출력하고 종료하게 된다.

[JAVA 사용자 정의 예외 사용 예시2 코드의 실행 결과]

```
1   비지니스 로직이 시작합니다.
2   비지니스 로직이 종료됩니다.
3   비지니스 로직이 시작합니다.
4   던진 예외를 main의 catch에서 처리합니다.
5   BizException: 매개변수 i는 0 이상이어야 합니다.
```

이처럼 JAVA에서는 사용자 정의 예외를 정의하여 애플리케이션 서비스와 관련 다양한 예외를 처리할 수 있다. 다음은 C++에서 사용자 정의 예외를 선언하고 사용하는 예시이다.

[C++ 사용자 정의 예외 사용 예시]

```
1   #include <iostream>
2   #include <string>
3   #include <exception>
4
5   class CustomException : public std::exception {
6   public:
7     const char * what() const noexcept override {
8       return "Custom exception";
9     }
10  };
11
12  int main() {
13    try {
14      throw CustomException();            //예외 발생
15    } catch (std::exception & e) {
16      std::cout << typeid(e).name() << std::endl;
17      std::cerr << e.what() << std::endl;
18    }
19      return 0;
20  }
```

5행에서 public std::exception을 선언하여 exception 클래스를 상속받고 있으며 7행에서 what 함수를 오버라이딩하고 있다. 14행에서 실행 시 사용자가 정의한 CustomException을 trhow하고 그 결과 catch 블록에서 해당 예외를 처리하는 예시이다.

[C++ 사용자 정의 예외 사용 예시 코드의 실행 결과]

```
1    class CustomException
2    Custom exception
```

이처럼 C++에서도 동일하게 사용자 정의 예외를 정의하여 애플리케이션 서비스와 관련된 다양한 예외를 처리할 수 있다.

01 다음 중 예외에 대한 설명으로 옳지 <u>않은</u> 것은?

① 예외는 개발자가 구현한 프로그램에서 발생한다.

② 예외는 발생할 상황을 미리 예측할 수 없다.

③ 예외 처리를 통해 수습할 수 있는 덜 심각한 오류를 예외라고 한다.

④ 예외 처리는 프로그램 실행 시 발생할 수 있는 예외에 대비하는 것이다.

02 JAVA의 예외 클래스에 대한 설명으로 옳지 <u>않은</u> 것은?

① JAVA의 모든 예외 클래스는 Throwable 클래스를 상속한다.

② RuntimeException을 제외한 모든 클래스는 CheckedException 이다.

③ RuntimeException과 그 자식 클래스들은 UnCheckedException 이다.

④ UnCheckedException은 반드시 코드 상에 예외 처리를 해줘야 한다.

해설 & 정답　　checkpoint

01 예외는 개발자가 구현한 프로그램에서 발생한다. 즉, 예외는 발생할 상황을 미리 예측하여 처리할 수 있다.

02 UnCheckedException은 실행 단계에서 예외 발생 여부를 확인하며 명시적으로 예외 처리를 하지 않아도 된다.

정답　01 ②　02 ④

03 CheckedException은 컴파일 단계
에서 확인이 가능하고 UnChecked
Exception은 실행 단계에 확인이 가
능하다.

03 JAVA의 예외 처리 기법 중 CheckedException과 UnChecked
Exception에 대한 설명으로 옳지 <u>않은</u> 것은?

	차이점	CheckedException	UnChecedException
①	클래스	Runtime Exception을 제외한 모든 클래스	Runtime Exception 클래스와 그 자식 클래스
②	예외 처리	반드시 예외 처리해야 함	명시적 처리 강제하지 않음
③	확인 시점	실행 단계	컴파일 단계
④	대표 예외	IOException SqlException	NullPointerException IndexOutOfBound Exception

04 public std::exception을 선언하여
exception 클래스를 상속하여 예외
처리 한다.

04 C++에서 사용자 정의 예외 클래스를 선언하는 방법으로 옳은
것은?

① public std:exception

② public std::exception

③ public std::RuntimeException

④ public std:RuntimeException

정답 03 ③ 04 ②

주관식 문제

01 다음은 JAVA의 예외 처리 구문이다. ⓐ, ⓑ, ⓒ에 들어갈 구문을 작성하시오.

```java
public class ExceptionTest {

    public static void main(String[] args) {
        [    ⓐ    ] {
            int [] num = new int[3];

            System.out.println("num 배열의 최대 길이는 3입니다.");

            num[4] = 0;
            System.out.println("num[4] 에 값을 입력했습니다.");
        } [    ⓑ    ] (ArrayIndexOutOfBoundsException e) {
            System.out.println("배열 길이가 맞지 않습니다.");
        } [    ⓑ    ] (Exception e) {
            System.out.println("예외가 발생했습니다.");
        } [    ⓒ    ] {
            System.out.println("배열을 다시 선언합니다.");
            int [] num = new int[5];
            num[4] = 0;
            System.out.println(num[4]);
        }

        System.out.println("프로그램을 종료합니다.");
    }
}
```

01 **정답**
ⓐ try
ⓑ catch
ⓒ finally

해설
JAVA의 예외 처리는 try/catch/finally 블록으로 구성된다.

02 **정답**
CheckedException

해설
CheckedException은 컴파일 단계에서 예외 발생 여부를 확인하며 해당 Exception이 발생할 가능성이 있다면 반드시 해당 프로그램 코드를 try/catch로 감싸거나 throw로 던져서 처리해야 한다.

02 컴파일러가 Exception 처리를 확인하는 Exception 클래스는 무엇인지 쓰시오.

부록

최종모의고사

최종모의고사 제1회
최종모의고사 제2회
정답 및 해설

I wish you the best of luck!

제1회 최종모의고사 | 통합프로그래밍

제한시간: 50분 | 시작 ____시 ____분 − 종료 ____시 ____분

🔁 정답 및 해설 396p

01 고급언어로 작성된 원시프로그램 전체를 읽고 한꺼번에 번역한 후 실행시키는 번역프로그램은?

① 컴파일러
② 인터프리터
③ 기계어
④ 어셈블리어

02 메소드명은 같더라도 매개변수의 개수, 매개변수의 유무, 매개변수의 자료형 등에 따라 다른 메소드가 실행되는 객체지향의 특징은?

① 캡슐화
② 정보은닉
③ 추상화
④ 다형성

03 기존의 클래스를 재사용하여 새로운 클래스를 생성할 때 클래스 상속을 표현하는 방법은?

① extends
② implements
③ overriding
④ overloading

04 요구사항 분석이 어려운 이유가 <u>아닌</u> 것은?

① 시스템 규모의 대상이 광범위하고, 업종 도메인 지식이 부족한 경우가 많다.
② 개발자와 사용자간의 지식이나 표현의 차이에 있어서 상호 간 이해가 부족하다.
③ 사용자의 요구사항이 분명하고 명확하다.
④ 소프트웨어 개발 과정 중에 요구사항이 지속적으로 변경 가능하다.

05 바람직한 소프트웨어 설계 지침이 <u>아닌</u> 것은?

① 모듈의 기능을 업무에 맞게 정의한다.
② 응집도를 높이기 위해 고려한다.
③ 적당한 모듈의 크기를 유지하기 위한 설계를 한다.
④ 가능한 모듈을 독립적으로 생성하고 결합도를 최대화한다.

06 추상 클래스는 파생 클래스를 참조해서는 안 되며, 파생 클래스나 추상 클래스는 오직 추상 클래스만을 참조해야 한다는 의미의 객체지향 설계 원칙은 무엇인가?

① 단일 책임의 원칙
   (The Single Responsibility Principle)
② 개방-폐쇄 원칙
   (The Open-Closed Principle)
③ 리스코프 치환 원칙
   (The Liskov Substitution Principle)
④ 의존관계 역전의 원칙
   (The Dependency Inversion Principle)

07 JAVA에서 제네릭에 관한 설명으로 옳지 않은 것은?

① 타입 안정성 제공
② 여러 개의 타입변수가 있다면 쉼표(,)로 구분하여 명시 가능
③ 타입변수는 클래스에서뿐만 아니라 메소드의 매개변수나 반환값으로도 사용
④ 실행 과정에서 타입체크를 수행할 수 있도록 하고 형변환은 생략 불가

08 소프트웨어 응집도는 정보은닉 개념의 확장 개념으로 하나의 모듈은 하나의 기능을 수행하는 집적성을 지칭한다. 다음 중 응집도가 가장 높은 것은?

① 우연적
② 절차적
③ 기능적
④ 통신적

09 지역변수와 전역변수에 대한 설명으로 옳지 않은 것은?

① 지역변수는 함수 내부에 선언하고, 전역변수는 static 예약어를 사용하여 선언한다.
② 지역변수는 함수 내부에서만 사용이 가능하고, 전역변수는 다른 클래스에서도 사용이 가능하다.
③ 지역변수는 데이터 영역에 저장되고, 전역변수는 스택에 저장된다.
④ 지역변수는 함수가 호출될 때 생성되고, 전역변수는 프로그램이 처음 시작될 때 생성된다.

10 C에서는 malloc()과 free()라는 함수를 통해서 메모리를 할당하고 해제한다. C++에서 메모리 관리를 하는 연산자로 옳은 것은?

① assign, remove

② allocate, delete

③ new, delete

④ new, remove

11 다음은 JAVA에서 메소드 오버로딩을 구현한 예제이다. 빈칸에 들어갈 수 있는 구문으로 옳지 <u>않은</u> 것은?

```java
public class HelloTest {

  public void print() {
    System.out.println("안녕하세요.");
  }

  //print 메소드 오버로딩
  ┌─────── ⓐ ───────┐ {
  //메소드 내용 구현
  }
}
```

① public void print(int i)

② public void print(int i, boolean b)

③ public String print()

④ public void print(String str)

12 배열 선언이 int a[5] = {10, 20, 30, 40, 50}으로 초기화되어 있다. a[1]에 저장되어 있는 값은?

① 10

② 20

③ 30

④ 40

13 다음 코드를 실행할 때 출력되는 결과는?

```c
int a = 11, b = 3;
printf("a % b= %d\n", a % b);
```

① a % b= 3

② a % b= 0

③ a % b= 1

④ a % b= 2

14 다음은 JAVA의 StringBuffer 클래스의 사용 예제이다. ⓐ와 ⓑ에 들어갈 구문으로 적절한 것은?

```java
public class StringClassTest2 {
  public static void main(String[]
args) {

 //append
    StringBuffer str1 = new String
Buffer("Java 만세!!");
    System.out.println("케이스1. 원
본 문자열 : " + str1);

    [      ⓐ      ];

    System.out.println("메소드 호출
후 원본 문자열 : " + str1);
    System.out.println("");

 //delete, deleteCharAt
    StringBuffer str4 = new String
Buffer("Java Hello");
    System.out.println("케이스2. 원
본 문자열 : " + str4);

    [      ⓑ      ];

    System.out.println("해당 메소드
호출 후 원본 문자열 : " + str4);
    System.out.println("");
  }
}
```

실행결과

케이스1. 원본 문자열 : Java 만세!!
메소드 호출 후 원본 문자열 : Java
Script 만세!!

케이스2. 원본 문자열 : Java Hello
해당 메소드 호출 후 원본 문자열 :
Javalo

	ⓐ	ⓑ
①	str1.insert ("Script")	str4.deleteCharAt(1)
②	str1.append ("Script")	str4.delete(4, 8)
③	str1.append ("Script")	str4.reverse(4, 8)
④	str1.insert ("Script")	str4.delete(4, 8)

15 같은 패키지 내에서 다른 패키지의 자손 클래스에 접근이 가능한 접근 한정자로 옳은 것은?

① public
② protected
③ default
④ private

16 다음 C++ 코드에서 클래스 외부에서 멤버 함수의 구현을 위해 빈칸에 들어갈 구문으로 옳은 것은?

```
class TestClass {
public:
  int iv;
  int cv;
  int add(int a, int b);
};

        ⓐ
  int result = a + b;
  return result;
}
```

① int export::add(int a, int b) {
② int export:add(int a, int b) {
③ int TestClass::add(int a, int b) {
④ int TestClass:add(int a, int b) {

17 다음은 C++ 네임스페이스 관련 예제이다. 네임스페이스 선언 시 빈칸에 들어갈 구문으로 적절한 것은?

```
#include ⟨iostream⟩

namespace Device { //네임스페이스
선언
    int value; //네임스페이스에  속
하는 내용 구현
    void Initialize(void) {
      ...
  }
}
int main(void) {
        ⓐ
  ...
  ...
  return 0;
}
```

① import Device();
② Device::Initialize();
③ using Device();
④ using package Device();

18 다음은 C++ 파일을 다루기 위한 예제이다. 파일 입출력을 위한 헤더로서, 빈칸에 들어갈 구문으로 적절한 것은?

```
#include <iostream>
┌─────────ⓐ─────────┐
└────────────────────┘
    using namespace std;

int main(void) {

  //ifstream 선언
    ifstream readFile;

  //파일 열기
    readFile.open("test.txt");
    ……
}
```

① include <ifstream>

② include <ofstream>

③ include <fstream>

④ include <stream>

19 다음은 C 언어의 문자열 복사 함수의 예제이다. 빈칸에 들어갈 구문으로 적절한 것은?

```
#include <stdio.h>
#include <string.h>

int main(void) {
    char origin[] = "TEST_STR_COPY";
    char dest1[20];

  ┌─────────ⓐ─────────┐
  └────────────────────┘

    printf("case1 : %s\n", dest1);

    return 0;
}
```

실행결과
case1 : TEST_STR_COPY

① strncpy(dest1, origin, sizeof(origin));

② strncpy(dest1, sizeof(origin));

③ strcpy(dest1, origin, sizeof(origin));

④ strcpy(origin, dest1);

20 다음은 C 언어의 파일 입출력 함수의 예제이다. 빈칸에 들어갈 구문으로 적절한 것은?

```
#include <stdio.h>
using namespace std;

int main() {
    FILE * fp;

    //fprintf를 통해 파일에 출력할 변수
    int i = 12345;

    //파일 열기: 쓰기모드+
    fp = fopen("file.txt", "w+");

    if(fp == NULL) {
        printf("파일이 열리지 않습니
다.\n");
    } else {

    //파일에 내용 출력하기
        ⓐ

    //파일 닫기
        fclose(fp);
    }
    return 0;
}
```

① fprintf(fp, "파일에 변수의 내용을 출력 : %d \n ", i);

② printf(fp, "파일에 변수의 내용을 출력 : %d \n ", i);

③ fscanf(fp, "파일에 변수의 내용을 출력 : %d \n ", i);

④ fprintf(fp, "파일에 변수의 내용을 출력 : %f \n ", i);

21 기존 C 언어에서 제공하던 헤더파일들을 C++ 프로그램에서 사용하기 위한 구문으로 옳은 것은?

① #include <time>

② #include <ctime>

③ #include <c.time>

④ #include <c++.time>

22 소스코드를 한 라인씩 읽어 내려가면서 기계코드(이진코드)로 번역하여 실행하는 프로그램으로 옳은 것은?

① 컴파일러

② 인터프리터

③ 빌드

④ 배포

23 다음의 for문에서 해당 루프를 중지하기 위해 빈칸에 들어갈 구문으로 옳은 것은?

```
for(int i = 0; i < 10; i++) {
    if(i == 7) {
    //i가 7일 때 for문 빠져나옴
        ⓐ
    }
    printf("%d ", i);
}
```

① continue;

② boolean;

③ flag;

④ break;

24 다음 코드를 실행한 결과로 옳은 것은?

```c
#include <stdio.h>
main() {
    int x, y = 20, z = 30;
    x = 10;
    x = y;
    x = y + z;
    x += y = z;
    printf("x = %d, y = %d, z = %d\n", x, y, z);
}
```

① x = 80, y = 30, z = 30
② x = 70, y = 20, z = 30
③ x = 50, y = 30, z = 30
④ x = 10, y = 30, z = 30

✔ 주관식 문제

01 다음의 C 언어 코드에서 컴파일 이후 출력되는 x, y, z 값이 무엇인지 쓰시오.

```c
#include <stdio.h>
main() {
    int x, y, z;
    y = 5;
    z = 10;
    x = ++y + ++z;
    printf("x = %d, y = %d, z = %d\n", x, y, z);
}
```

02 캡슐화와 관련된 다음 코드에서 빈칸에 들어갈 용어를 쓰시오.

```java
public class Car {
    private int speed;
    public void setSpeed(int speed) {
        [  ⓐ  ].speed = speed*3;
    }
    public int getSpeed() {
        return speed;
    }
}
```

03 다음 그림과 같이 클래스와 클래스 간의 부분과 전체의 관계를 표현하는 관계가 무엇인지 쓰시오.

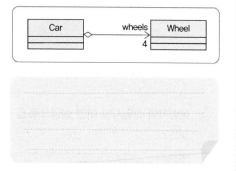

04 다음은 JAVA의 예외처리 구문이다. ⓐ, ⓑ, ⓒ에 들어갈 구문을 작성하시오.

```
//CheckdException 예시
public class CheckedExceptionTest {
  public static void main(String[] args) {
        ⓐ              {
  //Exception 클래스로 예외를 던진다.
    throw new Exception();
    }
        ⓑ
(Exception e) {
  //Checked Exception은 예외 처리를 해주지 않으면 컴파일 실패
    System.out.println("Exception 발생");
    }
  }
}


  //UnCheckdException 예시
public class UnCheckedExceptionTest {
  public static void main(String[] args) {
  //에러가 발생하지만 컴파일은 가능하다.
        ⓒ              new
RuntimeException();
  }
}
```

제2회 최종모의고사 | 통합프로그래밍

제한시간: 50분 | 시작 ___시 ___분 - 종료 ___시 ___분

→ 정답 및 해설 399p

01 소프트웨어 결합도는 소프트웨어 구조에서 모듈 간의 관련성을 측정하는 척도이다. 다음 중 결합도가 가장 낮은 것은?

① 제어 결합도
② 자료 결합도
③ 공통 결합도
④ 내용 결합도

02 요구사항 관리 도구의 필요성에 관한 설명으로 옳지 않은 것은?

① 요구사항 변경으로 인한 변경 비용 분석
② 기존 시스템과 신규 시스템의 성능 비교
③ 요구사항 변경 추적
④ 요구사항 변경에 따른 영향도 평가

03 생성자와 소멸자에 대한 설명으로 옳지 않은 것은?

	구분	생성자	소멸자
①	특징	class를 정의할 때 멤버 변수의 초기화를 위해서 정의	함수 및 객체 소멸 시 처리해야 할 일이 있을 때에만 정의
②	매개변수	갖지 않음	가질 수 있음
③	반환값	없음	없음
④	class 이름과 함수 이름	동일해야 함	동일하나 앞에 ~(틸데) 붙임

04 변수란 데이터를 저장하기 위해 프로그램에 의해 이름을 할당받은 메모리 공간이다. 다음 중 변수의 유형에 해당하지 않는 것은?

① 인스턴스변수
② 클래스변수
③ 지역변수
④ 멤버변수

05 JAVA에서 인터페이스를 선언할 때 class 라는 키워드 대신 접근 제어자와 함께 사용 되는 키워드로 옳은 것은?

① interface
② instance
③ abstract
④ public

06 C++에서 연산자 함수를 사용하기 위해 사용 하는 키워드로 옳은 것은?

① operator
② operation
③ overriding
④ overloading

07 복잡하거나 변경이 가능한 부분은 캡슐 내부에 감추고, 외부에 추상화되고 변경 가능성이 낮은 인터페이스만 제공하는 객체지향 특징 으로 옳은 것은?

① 캡슐화
② 다형성
③ 정보은닉
④ 상속

08 C++에서 표준 입출력을 하기 위해 사용하는 형식으로 옳은 것은?

① std::print ≪ [출력할 대상];
② std::printf ≪ [출력할 대상];
③ std::cou ≪ [출력할 대상];
④ std::cout ≪ [출력할 대상];

09 전체 소스코드를 범위로 적용되는 변수로, 프로그램 전체에서 공통적으로 사용해야 하는 데이터를 처리하기 위해서 사용하며, 소스 파일 어디서든 사용 가능한 변수는?

① 전역변수
② 지역변수
③ 정적변수
④ 외부변수

10 배열 선언이 char arr[5] = {'a', 'b', 'c', 'd', 'e'}으로 초기화되어 있다. char *ptr = arr로 선언되었을 때 'c'의 값을 지정하는 방법은?

① *ptr(2)
② ptr(2)
③ &ptr(2)
④ *(ptr+2)

11 C++에서 상속되지 않은 클래스 내에서 선언되어 파생 클래스에 의해서 재정의되는 맴버 함수를 무엇이라 하는가?

① 정적 바인딩
② 동적 바인딩
③ 가상함수
④ 오버라이딩

12 다음의 코드를 실행한 결과로 옳은 것은?

```
include 〈stdio.h〉
main() {
    int x, y, relation;
    x = 1, y = 0;
    relation=(x 〈 y);
    printf("%d\n", relation);
}
```

① 1   ② 0
③ false   ④ true

13 객체지향 설계 원칙 중 하나로 자식 타입들은 부모 타입들이 사용되는 곳에 대체될 수 있어야 한다는 원칙은 무엇인가?

① 단일 책임 원칙
   (Single Responsiblity Principle)
② 개방-폐쇄 원칙
   (Open Closed Principle)
③ 리스코프 치환 원칙
   (Liskov Substitution Principle)
④ 인터페이스 분리 원칙
   (Interface Segregation Principle)

14 다음 설명에서 괄호에 들어갈 용어를 순서대로 고른 것은?

> 다형성은 하나의 클래스 내에 비슷한 일을 하는 메소드를 같은 이름의 메소드로 여러 개 정의하여 사용하는 (㉠)와/과 상속 관계에 있는 두 클래스 중 하위 클래스에서 상위 클래스의 메소드를 재정의하여 사용하는 (㉡)(으)로 구분된다.

	㉠	㉡
①	오버로딩	오버라이딩
②	오버라이딩	오버로딩
③	메소드 상속	메소드 연결
④	메소드 연결	메소드 상속

15 C 언어 표준 함수인 printf 함수를 이용한 호출에서 부호 있는 10진 실수 표기로 옳은 것은?

① %c
② %d
③ %u
④ %f

16 다음은 C 언어의 scanf 함수 예제이다. ⓐ와 ⓑ에 들어갈 구문으로 옳은 것은?

```
#include <stdio.h>
int main (void) {
    int score;
    scanf("          ⓐ          ",
          ⓑ          );
    switch(score / 10)
    {
    case 10:
    case 9: printf("A\n"); break;
    case 8: printf("B\n"); break;
    case 7: printf("C\n"); break;
    case 6: printf("D\n"); break;
    default: printf("F\n");
    }
}
```

	ⓐ	ⓑ
①	%s	score
②	%d	score
③	%d	&score
④	%s	&score

17 현실세계 객체 집합의 공통된 속성과 행동을 추출하여 모델링한 논리적 집합체로, 객체의 설계도라고도 하는 것은?

① 인스턴스
② 메소드
③ 템플릿
④ 클래스

18 다음의 for문에서 빈칸에 들어갈 구문으로 옳은 것은?

```
for(int i = 0; i < 10; i++) {
if(i % 2 == 0) {
        ⓐ
}
    printf("%d ",i);
}
```

출력결과
1 3 5 7 9

① break
② continue
③ vector
④ goto

19 멤버함수 오버로딩에 대한 설명으로 옳지 않은 것은?

① 특정 클래스 내에서 멤버함수명이 동일해야 한다.
② 오버로딩할 멤버함수의 매개변수 타입은 상이해야 한다.
③ 오버로딩할 멤버함수의 리턴 타입이 달라야 한다.
④ 상속 관계 내 멤버함수명이 동일해야 한다.

20 다음은 C 언어의 참조에 의한 전달(call by reference)과 관련된 인수 전달 코드이다. 빈칸에 들어갈 구문으로 옳은 것은?

```
#include <stdio.h>
//함수의 원형 선언
void swap(int *a, int *b);
int main(void) {
    int a = 10,  b = 30;
    printf("swap 전 => a = %d, b =
%d \n", a, b);
        //전달인자 주소 사용
        ⓐ
    printf("swap 후 => a = %d, b =
%d \n", a, b );
    return 0;
}
//매개변수 포인터로 선언
void  swap( int *a, int *b ) {
    int tmp;
    tmp = *a;
    *a = *b;
    *b = tmp;
    printf("swap 함수내부 : a = %d,
b = %d \n", *a, *b);
}
```

① swap(a, b)
② swap(&a, b)
③ swap(a, &b)
④ swap(&a, &b)

21 람다함수는 프로그래밍 언어에서 사용되는 개념으로 익명함수(Anonymous functions)를 지칭하는 용어이다. 자바의 람다 표현식에서 빈칸에 들어갈 구문으로 옳은 것은?

기존 방식	람다 표현식

new   Thread(new Runnable() {
  public void run() {
 	
System.out.println("기존 방식");
  }
}).start();
	ⓐ
	{
	
	System.out.println("람다 표현식");
	}).start();

① new Thread(()->
② new Thread(()::
③ new Thread(()-->
④ new Thread(() :->

22 시스템을 기능에 따라 분할하여 개발하고 이를 통합하는 분할과 정복 개념을 이용하여 프로시저 호출 개념을 기반으로 프로그램 전체가 유기적으로 연결되도록 만드는 프로그래밍 기법으로 옳은 것은?

① 절차지향
② 객체지향
③ 클라이언트-서버지향
④ 데이터지향

23 다음의 C 언어 코드에서 출력값으로 옳은 것은?

```
#include <stdio.h>
#include <stdbool.h>

int main()
  {
     bool flag1 = true;
     bool flag2 = false;
     printf("%d\n", flag1 && flag2);
     return 0;
  }
```

① 0
② 1
③ true
④ false

24 조건식의 참 또는 거짓에 관계없이 적어도 한 번은 루프를 실행하게 되는 반복문은?

① for
② while
③ do~while
④ if

● 주관식 문제

01 변수에 대한 메모리 주소의 설명에서 괄호 안에 들어갈 용어를 순서대로 쓰시오.

```
#include <stdio.h>
int main (void) {
int arr [100 ];
int *ptr ;
ptr = (int *) malloc (sizeof (int
)*100);
printf ("arr = %p \n ", arr);
printf ("&arr = %p \n ",&arr);
printf ("ptr = %p \n ", ptr);
printf ("&ptr = %p \n ",&ptr);
return 0;
}
```

실행결과
arr = 0x7ffc90c3f200
&arr = 0x7ffc90c3f200
ptr = 0x557b18c0e260
&ptr = 0x7ffc90c3f1f8

arr의 데이터가 저장되는 메모리 주소와 &arr 변수 자신의 메모리 주소가 일치한다. 그러나 포인터인 ptr은 메모리가 할당된 메모리 주소이고, &ptr 변수 자신의 메모리 주소와는 다르다. arr, &arr, &ptr은 모든 변수가 (㉠) 영역의 메모리 주소이고, ptr은 실제로 메모리가 할당된 (㉡) 영역의 메모리 주소가 할당되었기 때문이다.

02 다음 설명에서 괄호 안에 들어갈 용어를 쓰시오.

( )문은 for문, while문, do~while문, switch~case문 반복문에서 자신이 포함되어 있는 루프를 도중에 강제적으로 중지하고자 할 때 사용하는 제어문이다.

03 다음은 C++ 언어의 표준 입출력 함수 예제이다. ⓐ와 ⓑ에 들어갈 연산자를 작성하시오.

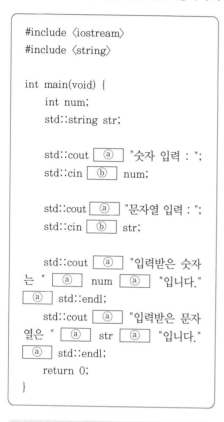

```cpp
#include <iostream>
#include <string>

int main(void) {
    int num;
    std::string str;

    std::cout  ⓐ  "숫자 입력 : ";
    std::cin  ⓑ  num;

    std::cout  ⓐ  "문자열 입력 : ";
    std::cin  ⓑ  str;

    std::cout  ⓐ  "입력받은 숫자
는 "  ⓐ  num  ⓐ  "입니다."
  ⓐ  std::endl;
    std::cout  ⓐ  "입력받은 문자
열은 "  ⓐ  str  ⓐ  "입니다."
  ⓐ  std::endl;
    return 0;
}
```

04 다음은 C 언어의 파일 입출력 함수의 예제이다. ⓐ와 ⓑ에 들어갈 구문을 작성하시오.

```c
#include <stdio.h>
using namespace std;

int main() {
    FILE *file;

    file    =    ⓐ
("test.txt", "r");

    if (file == NULL) {
        printf("%s: 파일이 열리지 않습
니다.\n", "test.txt");
        return 0;
    }

    printf("%s: 파일이 열립니다.\n",
"test.txt");

        ⓑ    (file);

    return 0;
}
```

정답 및 해설 | 통합프로그래밍

제1회

01	02	03	04	05	06	07	08	09	10	11	12
①	④	①	③	④	④	④	③	③	③	③	②
13	14	15	16	17	18	19	20	21	22	23	24
④	②	②	③	②	③	①	①	②	②	④	①

주관식 정답			
01	x = 17, y = 6, z = 11	03	집합연관 관계
02	this	04	ⓐ try, ⓑ catch, ⓒ throw

01 정답 ①

컴파일러는 선행 처리기가 포함된 확장된 원시 파일을 컴파일하여, 기계어(이진코드)로 번역된 목적파일을 생성한다. 소스코드를 한 번에 번역하기 때문에 번역속도가 느리지만, 실행파일이 생성된 후 다음에 실행할 때에는 기존에 생성되었던 실행파일을 실행하기 때문에 인터프리터에 비해 실행시간이 빠르다.

02 정답 ④

다형성은 객체지향 고유의 특성으로 서로 다른 객체가 동일한 메시지에 대해 고유한 방법으로 응답할 수 있는 속성이다.

03 정답 ①

상속을 통해 클래스를 작성하면 코드를 공통적으로 관리하는 것이 가능하여, 신규 소스 추가 및 변경에 유용하다. 클래스 이름이 Child이고 상속받고자 하는 기존 클래스가 Parent라고 하면, public class Child extends Parent {}로 작성한다.

04 정답 ③

사용자의 요구사항이 모호하고 부정확한 상태에서 지속적인 변경이 요구된다.

05 정답 ④

결합도는 소프트웨어 구조에서 모듈 간의 관련성을 측정하는 척도이다. 모듈들 간에 서로 다른 책임이 얽혀 있어서 상호 의존도가 높은 정도로, 결합도는 낮을수록 좋다. 자료 결합도가 가장 낮고 내용 결합도가 가장 높다.

06 정답 ④

파생 클래스가 의존할 때는 추상 클래스에 의존하며, 추상 클래스가 의존할 때는 추상 클래스에 의존한다. 결국, 의존의 대상은 추상클래스나 인터페이스가 되어야 한다. 클라이언트는 구체 클래스가 아닌 인터페이스나 추상 클래스에 의존해야 한다.

07 정답 ④

제네릭은 컴파일 시 타입체크를 수행할 수 있도록 하며, 형변환을 생략할 수 있게 한다.

08 정답 ③

응집도란 하나의 모듈이 하나의 기능을 온전히 순도 높게 담당하고 있는 정도이다. 또한 응집도는 높을수록 좋다. 기능적 응집도가 가장 높고, 우연적 응집도가 가장 낮다.

09 정답 ③

지역변수는 스택에 저장되고, 전역변수는 데이터 영역에 저장된다.

10 정답 ③

malloc과 free로는 동적 할당으로 생성되는 클래스 객체의 생성자와 소멸자를 호출할 수 없기 때문에 C++에서는 new와 delete라는 연산자를 활용하여 메모리를 관리한다.

11 정답 ③

public String print()의 경우 위에서 선언된 public void print()와 비교했을 때 매개변수는 같고 리턴 타입이 다른 경우이므로 오버로딩이 성립되지 않는다.

12 정답 ②

배열의 인덱스 범위는 0부터 시작해서 N−1까지의 배열 길이를 갖는다.
a[0] = 10, a[1] = 20

13 정답 ④

%는 나머지 값을 나타내게 된다. 11을 3으로 나누면 나머지 값은 2다.

14 정답 ②

StringBuffer 클래스에서 문자열을 추가하기 위한 메소드는 append이며, 일부 문자열을 삭제하기 위한 메소드는 delete이다.

15 정답 ②

protected로 선언하면 같은 패키지 내, 다른 패키지의 자손 클래스에서 접근이 가능하다.

16 정답 ③

C++에서는 클래스 외부에서 멤버함수를 구현하는 구문을 int TestClass::add(int a, int b)로 작성한다.

17 정답 ②

네임스페이스에 속한 함수를 호출할 때에는 네임스페이스 이름과 범위지정 연산자(::) 다음에 함수 이름을 쓴다.

18 정답 ③

C++의 ifstream을 사용하려면 〈fstream〉 헤더를 추가해야 한다.

19 정답 ①

strncpy의 경우 마지막 인자로 sizeof(origin)을 호출하여 전체 사이즈를 넘겨줬으나 복사할 길이를 지정할 수도 있다. 단, n의 크기는 origin과 dest의 길이보다 작거나 같아야 한다.

20 정답 ①
파일 오픈 후 fprintf 함수를 호출하여 변수 i의 내용을 파일에 출력하고 있다

21 정답 ②
기존 C 언어에서 제공하던 헤더파일들을 C++ 프로그램에서 사용하기 위해 파일명 앞에 c를 추가하며, .h는 생략이 가능하다.

22 정답 ②
소스코드 한 라인을 읽어서 번역하여 기계코드(이진코드)로 번역하기 때문에 번역시간은 빠르지만, 번역을 할 때 실행파일이 생성되지 않으므로, 실행시간이 컴파일러에 비해 늦다.

23 정답 ④
break문은 for문, while문, do~while문, switch~case문에서 루프를 도중에 강제적으로 중지하고자 할 때 사용하는 제어문이다.

24 정답 ①
y = z, x = x + y 값으로 대체되기 때문에 x = 80, y = 30, z = 30이다.

주관식 해설

01 정답
x = 17, y = 6, z = 11
해설
z와 y는 선행 연산자로 인해 먼저 값이 처리되며, x는 y와 z를 더한 값이 된다.

02 정답
this
해설
this는 객체, 자기 자신을 가리킬 때 사용한다. 생성자에서 다른 생성자를 호출하는 역할과 인스턴스가 자기 자신의 주소를 반환할 때 사용한다. 클래스의 속성과 메소드의 매개변수 이름이 같은 경우 사용한다.

03 정답
집합연관 관계
해설
집합연관 관계는 클래스와 클래스 간의 부분과 전체의 관계를 표현한다.

04 정답
ⓐ try, ⓑ catch, ⓒ throw
해설
CheckedException을 throw하고 있으므로 예외 처리 구문(try~catch) 없이는 컴파일이 되지 않는다. 반면 18행은 UnCheckedException을 throw하고 있으므로 컴파일은 가능하지만 실제 프로그램 실행 시에 에러가 발생하게 된다.

제2회

01	02	03	04	05	06	07	08	09	10	11	12
②	②	②	④	①	①	③	④	① ·	④	③	②
13	14	15	16	17	18	19	20	21	22	23	24
③	①	④	③	④	②	④	④	①	①	①	③

주관식 정답			
01	㉠ 스택, ㉡ 힙	03	ⓐ ≪, ⓑ ≫
02	break	04	ⓐ fopen, ⓑ fclose

01 **정답** ②

결합도란 모듈들 간의 서로 다른 책임이 얽혀 있어서 상호 의존도가 높은 정도를 의미하며, 결합도는 낮을수록 좋다. 자료 결합도가 가장 낮고 내용 결합도가 가장 높다.

02 **정답** ②

기존 시스템과 신규 시스템 성능 비교는 성능 테스트 혹은 병행 테스트를 통해 가능한 것으로 요구사항 관리 도구의 필요성과 관련이 없다.

03 **정답** ②

생성자는 매개변수를 갖고, 소멸자는 매개변수를 가질 수 없다.

04 **정답** ④

변수의 유형은 인스턴스변수, 클래스변수, 지역변수로 구분된다.

05 **정답** ①

인터페이스를 선언할 때에는 class라는 키워드 대신 접근 제어자와 함께 interface 키워드를 사용하여 선언한다.

06 **정답** ①

C++에서는 연산자를 오버로딩하기 위해서 연산자 함수(operator function)를 사용한다.

07 **정답** ③

정보은닉은 복잡하거나 변경이 가능한 부분을 캡슐 내부에 감추고, 외부에는 추상화되고 변경 가능성이 낮은 인터페이스만 제공하는 객체지향의 핵심원리이다.

08 **정답** ④

C++의 표준 출력은 std::cout을 이용한다.

09 **정답** ①

소스파일 어디서든지 사용할 수 있는 변수는 전역변수이다.

10 **정답** ④

char *ptr = arr 소스에서 *ptr은 해당 배열의 주소임과 동시에 첫 번째 요소의 주소값이 된다. 또한 (ptr + 정수)는 ptr 변수에 정수를 더한다는 것으로, 포인터변수의 데이터 타입만큼 byte를 더한다는 의미가 된다.

ptr + 1 과 *(ptr + 1)은 아주 큰 차이가 있다.
- ptr + 1 : ptr 변수가 가리키는 주소의 값에 정수 1을 더한 값
- (ptr + 1) : ptr 변수가 가리키는 주소에서 2byte 만큼 이동한 주소에 저장된 값

11 정답 ③

C++에서 가상함수는 상속되지 않은 클래스 내에서 선언되어 파생 클래스에 의해서 재정의되는 멤버함수이다. 즉, 가상함수는 부모 클래스에서 상속받을 클래스에 재정의할 것으로 기대하고 정의해놓은 함수이다.

12 정답 ②

x 〈 y 비교 시 y가 작기 때문에 거짓이 되며 relation에는 0이 출력된다.

13 정답 ③

리스코프 치환 원칙(Liskov Substitution Principle)은 객체지향 설계 원칙 중 하나로 자식 타입들은 부모 타입들이 사용되는 곳에 대체될 수 있어야 한다는 원칙이다. 부모 클래스가 사용되는 곳에 자식 클래스로 치환하더라도 문제가 없어야 한다는 의미이다.
부모 클래스와 치환이 가능한 형태로 구현하기 위해서는 파생 클래스의 활용도가 효율적으로 증대되어야 하며, 객체지향 특징인 Abstraction, Polymorphism을 구현해야 한다.

14 정답 ①

다형성은 오버로딩과 오버라이딩으로 구분된다.

15 정답 ④

부호 있는 10진 실수 표기는 %f로 한다.

16 정답 ③

scanf(입력받을 변수의 자료형, 저장할 변수의 주소)는 숫자를 입력받아야 하므로 %d이고, 저장할 변수의 주소는 제시문의 코드에서 선언한 score 변수의 주소인 &score가 된다.

17 정답 ④

클래스는 객체를 정의해 놓은 것으로 객체의 설계도라고도 한다. 클래스는 객체를 생성하는 데 사용한다.

18 정답 ②

for문에서 정수 i를 2로 나누었을 때 나머지가 0이 아니면 continue 아래의 코드는 실행하지 않고 건너뛴 뒤 다음 반복을 시작한다.

19 정답 ④

상속 관계 내 멤버함수명이 동일해야 하는 것은 오버라이딩에 대한 설명이다.

20 정답 ④

호출함수에서는 매개변수 a, b가 가리키는 메모리 영역(&a, &b)의 데이터 값을 변경시켜 호출한 main()에 넘기기 때문에 전달인자의 값이 변경된다.

21 정답 ①

람다의 표현식은 '매개변수 화살표(-)) 함수몸체' 형식으로 작성하며, 함수몸체가 단일 실행문이면 중괄호({})를 생략할 수 있다.

22 정답 ①

시스템을 기능에 따라 분할하여 개발하고 이를 통합하는 분할과 정복 개념을 이용하여 프로시저 호출 개념을 기반으로 프로그램 전체가 유기적으로 연결된 것이 절차지향이다.

23 정답 ①

C 언어에서 false는 0으로 리턴한다.

24 정답 ③

do~while문은 무조건 1번 이상 루프가 실행된다.

주관식 해설

01 정답

㉠ 스택, ㉡ 힙

해설

메모리의 스택(stack) 영역은 함수의 호출과 관련있는 지역변수와 매개변수가 저장되는 영역이고, 힙 영역은 사용자에 의해 메모리 공간이 동적으로 할당되고 해제되는 영역이며 동적으로 할당된 변수가 할당되는 영역이다.

02 정답

break

해설

제어 이동문 break는 반복문에서 조건에 맞는 경우 강제적으로 반복문을 빠져나올 때 사용하

는 예약어이다. break문은 자신이 포함되어 있는 루프만 중지하기 때문에 여러 개의 중첩된 루프를 중지하려면 중첩된 각 루프 내에 break문을 사용해야 한다.

03 정답

ⓐ 《〈, ⓑ 〉》

해설

cout에서는 〈〈, cin에서는 〉〉 시프트 연산자를 사용한다.

04 정답

ⓐ fopen, ⓑ fclose

해설

C 언어에서 파일을 여는 함수는 fopen이며 파일을 닫는 함수는 fclose이다.

여기서 멈출 거예요? 고지가 바로 눈앞에 있어요.
마지막 한 걸음까지 SD에듀가 함께할게요!

년도 학위취득종합시험 답안지(객관식)

★ 수험생은 수험번호와 응시과목 코드번호를 표기(마킹)한 후 일치여부를 반드시 확인할 것.

전공분야

성 명

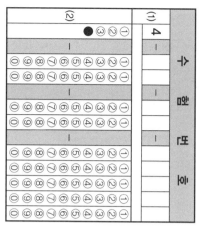

수험번호

과목코드 / 응시과목

교시코드

※ 감독관 확인란
(인)

관리번호
(일련번호)
(응시자수)

답안지 작성시 유의사항

1. 답안지는 반드시 컴퓨터용 사인펜을 사용하여 다음 [보기]와 같이 표기할 것.
   [보기] 잘된표기: ● 잘못된표기: ⊗ ⊙ ○ ◐ ◑
2. 수험번호 (1)에는 아라비아 숫자로 쓰고, (2)에는 "●"와 같이 표기할 것.
3. 과목코드는 뒷면 "과목코드번호"를 보고 해당과목의 코드번호를 찾아 표기하고,
   교시코드는 문제지 전면 의 교시를 해당란에 "●"와 같이 표기할 것.
4. 응시과목란에는 응시과목명을 한글로 기재할 것.
5. 한번 표기한 답은 긁거나 수정액 및 스티커 등 어떠한 방법으로도 고쳐서는
   아니되고, 고친 문항은 "0"점 처리함.

절취선

년도 학위취득

종합시험 답안지(주관식)

★ 수험생은 수험번호와 응시과목 코드번호를 표기(마킹)한 후 일치여부를 반드시 확인할 것.

전공분야

성명

수 험 번 호

과목코드

교시코드 ① ② ③ ④

※1차확인		응 시 과 목		※2차확인

번호	※1차점수	※1차채점		※2차채점	※2차점수
1					
2					
3					
4					
5					

답안지 작성시 유의사항

1. ※란은 표기하지 말 것.
2. 수험번호 (2)란, 과목코드, 교시코드 표기는 반드시 컴퓨터용 싸인펜으로 표기할 것
3. 교시코드는 문제지 전면 의 교시를 해당란에 컴퓨터용 싸인펜으로 표기할 것.
4. 답란은 반드시 흑·청색 볼펜 또는 만년필을 사용할 것. (연필 또는 적색 필기구 사용불가)
5. 답안을 수정할 때에는 두줄(=)을 긋고 수정할 것.
6. 답란이 부족하면 해당답란에 "뒷면기재"라고 쓰고 뒷면 '추가답란'에 문제번호를 기재한 후 답안을 작성할 것.
7. 기타 유의사항은 객관식 답안지의 유의사항과 동일함.

※ 감독관 확인란
(인)

참고문헌

1. 김상형, 『C++ 트레이닝』, 한빛아카데미, 2018.

2. 김승태, 『C++ STL 실전 프로그래밍』, 한빛미디어, 2004.

3. 남궁성, 『Java의 정석 : 최신 Java 8.0 포함』, 서울출판사, 2016.

4. 남궁성, 『Java의 정석 기초편』, 서울출판사, 2019.

5. 문호석, 『C로 시작하는 컴퓨터 프로그래밍』, 한빛아카데미, 2012.

6. 서현우, 『뇌를 자극하는 C 프로그래밍』, 한빛미디어, 2011.

7. 장인성, 『(초보자도 쉽게 따라 할 수 있는) C++프로그래밍』, 광문각, 2017.

8. 조효은, 『초보자를 위한 JAVA 200제』, 정보문화사, 2005.

9. 주철오, 『C 프로그래밍 핵심가이드 : 우리가 C언어를 선택하는 이유』, 아이콕스, 2018.

10. 최은만, 『새로 쓴 소프트웨어 공학』, 서울 정익사, 2014.

11. 케이시 시에라/버트 베이츠, 『Head First Java』, 한빛미디어, 2005.

여기서 멈출 거예요? 고지가 바로 눈앞에 있어요.
마지막 한 걸음까지 SD에듀가 함께할게요!

좋은 책을 만드는 길
독자님과 함께하겠습니다.

도서나 동영상에 궁금한 점, 아쉬운 점, 만족스러운 점이
있으시다면 어떤 의견이라도 말씀해 주세요.
SD에듀는 독자님의 의견을 모아 더 좋은 책으로 보답하겠습니다.

www.sdedu.co.kr

시대에듀 독학사 컴퓨터공학과 4단계 통합프로그래밍

초 판 발 행	2022년 10월 12일 (인쇄 2022년 08월 12일)
발 행 인	박영일
책 임 편 집	이해욱
저 자	이우성 · 김정우
편 집 진 행	송영진 · 김다련
표지디자인	박종우
편집디자인	차성미 · 박서희
발 행 처	(주)시대고시기획
출 판 등 록	제10-1521호
주 소	서울시 마포구 큰우물로 75 [도화동 538 성지 B/D] 9F
전 화	1600-3600
팩 스	02-701-8823
홈 페 이 지	www.sdedu.co.kr
I S B N	979-11-383-2799-2 (13000)
정 가	25,000원

시대에듀 독학사

컴퓨터공학과

왜? 독학사 컴퓨터공학과인가? *why*

4년제 컴퓨터공학 학위를 최소 시간과 비용으로 단 1년 만에 초고속 합격 가능!

독학사 학과 중 거의 유일한 공과 계열 학과

컴퓨터 관련 취업에 가장 유용한 학과

전산팀, 서버관리실, R&D, 프로그래머, 빅데이터·데이터베이스 전문가, 시스템·임베디드 엔지니어
등 각종 IT 관련 연구소 등 분야 진출

컴퓨터공학과 과정별 시험과목(2~4과정)

1~2과정 교양 및 전공기초 과정은 객관식 40문제 구성
3~4과정 전공심화 및 학위취득 과정은 객관식 24문제+주관식 4문제 구성

2과정(전공기초)	3과정(전공심화)	4과정(학위취득)
논리회로	컴퓨터네트워크	알고리즘
C프로그래밍	인공지능	데이터베이스
자료구조	소프트웨어공학	통합프로그래밍
컴퓨터구조	프로그래밍언어론	통합컴퓨터시스템
이산수학	임베디드시스템	
운영체제	정보보호	

시대에듀 컴퓨터공학과 학습 커리큘럼

기본이론부터 실전 문제풀이 훈련까지!
시대에듀가 제시하는 각 과정별 최적화된 커리큘럼에 따라 학습해보세요.

기본이론
핵심 이론 분석으로
확실한 개념 이해
Step 01

문제풀이
실제예상문제를 통해
실전 문제에 적용
Step 02

모의고사
최종모의고사로
실전 감각 키우기
Step 03

독학사 2~4과정 컴퓨터공학과 교재

독학학위제 출제영역을 반영한 내용과 문제로 구성된 완벽한 최신 기본서 라인업!

2과정
- 전공 기본서 [전 6종]
  - 논리회로 / C프로그래밍 /
  자료구조 / 컴퓨터구조 /
  이산수학 / 운영체제

3과정
- 전공 기본서 [전 6종]
  - 컴퓨터네트워크 / 인공지능 /
  소프트웨어공학 / 프로그래밍언어론 /
  임베디드시스템 / 정보보호

4과정
- 전공 기본서 [전 4종]
  - 알고리즘 / 데이터베이스 /
  통합프로그래밍 /
  통합컴퓨터시스템

독학사 컴퓨터공학과 최고의 교수진

독학사 수험생 여러분의 합격을 책임질 최고의 독학사 컴퓨터공학과 전문 교수진과 함께!

이은주 교수	류금한 교수	김동욱 교수	최성운 교수	장희수 교수
이산수학	자료구조 알고리즘	논리회로 C프로그래밍 운영체제	컴퓨터구조 컴퓨터네트워크 인공지능	소프트웨어공학 데이터베이스

➕ 컴퓨터공학과 동영상 패키지 강의 수강생을 위한 특별 혜택

최신강의 제공		기간 내 무제한 수강		모바일 강의 무료 제공		온라인 모의고사 제공		신용카드 부분 무이자
	✕		✕		✕		✕	

나는 이렇게 합격했다

여러분의 힘든 노력이 기억될 수 있도록
당신의 합격 스토리를 들려주세요.

합격생 인터뷰
상품권 증정

추첨을 통해
선물 증정

베스트 리뷰자 1등
아이패드 증정

베스트 리뷰자 2등
에어팟 증정

SD에듀 합격생이 전하는 합격 노하우

**"기초 없는 저도 합격했어요
여러분도 가능해요."**

검정고시 합격생 이*주

**"불안하시다고요?
시대에듀와 나 자신을 믿으세요."**

소방직 합격생 이*화

**"강의를 듣다 보니
자연스럽게 합격했어요."**

사회복지직 합격생 곽*수

**"선생님 감사합니다.
제 인생의 최고의 선생님입니다."**

G-TELP 합격생 김*진

**"시험에 꼭 필요한 것만 딱딱!
시대에듀 인강 추천합니다."**

물류관리사 합격생 이*환

**"시작과 끝은 시대에듀와 함께!
시대에듀를 선택한 건 최고의 선택"**

경비지도사 합격생 박*익

합격을 진심으로 축하드립니다!

합격수기 작성 / 인터뷰 신청

QR코드 스캔하고 ▷ ▷ ▷
이벤트 참여하여 푸짐한 경품받자!

합격의 공식 시대에듀